舊日風雲　三集

舊日風雲

三集

許禮平

OXFORD
UNIVERSITY PRESS

OXFORD
UNIVERSITY PRESS

Oxford University Press is a department of the University of Oxford. It furthers the University's objective of excellence in research, scholarship, and education by publishing worldwide. Oxford is a registered trade mark of Oxford University Press in the UK and in certain other countries

Published in Hong Kong by
Oxford University Press (China) Limited
39th Floor, One Kowloon, 1 Wang Yuen Street, Kowloon Bay,
Hong Kong

First Edition published in 2020

舊日風雲

三集

許禮平

ISBN: 978-988-871893-1

封面題字掇集顧炎武書扇面
封面紋採自宋徽宗草書千字文所用描金雲龍箋

目錄

白石翁的「保家衛國」 1
齊白石題山水畫的牢騷語 5
黃賓虹「財神圖」 9
讀王震《瞎趣圖》 13
劉海粟二三事 19
劉海粟書畫舊聞 23
毀譽參半劉大師 29
洗手讀畫——談傅抱石《洗手圖》 35
啟功食龍蝦 55
黃苗子的童趣 59
記王世襄摹《宋比玉江亭秋暮圖卷》 63
記陶陶女史金章 69
樣板禁制下的才華 75

吳冠中情重「玉龍山」 79
畫出社會哀嚎 85
——評說黃般若《木屋之火》
獨立天風海濤間 97
——記潘飛聲和《獨立圖》
「相伯畫配太炎詩」成扇補跋 133
《樂群題辭冊》補跋 145
倖存的「抗戰壁報」及與事者 165
懷古凜英風 177
——東縱「五人照」故事
關於《沈崇自白》 195
《知堂回想錄》的故事 197
記許寶騤為周作人手書雜詩題跋 203
記陶行知致張一渠手札 213
胡小石的師道和友道 221
——跋胡小石為陳彬龢的「留題」
閒話張伯駒 227
有道多助的容庚 247

目錄

高貞白的「聽雨樓」和《聽雨樓隨筆》 259
吳南生的書畫、興學、慈善 269
吳南生早歲經歷 277
吳南生談往 291
會萬種人 做萬件事
——記香港出版界教父藍真 299
悼念藍真先生 319
曾敏之二三事 323
蕭滋先生印象散述 327
廢池喬木 猶厭言兵
——蕭滋「五・二二」蒙難記 331
「六七暴動」中香港不被「收回」之謎 339
悠悠青史 得此補白
——讀程翔《香港六七暴動始末——解讀吳荻舟》 345
犧牲在朝鮮戰場的香港人——陸朝華 351
附錄：許禮平談舊日風雲（鄭詩亮） 413

黃苗子看齊白石寫畫，一九五一年

白石翁的「保家衛國」

二〇〇七年秋，筆者赴北京訪黃苗子先生。苗公檢出白石老人所書「保家衛國」「慶」「興」三紙相贈。這是當年白石試筆所遺，苗公保存半個多世紀後，乃轉賜筆者。筆者恭受之餘，並請苗公題記其始末。

苗公書云：

「五十年代初，美協（或人民日報）托我求白石老人書：『抗美援朝，保家衛國』八字。因赴跨車胡同老人寓所求書。老人握管沉思，即書『保家衛國，家慶國興』八字。以上乃老人試筆，幸得保存至今。即以奉贈　禮平道兄清賞。弍零零七年十一月五日，苗子記於北京之安晚樓。」

苗公所附之百字跋文，其所述之事似已首尾俱到。但對於白石翁何以把求書者的「抗美援朝，保家衛國」，改書為「保家衛國，家慶國興」呢？這事件本頗饒於趣味，但跋文中卻未有說明。

這大概是文人經歷了滄桑後的謹慎，不欲在文字上刻劃人物。讓這好端

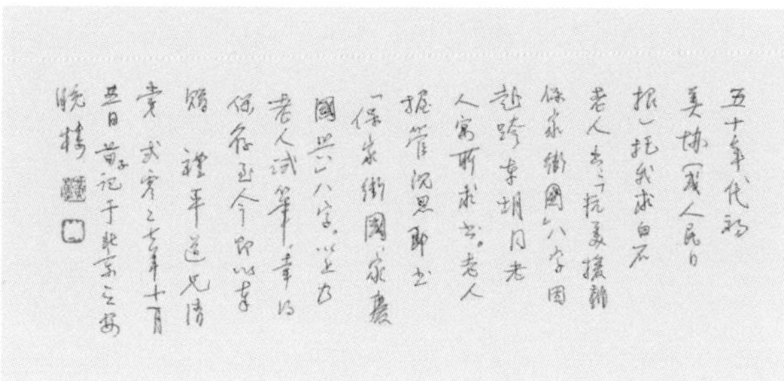

黃苗子題識

齊白石楷書「保家衛國」

端的《世說》般的人物故事，變得刻板無奇。

不過，待到主客間談興一濃，苗公那「本色」出現了，他所說的，正等於為剛寫的跋文作註釋。

先說白石翁題寫此八字的時代背景，是五十年之初，是《共同綱領》的年代，那時中國人不說世界革命，不說解放全人類，只稱熱愛和平，只有美帝國纔是戰爭販子。五十年代初畢加索畫的銜橄欖枝的飛鴿，在中國也被沿用流行。一九五二年亞洲及太平洋區域和平會議在北京召開，有關領導請白石畫和平鴿以為大會祝賀。白石翁畫了丈二匹橫幅「百花與和平鴿」交卷。但畫面上百花競放的左下方，呆立的三隻鴿子，口中沒有橄欖枝。領導要求老人家補上，但白石翁九十多歲人，從未見過甚麼橄欖枝，堅不肯畫。所以白石翁傳世的「和平鴿」是看不到口銜橄欖枝的。即使像胡橐和白石翁那樣關係密切，但為畫的《和平鴿》也只是用「荷瓶」，以諧音喻意「和平」。而橄欖枝是闕如，即使老友記、世姪也無情講，公私一樣。

齊白石就是倔強，不人云亦云，不明白的東西不畫，不寫。而苗公就在這種氛圍下去找白石翁的。那算是「知難而進」了。

但白石翁聽不明白「抗美援朝」是啥意思，苗子怎麼解釋，老人家也是不明白。這場公案並不分明。分不清是癡、是黠，反正是把「抗美援朝」換寫成了「家慶國興」。

黃苗子訪齊白石，一九五一年

齊白石《雙鴿圖》（四川博物院藏）兩鴿子口中沒有橄欖枝

白石翁喜歡臨摹《曹子建碑》，他楷書常體就像該碑，二十年代白石手自鈔錄出版的《借山吟館詩草》，整本詩集都是「曹子建碑」書體。白石翁所寫「保家衛國」四字，也是這種書體，大方拙樸，寫在虎皮箋上。雖無白石老人署款，但熟悉此道的人，當一望而知是其手筆。

蟬翼一紙，牽動小則掌故，翰墨軒前，記得我聞如是。

（二〇一五年三月廿四日）

齊白石楷書「慶」「興」

齊白石題山水畫的牢騷語

齊白石，一九三三年

齊白石傳世山水畫較罕。嘗見湖南省博物館藏其早歲山水畫兩件，一為贈「雨□仁兄大人」，乍看是王石谷一路，似受姜筠影響，只是點苔較重，有點沈周影子。另一贈「鳳鳴仁丈大人」，明顯受胡公壽、陸廉夫影響。如果沿着此路，怕只能是小名家，成不了開派大師了。

齊白石四十歲後遊歷名山大川，五出五歸，將神州西南諸名山勝跡納於胸中，形諸筆下，「以我家筆法寫我家山水」。近花甲之年，還敢於衰年變法，「掃除凡格」，終成大家。

齊白石六十歲之後的山水画，意匠大膽，構圖新穎，闊筆濃墨，賦色明亮，而又厚重蒼潤。但齊白石這種全新面貌的山水畫，與當時藏界主流崇尚四王一路的品味大異其趣，所以不為時人所接納，甚至備受攻擊。他傳世的山水畫不多，正因為當時沒有市場，不為時流所喜也。

所以白石題山水畫詩，牢騷特多：「十年種樹成林易，畫樹成林一輩

齊白石四十年代

難。直到髮亡瞳欲瞎，賞心誰看雨餘山！」這是在訴苦，哀嘆賞音者寡。他的山水畫十二開冊的題記中有：「吾畫山水，時流誹之，故余幾絕筆。今有寅齋弟強余畫此。寅齋曰：『此冊遠勝死於石濤畫冊堆中一流也。』即乞余記之。」字裏行間充滿自負，是借寅齋之口，肯定自己，但也點出「余幾絕筆」的憤懣實況。《白石詩草》二集又載有：「山外樓臺雲外峰，匠家千古此雷同。卌年刪盡雷同法，贏得同儕罵此翁。」白石的畫標新立異，在北京遭同儕排擠，日子很不好過。

又云：「余友方叔章嘗語余曰，吾側耳竊聞居京華之畫家，多嫉於君。或有稱諸辭意，必有貶損，余猶未信。近晤諸友人面，白余畫極荒唐，余始信焉。然與余無傷，百年後來者，自有公論。」好一句「百年後自有公論」，百年之間如何吃飯？毋怪白石曾有「餓死京華」之嘆。

但時移勢易，今天齊白石的山水畫市場價格已高昂得離譜。若北京保利所催谷的十二條屏山水（郭秀儀舊藏），其估值就達人民幣十數億元之鉅，非我輩所能問津。

寒齋也藏有一件齊白石山水畫《煙深帆影》軸，此畫結構簡單，意境奇特，氣格沉雄。畫面大半雨雲濃重，霧靄繚繞，隱露帆影，開闊悠遠，引人遐想。上款「佐藤先生」。

白石寫畫，輒一稿多畫。嘗見另一立幅，題名作《煙帆海潮》者，與

齊白石《山水十二條屏》二〇一七年十二月十七日在北京保利拍賣

齊白石《煙深帆影》

《煙深帆影》相近，上端有白石自題：「盟遠眼萋迷，愁心感物齊。煙深帆影亂，潮長海山低。客久慈烏意，春來杜宇啼。蒲團無地著，況有太常妻。」末結「妻」韻兩句，令人絕倒！

（二〇一五年三月二十五日）

黃賓虹「財神圖」

黃賓虹

八十年代初，啟功先生蒞港於中文大學講學，為期三月。期間每逢週六、日，輒出市區尋書訪友，倦則權以銅鑼灣興發街之寒舍為居停。所以登臨杖履，筆者每得以追隨，而揖讓清談，在下亦得敬聆末座。

某日陪啟老登天后廟道之達堂先生大府。承主人出示黃賓虹《財神圖》，展卷之際，令人眼前為之一豁。蓋黃賓虹以寫山水出名，偶亦作花卉，人物畫則極罕見。而此幅寫得精絕，可能是天壤間唯此一件了。其人物造型獨特，線條拙韌，一若其山水畫用筆。署款「予向」，當是居北平時所寫。此畫原是李俠文先生所藏，託達堂請啟老審定並題字。當時我跟俠老不那麼熟。後來往來多了，反而忘記問問他此畫如何得來。

當時啟老拉開賓翁此畫即盛讚，說賓翁人物畫，世所罕見。拿起毛筆，略一思索，即題詩於上云：「笑意吟吟，大有佳音。與君同慶，積玉堆金。黃賓翁戲筆至為希見，得藏此圖，何啻兼金，獲觀書贊，以為賞音之賀。啟功。」

黃賓虹《財神圖》

當時啟老跟我說，他在北京見過賓翁，他對賓翁的印象是：「真山人也」。

說回財神，有文武之分，《毛選》註腳有引稱「趙公明元帥」者，大抵以武財神為早。武財神多作虬髯武士，騎虎揚鞭，所以有人為武財神寫上一聯云：「我非愛財，騎虎不能下背；人如求富，執鞭亦所甘心。」上聯喻「騎虎難下」；下聯引論語「富如可求，雖執鞭之士吾亦為之」。可謂幽默「抵死」。

賓翁此圖所畫的是文財神，而慣見的文財神多方巾大袖作員外形，而賓翁所畫卻為穿官服者，仕而多金，賓翁是有所諷矣！

書畫有雅俗之分，雅中顯俗，不可醫，而俗中有雅，則最為難得。財神本出流俗，然畫出有令人忍俊不禁之處，題俗而意雅，的是大家。

《藝林散葉》載：「杭州煙霞洞，寺僧刻石為財神，湯壽潛以庸俗斥之，易刻蘇東坡像，稱為蘇龕。曩時東坡曾寄遊跡於此。」顯然，湯壽潛是以「財神」為俗矣。惟儀徵時蓬仙題聯云：

「錢如真可通神，此座巍然，何不與煙霞終古？
石也有時變相，長公仙矣，莫非是香火因緣？」

夾議夾論，藉俗論翻出新意。亦正如賓翁之畫出世俗的財神，卻賦予諷喻新意。

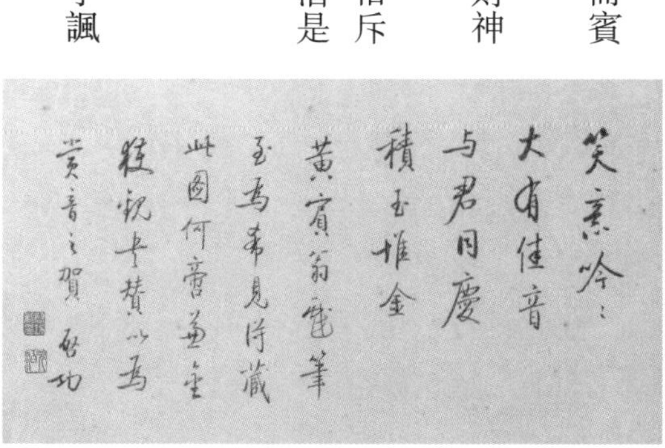

啟功題黃賓虹《財神圖》

此《財神圖》驚鴻一瞥，若干年後，俠老年高老邁，陸續處理藏品。八十年代末，畫在佳士得拍賣行出現。當時筆者阮囊羞澀，不敢問津。後亦不知花落誰家。九十年代初拙編《名家翰墨》月刊第十五期黃賓虹特集，內以虛白齋劉作籌先生所藏佳作為主。劉公係賓翁高弟，藏品富而精。但於賓翁人物畫卻闕如。時幸承佳士得提供底片若干，當中即有此幅《財神圖》，遂收編入集，藉留「財神倩影」。日後偶爾翻書，每見此圖，總是想到啟老微笑題詩情景。

事去如駛，幾近卅年，偶在北京匡時參觀秋拍預展，赫見此《財神圖》懸掛在當眼。再細認吟誦，心潮如湧，若逢舊識。蓋此圖不僅是名家罕見之品，且當中涵有我的一份回憶。昔日題圖在場者三人，今則啟老、達堂俱已作古。攬圖懷舊，情為之移。感念「別易會難」，遂生競投之意。

當時書畫市場暴跌，一般貨色流標者夥，但拍到此幅時，竟有不少同好舉牌爭奪。還好，恰似《圓圓曲》之「爭得蛾眉匹馬還」，我也有幸請得「財神」寒齋供奉了！

（二〇一五年三月廿一日臺北老爺飯店一二二〇室）

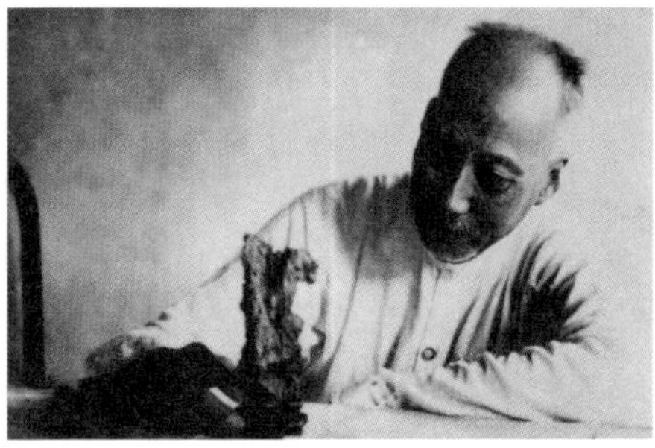

黃賓虹一九三五年

讀王震《瞎趣圖》

月前，筆者到中環都爹利會館參觀梅潔樓藏畫展，在王一亭《瞎趣圖》前一再駐足靜觀。

以《瞎趣》為題，是最能刻劃生活趣味。從前廣東有蘇六朋就是以此見稱，今睹王一亭之《瞎趣圖》實又未遑多讓了。

王一亭是畫家、是商人，是買辦、是銀行家、是政治家，是慈善家，是教育家、是宗教家……總之一人的身影，具多重身份，讓人目迷五色，以為當世是有幾個同名的王一亭。

王震（一八六七—一九三八）字一亭，號白龍山人。生於上海浦東，祖籍吳興。是日清輪船公司兼日商大阪商務會社買辦，上海內地電燈廠、日商上海紡織株式會社等董事，上海信成儲蓄銀行董事長，上海商務總會議董、上海自治公所議事會議董等。宣統間加入同盟會。辛亥參與上海光復之役，任上海軍政府農工商務總長。北伐後，任國民黨政府義賑委員、導淮委員等職。

王震，三十年代。

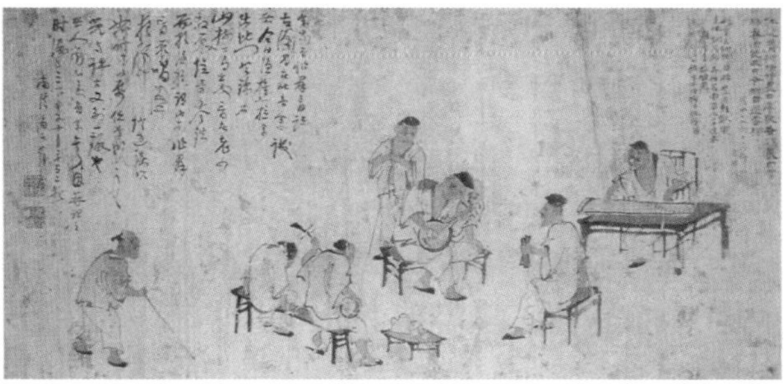

左：蘇六朋《群盲聚唱圖》廣州美術館藏

王一亭早歲受業於任伯年，中歲與吳昌碩交好而深受影響。由於王氏是慈善界翹楚，更關注民生，時常畫流民圖，或其他市井題材，用筆簡練，妙趣橫生，盡顯人生百態。王氏獨特面貌的寫意人物畫，頗有「七道士」曾衍東流緒。其實王一亭寫《瞎趣圖》的半個世紀前，廣東順德蘇六朋（一七九一－一八六二）也喜畫此盲人生活題材。

汪憬吾《嶺南畫徵錄》卷十記載有蘇六朋《群盲聚唱圖》（現歸廣州藝術博物院）。《順德書畫人物錄》曾纍數蘇氏關於盲人題材的有《盲人打架圖》、《群盲評古圖》、《盲公聚唱圖》、《二瞎圖》等。此外《瞽者譚三像》（廣州美術館藏）也比較著名，曾選為《蘇六朋畫冊》封面，此譚三亦即繆艮《文章遊戲》中所謂「鑼鼓譚三」也。

袁枚《隨園詩話》卷十二形容蘇氏的《群盲評古圖》謂，「有人畫七八瞽者，各執圭、璧、銅、磁、書、畫等物，作張口爭論狀，號《群盲評古圖》；其誚世也深矣！」

料不到蘇六朋死去五十多年，又有王一亭繼承此題材用以諷世。王一亭畫作題材廣泛，山水、花鳥，無所不能，而以人物畫見稱。筆者六七十年代登集古齋，經常見到高懸的王氏巨幅人物畫，或和合二仙，或鍾進士、或無量壽佛，或觀音菩薩，用筆強悍拙重，是大寫意一路。曾觀王氏曾孫女王家祺傳奉之王一亭寫畫紀錄片，但見其行筆疾速、荒率急就，不在乎細節，以氣勢勝。

右：曾衍東《蒙師教學圖》
左：曾衍東《市集圖》

《瞎趣圖》是橫幅長卷，簡練筆墨，略傳淡彩，寫出群盲百態，有吃飯、斟茶、看書、餵奶、擘阮……諸狀，神態各異，曲盡其妙。從題材、構圖、用筆、設色，明顯具曾衍東遺風。末端行書自題：「瞎趣圖。丙辰暮秋，病起無聊，寫此遺興，瞎塗瞎抹，趣在其中，世事如此，非吾饒舌。白龍山人。」畫圖畫題，妙趣橫生，暗諷世態。

《瞎趣圖》寫於丙辰年（一九一六年），這一兩年老友陳其美沈縵雲先後被殺，王氏憂患感悟，遂「瞎塗瞎抹」，寫《瞎趣圖》以寄意，並在題識上點題：「世事如此，非吾饒舌。」

王一亭一生最熱血的一幕，是隨陳其美參加革命的一幕。然此後則悄然引避政治。但以金融、文藝、慈善、宗教為事。其以今視昔，亦如范蠡五湖之誚文種。這大概是《瞎趣圖》的真命意所在？諷世？諷人？諷自己？這是不可知了！

且看吳昌碩的詩跋：

「眼無天日耳猶聽，聽到天河洗甲兵。天意斯文留一線，其間著個左邱明。心地光明我佛同，男爭足赤女頭蓬。詩成今日憑誰賞，編入盲詞擘阮中。蝸牛滿地足踟跌，中有窮塗識字夫。病足如予同調否，出門一樣倩人扶。一亭畫盲趣，詩以張之。丙辰秋杪吳昌碩。」

吳昌碩長王一亭廿多歲，兩人是忘年交。王一亭自述中說，「四十後與

王震《瞎趣圖卷》
左頁：楊天驥題瞎趣圖引首，吳昌碩題詩

安吉吳先生論畫敲詩無虛日」。吳七十多歲遷居上海吉慶里，鄰近江寧路上王寓，時相過從。王畫常見有吳題詠，而吳的畫，山水人物，往往由王代筆。吳的書畫價格飆昇，王是幕後推手。兩人關係密切。《瞎趣圖》請吳昌碩題詩跋，最為合適。

繼吳昌碩之後，李瑞清題識云：

「處今之世，只合瞎彈瞎唱，瞎讀瞎看，瞎飲瞎醉而已。杜少陵詩云，『眼復幾時暗，耳從前月聾』，此語深有味。清道人。」清道人說得直白，諧趣並集，言詞警世。

李瑞清（一八六七—一九二〇），江西撫州人，兩江師範學堂監督。辛亥鼎革掛冠赴滬，鬻書畫為生。李瑞清是遺老，王一亭是同盟會，兩人政治取向迥異，但道不同不妨礙兩人友誼。李、王都信佛，都是佛學界中人。又同在「中華民族大同會」上海支部共事，李擔任教育部幹事，王為實業部幹事。可見舊日沒有「劃線」這回事，政見不同，也可相往來的。

《瞎趣圖》引首請楊天驥題。楊氏篆書「瞎趣」之後，行書題識：「丙辰十月，南還過滬謁一亭先生，獲觀其病後所作瞎趣圖，余不能畫，然識畫之神，可以愜予懷也，為題其耑，自附盲從之列爾。楊天驥。」

楊天驥（一八八二—一九五八），號千里。是老同盟會員，又是南社成員、胡適老師（上海澄衷學堂）、孫中山秘書。辛亥鼎革之際，曾參加王一

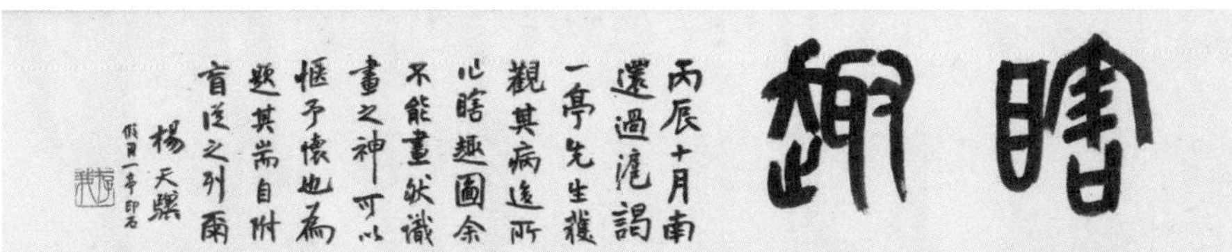

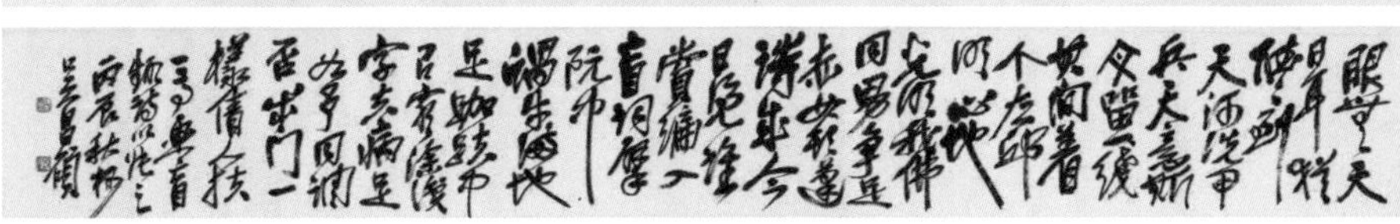

亭老友陳英士率領的攻打江南製造局和道臺衙門之役。

該畫之題跋作者僅上列三位，長卷即戛然而止。這令人不明白：王一亭是社會活動家，其交遊必廣，何以自己愜意之作，而題跋僅得三人？此是一問。再問，王氏晚年往來最多的朋友是鄭孝胥，在《鄭孝胥日記》屢見王一亭能為他人求鄭揮毫。何以得意自作的《瞎趣》，在題跋上卻找不到鄭的寫作？綜上兩問，衍生了第三問：就是該長卷是否有改動？但展品是不可觸摸察看的，所以以上三個疑問都難有答案。

沒有確切答案，但仍可以設想：經過抗戰和許多政治運動，令國人懂得「避諱」了。君不見，當年《辭源》的鄭孝胥題耑是被易換了。准此，「瞎趣」若有鄭孝胥題跋，那援例相刪該不能免了……。味王畫，誦題跋，五味雜陳，世態似此。

（本文是二〇一八年七月廿六日在中環都爹利會館舉辦「小中見大——梅潔樓藏畫王震與溥儒的藝術」特展講演的講稿）

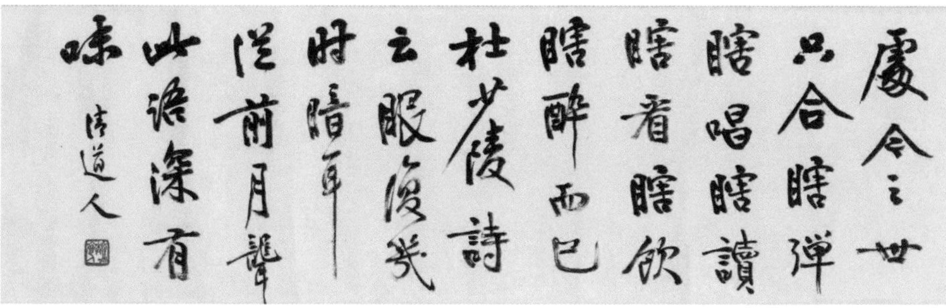

李瑞清題瞎趣圖

劉海粟二三事

旬前參觀香港嘉德拍賣預展，得睹劉海粟《寒梅篝燈圖》立軸。此為水墨紙本，聊聊幾筆，寫出折枝墨梅和燈架，古拙而具意趣。左上方劉氏自題「寒梅篝燈。乙丑十月二十八，夜不成寐，起而塗此。藝術叛徒。」鈐白文方印「劉海粟」，壓角白文方印「藝術叛徒」。讓人關注的是詩塘上胡適題字：「不嫌孤寂不嫌寒，也不嫌添盞燈兒作伴。海粟屬題，胡適。」

劉海粟早歲因裸體模特兒事件被衛道之士視為藝術叛徒，劉不以為忤，反以為榮，在畫作上題此號以為標榜。胡適因提倡白話文，當時也被目為「文學叛徒」，兩個「叛徒」正是相識於乙丑年（一九二五）的九月份。這幅畫印證了兩人的相識。此畫曾刊於《上海畫報》第一三〇期（一九二六年七月），又是「林（森）故主席遺物」，深具歷史文獻價值。估價二三十萬元，算很客氣了。但筆者阮囊羞澀，不敢問津。值拍賣此畫的當晚，黑蠻兄招飲，筆者與鄰座董橋先生言及此畫，原來董公也有關注，並承告知拍出

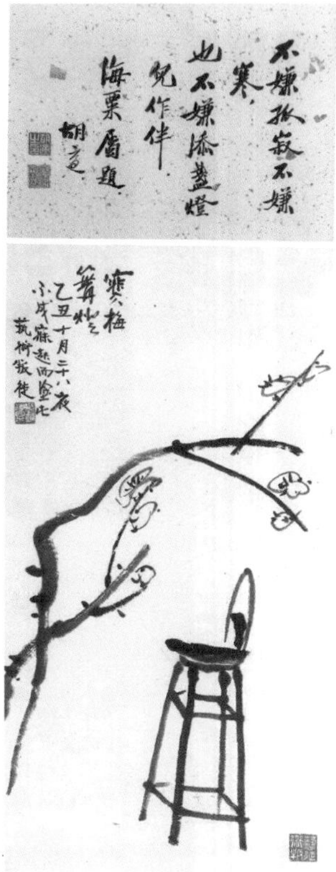

劉海粟《寒梅篝燈圖》胡適題詩塘軸，一九二五年

劉海粟，三十年代

百四萬。

劉海粟成名極早，但一直是具爭議性的人物。早年因裸體模特兒事件惹官非，幾遭縲絏，但卻因此而揚名聲。

一九二七年四一二清黨，也波及劉，劉被列名學閥通緝，遂亡命日本。拙藏一冊中日名家書畫冊，中有一開劉氏的水墨蘭花，劉氏自題「花歌葉舞。丁卯夏，日本岡部子爵、小室翠雲等為開展覽會於東京，極盛一時，歸舟作此。海粟。」是劉氏自日本歸滬時在「上海丸」船上作。劉氏滯日時是在朝日新聞社辦畫展，非常成功云云。

抗戰間，劉氏也頗折騰。上海淪陷，避地南洋，旋又爆發太平洋戰爭，日軍南侵，劉氏困住爪哇。從前聽老輩説，劉氏是乘日本軍機飛回上海的，為的是第三任太太成氏另有所屬，而成氏似很有辦法，能令日軍押送劉氏回滬簽署離婚書。可見劉氏情敵非等閒輩。劉簽署離婚書日期是一九四三年五月廿九日，越二日，六月一日，成氏即由劉夫人變成蕭夫人了。越四年，成氏生了個女兒，這就是後來的紅星蕭芳芳。

其實劉氏在南洋也交了新歡，那是第四任妻子夏伊喬。時夏伊喬在印尼巴達維亞（現叫雅加達）。劉氏召喚夏伊喬飛上海。我們想一想，一名弱女子由日軍統治的巴城飛上海，也是非常不簡單的。諸種劉海粟傳記寫到這一段都語焉不詳。但當時日本駐滬領事，著名日本特務機關岩井公館頭頭岩

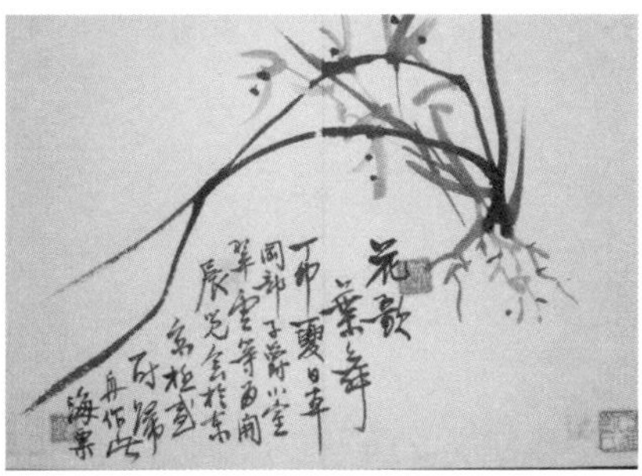

劉海粟《水墨蘭花》冊頁，一九二七年

劉海粟成家和，三十年代

井英一後來寫了本《回想的上海》，卻有交待這事。茲節引如下：

「某日陳彬龢帶劉海粟來說是有事相求。至於所托之事，即劉海粟的夫人去了印度尼西亞的巴達維亞，因太平洋戰爭爆發，交通斷絕而無法回上海，為此劉海粟大傷腦筋，希望想辦法能讓她回到上海。」

劉氏好彩，岩井的義弟豐島中正好是駐巴達維亞的副領事兼陸軍行政長官，並出任軍隊的華僑班長（即軍隊中處理華僑事務的最高長官），所以岩井接受劉海粟的請求，馬上聯絡豐島，不一會兒就用軍用飛機將夏伊喬送回上海。劉海粟欣喜異常，要報答岩井，岩井請劉氏為自己畫肖像，劉面有難色，謂自己幾乎沒有畫肖像畫的經驗，僅僅因受人所托，曾為國民政府主席林森和恩師蔡元培二人畫過。但岩井交了張照片給劉，不久，劉交卷，岩井的肖像畫懸掛在寓所。嗣後岩井調廣東、澳門，返日述職不久，日本投降。劉氏所畫此肖像畫不知所蹤了。（頁三〇六至三〇八）八十年代中，劉氏夫婦赴日，在平山郁夫招待宴會上，岩井英一再次見到劉氏夫婦。

劉氏從「解放」到「開放」，一直是倒霉。一九五七年十月定右派，（一九六二年摘帽，一九七九年南京藝術學院才為其恢復名譽並恢復一級教授）。文革中被上海市公檢法軍管會宣佈為「反革命分子」（一九七一年十二月）。但中國恢復在聯合國的席位，劉氏長子劉虎卻是在聯合國工作，說要回國看父親。投鼠忌器，共黨趕緊給劉氏平反，上海市公檢法軍管會

劉海粟夏伊喬結婚照，一九四四年一月十五日。

左：岩井英一與劉海粟夏伊喬夫婦，八十年代

在一九七三年十二月五日（七三）滬公政二（四）字第三三三號決定，「摘掉劉海粟反革命分子帽子」，並在海外宣傳報導其人其畫，這個任務自然落在雅好書畫的羅孚頭上，而羅公亦優為之。筆者接觸劉氏作品，是七十年代初，四人幫當道時，在灣仔駱克道泉齋麥泉裱畫師傅處，看到木板牆壁上，拓裱着劉氏畫的紅梅，有好幾件。後來《新晚報》大概是「風華」版陸續刊登出來，那些畫相信是羅孚托麥師傅裝裱的。

文革結束，劉氏弟子黃鎮任文化部長，劉氏更是當旺。

嘗聽林墉兄見告，八十年代初，劉氏到汕頭寫生，有記者拿報導劉氏活動的報紙讓劉氏看，劉良久不哼聲，其實是對報導上對劉氏所用「著名畫家」此一冠詞不滿，記者又不明所以，後來劉氏指着報上「著名畫家」，自己爆出一句：「大師嘛！」記者才心領神會，以後報章採用「大師」稱謂，老人家才高興。其實劉氏之稱大師，也絕不為過。二三十年代，劉氏已譽滿藝壇。虛白齋主人劉作籌先生嘗言，幼時自新加坡到上海求學，入讀暨南大學附中。國文課有老師出題「我最尊敬的人」。而虛白齋主當時寫的就是劉海粟，因三十年代劉海粟在滬聲譽極隆。這是八十年代虛白齋主以此舊事語筆者。隨問現在如何？齋主只搖搖頭，無語。

（二〇一九年四月十一日）

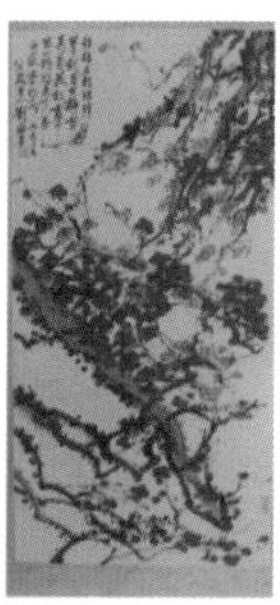

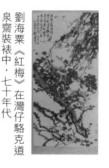

劉海粟《紅梅》在灣仔駱克道泉齋裝裱中，七十年代

劉海粟書畫舊聞

劉海粟在香港曾經有幾次展覽，而以一九八一年頭在大會堂低座舉辦的那次最為哄動。那次是由新鴻基（中國）有限公司主席馮景禧主其事。集古齋協助布展和宣傳事宜。當時街道上隨處可見印有兩個行書大字「海粟」的宣傳海報，一般市民雖然不知劉氏大名，但當時聽到許多人在說「海粟海粟」，把「粟」米擴大成「粟」子。可見影響之大。

當年曾聽說劉氏來香港辦展覽，是要籌款百萬元捐獻。但那個年代劉氏畫作行情就幾千元，其他名家也是幾千元一幅，就算張大千潑彩橫幅山水（六呎整紙）在蘇富比拍賣出幾萬元已經呱呱叫。如何能籌這巨額款項呢。所以劉氏展覽會的標價只有不理會行情的拔高，多添兩個圈，更感價值非凡，都是標上幾十萬甚至百萬元。開幕時一眾闊佬界面郭氏，袋着支票簿到展場，但繞場一看，標價這麼要命，實在難以應命。掏錢的是闊佬，捐獻得名的是劉老，闊佬無傻佬，問津者寡。航運鉅子包玉剛非常聰明，這是界面

新鴻基（中國）有限公司在香港大會堂主辦劉海粟書畫展覽，一九八一年

派對，總要捧場，訂購一件書法，「精神萬古氣節千載」，八個字，奉獻十萬大元。新聞報道遂有劉大師「一字萬金」之譽。展覽會是捐獻性質，郭氏包底奉獻鉅資，讓劉大師以自己名義捐獻港幣百萬大元給南京藝術學院，作為獎學金和購置圖書器材之用。

拙文《劉海粟二三事》說到，月前劉大師《寒梅篝燈圖》在香港嘉德拍出百四萬，藏家覺得合理。但三十多年前劉氏畫作公開展覽會標價百萬，卻是走在時代前頭，遠遠脱離實際行情，所以當時業界認為荒唐。

展覽會標高價是一回事，沒人會限制畫作所定價碼。但如果不是捐獻、不是打秋風，私下交易的，要買家心甘命抵拿出真金白銀來購買，卻不得不按行情了。記得劉氏展覽會期間，在香港中文大學就有劉氏畫作私下流通，是約五千元一幅，還是四呎整紙（長一三八寬六十八厘米）呢。當年中文系常公（宗豪）就問過筆者要不要。雖説索價只是展覽會標價的百分一，但也是筆者兩個月薪俸啊。

一九八〇年，蘇富比在香港開始拍賣中國書畫，每年春秋兩季舉行。十一月秋拍有劉氏《芭蕉》立軸，港幣五千五百元落鎚。翌年春拍就是劉氏畫展後不久的五月份，有件劉氏《古樹古藤》軸，一萬元落鎚。十一月份又有兩件上拍，《墨蓮》中堂萬三落鎚，《松樹人物》扇面三千元落鎚。這些都是實實在在的行情，但與劉氏展覽會標價懸殊。私下交易，大師不干預，

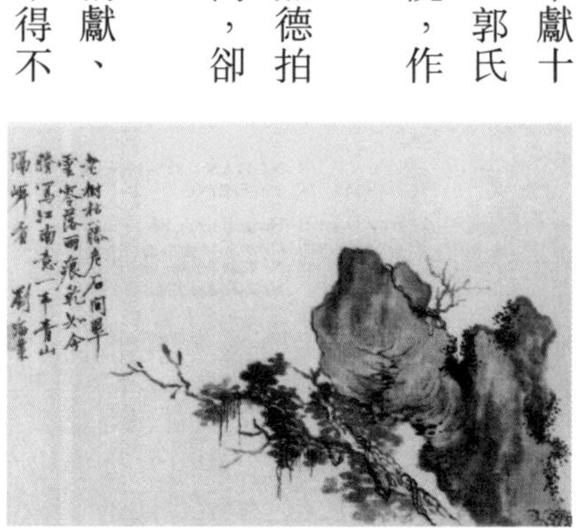

劉海粟《古樹枯藤》軸，一九八一年五月香港蘇富比春季拍賣會港幣一萬元落鎚

劉海粟《墨蓮》中堂，一九八一年十一月香港蘇富比秋季拍賣會港幣三萬元落鎚

也無從干預。但公開拍賣，公然顯露真實行情，卻影響大了。遂有劉大師鑒定拍賣行拍的劉氏畫作是贋品的新聞，沸沸揚揚。不管拍品是真是假，拍一萬幾千元就是不對！

這樣一折騰，蘇記在八二年秋拍、八三年春拍，每場僅收劉氏畫作一件，均無人問津，流標收場。八三年秋至八五年春乾脆都不收劉氏畫作，不知是買家怕假，還是蘇記怕再流標不肯收劉畫，就不得而知了。可惜當年蘇記書畫部主事者張洪先生遠在域外，未能請教。

劉大師的書畫有假的嗎？有的。

先講「半假」的——代筆。劉大師弟子周克文小姐（上海博物館書畫組）代大師畫過葡萄、墨荷，當然是奉大師之命代筆，再由大師親自題款完成。這些「半假」的代筆也當真跡看待了。打個岔，謝公稚柳也曾請廣州吳子玉吳泰父子代筆。這個情況在八十年代的神州十分普遍，名畫家名氣太大，認識的不認識的都求畫，太多應酬畫債，忙不過來，只有命弟子「代行」，這是國情。

歷來名家的畫必然有人假冒牟利，貴為大師的劉氏當然也有贋品。連劉氏歷史名品都有人敢做，劉氏《寒梅篝燈圖》在香港嘉德拍賣前十多年，已有副本在上海先行拍賣，估價不高，由一萬元起拍，爭到十萬大元。競投者當真的了，十萬在當時也是高價。但八十年代初偽造劉氏的畫還不太多，

劉海粟《松樹人物》扇面，一九八一年十一月香港蘇富比秋季拍賣會港幣三千元落鎚

二千年之後不久，書畫市場開始旺盛，假劉氏畫才多起來。不知前兩年遵義公安局抓捕的造假書畫團伙，有沒有交待生產劉大師假畫的「美談」。

劉大師不單有被假的畫，還有被假的出版物，有兩種假冒拙編《名家翰墨》月刊名義的偽書。這是張心澂《偽書通考》和鄭良樹兄《續偽書通考》都查不到的，是約二〇〇二年的產品（書上分別標一九九七、一九九八年），是在大陸有出版印刷管制專政之下的「新生事物」。硬生生的編做出兩種「劉海粟特集」，還讓筆者「沾光」，明目張膽掛上「名家翰墨」的牌子。

行筆至此，老人又要説舊事了。三十年前，一九九〇年《名家翰墨》月刊創刊，這一期除了傅抱石專輯之外，也搞了個劉海粟特輯。這是應臺灣歷史博物館展覽組高玉珍小姐之請，撥出十八頁篇幅介紹劉大師，由歷博提供劉氏近作照片，加上新加坡藏家鄭應荃先生提供幾件劉氏六十年代作品，而構成這個特輯，藉以配合劉氏在臺灣的展覽會。

歷博這個展覽會又有故事。劉氏當了幾十年美專校長，桃李滿天下，其中寓居臺灣的也有不少。九十年代初，一眾劉氏弟子要為老校長在臺灣開畫展。但那個時代黨禁尚嚴，海峽兩岸才剛開始溝通，劉氏屬於「附匪」的大陸畫家，而且尚健在，當年是不能以他的名義在臺灣辦展覽的。這要換一個名稱，後來想出以「上海美專師生聯展」的名義，才獲准舉辦劉氏畫展。

假冒《名家翰墨》名義的偽書「劉海粟作品特集」、「劉海粟作品特集二」

《名家翰墨》是配合歷博，只出版過這個劉氏特輯。隔了十多年，大陸有人盜用《名家翰墨》名義偽做的兩種「劉海粟特集」，所收劉氏畫作，未開卷已知其偽。兩種偽書均刊登江澤民為劉氏十上黃山所寫前言。本刊從來沒有、也不敢約今上寫稿。且不說偽書的印製粗糙，版權頁上所列地址電話，故意弄錯，讓人失聯。

這兩種偽書，流通不廣，揣度其用意，目的不在乎偽書的銷售，而是借偽書所刊劉氏偽作，雜廁拍賣場，蒙騙買家以圖利。別看拍賣場布置格調高雅華貴，燈火輝煌，主客衣香鬢影，身光頸靚，說到底是名利場，是江湖，是充滿是非之所，燈火照不到的暗處多哩。拍場從業人員良莠不齊，有專業知識不足，看漏走眼，誤收誤拍者，這還屬於「人民內部矛盾」。也有與做假販假者勾結，分沾利益。這可是「敵我矛盾」，是商業詐騙刑事罪行。當然也有不少專業負責，挑通眼眉者，如北京嘉德書畫部老總郭彤，有人送劉氏畫作附此兩種假書，郭總懷疑，來電查詢，當即拆穿造偽者西洋鏡。但京滬有幾家大拍賣行，依然故我，照收照拍，圖錄更是列明拍品出自此偽書，以廣招徠。這些運作，分不清是屬於「人民內部矛盾」還是「敵我矛盾」。幸而沒多久，業界都明白了，此兩種偽書才在公開的拍賣圖錄中銷聲匿跡。至於私下是否仍在流通，無從查考。

（二〇一九年四月十三日）

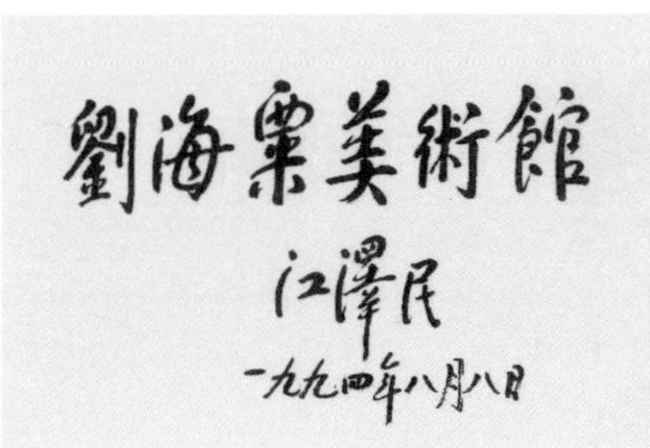

江澤民題「劉海粟美術館」一九九四年八月八日

劉海粟，八十年代

毀譽參半劉大師

如果有人問，現代中國畫壇上最受爭議的人物是誰，我想應該是劉海粟。劉氏具備多個名銜：「名教叛徒」、「藝術叛徒」、「學閥」、「流氓畫家」、「文化漢奸」、「大師」。但不管人家怎樣攻擊他，他搞的上海美專，與他本人一樣，生命力極強，可以屹立不倒，存在到解放後。

九十一年前，倪貽德對劉氏已有這樣的評論：「世人對於劉海粟先生的為人及其藝術之毀譽各半。譽之者說他是有過人的才能，強堅的毅力，熱烈的情感，敏捷的手腕，是藝術家同時也是一個事業家。毀之者說他是剛暴固執，好大喜功，其藝術亦一如其人。」（一九二八年十一月十五日《上海畫報》《劉海粟先生西行個展感言》）倪氏這番說話，雖然歷經九十多年，但彷彿是昨天所說的。

劉氏「交遊盡老蒼，往來無白丁」。最擅交際，也最擅自我包裝。四一二被通緝亡命日本時，在東京朝日新聞社開展覽會，柳亞子正好也在

劉海粟署款「藝術叛徒」及其用印

日本，前去參觀劉氏畫展，竟為劉氏畫作上有諸名流題字所嘆服。柳氏云：「一九二七年，我在日本東京……去《朝日新聞》社參觀他的個展。海粟作品的偉大，是用不着我來介紹的。那一天我所特別注意者，卻是他作品上面的題字，從康長素、梁任公一直到胡適之，郭沫若，差不多像翻開了中國近代的名人錄一般。這一天的印象，簡直是洋洋乎嘆觀止了。」（一九三二年九月二十七日上海《藝術旬刊》第一卷第六期 柳亞子《劉海粟先生印象記》）

劉海粟與香港有不解之緣。香港大學美術博物館現有劉海粟紀念室，並豎有一尊劉氏的銅像。

筆者在香港中文大學工作時，有緣與劉氏見面，也獲劉氏題字贈畫冊。曾有一次會晤，是中國旅行社薛景章先生，陪同任真漢丈，還有張雙慶兄，一同與劉氏吹水，並同在崇基教職員飯堂共餐。印象中劉氏吃相欠佳，可能老人家牙齒無力或消化系統弱，吃一口，吐一口，令人倒胃。更奇怪的是，劉氏晤談時，口口聲聲：「我是愛國老人！」吃飯時，像是喃喃自語，仍是那句：「我是愛國老人！」真個無厘頭。

「我是愛國老人」，劉氏這句話，令人浮想聯翩。

抗戰勝利之後，中共南方局主持的《新華日報》，有讀者投書形式刊出文化漢奸名單，第六名是劉海粟。

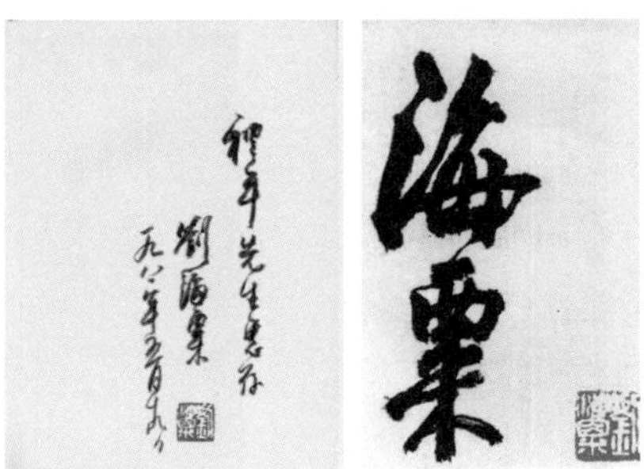

劉海粟題贈筆者《劉海粟書畫集》一九八一年

解放初，徐悲鴻當面向中共主管文藝的周揚揭發劉氏諸舊事，最著者為

《新華日報》文化漢奸這一條。徐與周口頭怎樣說，無從得知，但徐後來再給周揚書面補充的文件，隔半個世紀之後，在北京匡時拍賣場出現，大家才能一窺內裏乾坤。

這些尷尬事情，是劉氏歿後才公之於世。劉氏生前，社會上不大了解個中情況。所以貴為黨國元首江澤民有為劉氏十上黃山畫展撰寫前言，也有親密合照，並批准建立「劉海粟美術館」，復為之題招牌。這些動作的潛臺詞是為劉大師政治背書。

一九九四年，劉氏仙遊。翌年，南京藝術學院（劉氏生前任院長）陳傳席教授發表文章，舊事重提，引起極大反響。

後來承陳教授見告，有關部門的人曾請他上京入住釣魚臺，好食好住。期間有人與陳談話，說他們看了陳的文章，也調查過，認為內容基本屬實，但是，請到此為止。陳也識做，相安無事。

可是，若干年之後，徐悲鴻致周揚的揭發信流入拍賣場，公之於世，又再掀出舊事。

我想，劉氏無厘頭的強調「我是愛國老人」，相信是靈魂深處有這個結。

劉氏是海派大師，行事也海派。視金錢如糞土（不管錢是自己的還是人家的），也樂於助人。解放前夕，上海美專一群窮學生，有斷炊之虞。幸得

周揚先生
……
徐悲鴻

徐悲鴻致周揚手札檢舉劉海粟

劉氏出手幫助，拿出幾件書畫易米，供養了一班窮學生。而這幫窮學生，為首的一位是陳秋輝，她是中共地下黨人，解放後為上海美專第一任黨組書記，前些年，她述說了當年的情況：

> 「我們吃飯是一張張圓桌，按名單把飯打上，也有人不來吃，就空着反而浪費。我進校時窮得連個熱水瓶也沒有，也沒交學費，不管在哪裏吃飯，也沒人管我。後來我當了學生自治會副主席和膳委會主席，地下黨交代我的任務是『克服困難不能停伙』，可『巧婦難為無米之炊』，為此，我向地下黨告急，同時把這個情況到劉校長家（在復興路復興公園那兒）作了匯報。然後劉校長毅然從自己收藏的作品中取出幾幅去變賣。幾天後當我接到學生自治會主席扈才幹交給我的這筆錢時，欣喜若狂，馬上去搶購了一批大米和醬菜，剩下的錢就換成銀圓，以免貶值。因此，伙食團始終未停伙，讓上百的人熬過了這三個月。有飯吃了，同學們迎接解放的活動更積極了，這與劉校長賣畫相助是分不開的。但那時劉校長未必意識到這件事的重要性。」（良月《劉海粟弟子，陳秋輝女士的傳奇人生》）

「但那時劉校長未必意識到這件事的重要性」，這句話可圈可點。解放前，傳統教育是要助人，普世價值觀也認為助人為快樂之本。解放後甚麼都以「革命」來標榜、來衡量，革命與不革命和反革命有雲泥之別。劉海粟幫助窮學生是愛護學生，但在被打成反革命時，卻不得不考慮到如何翻身呢？

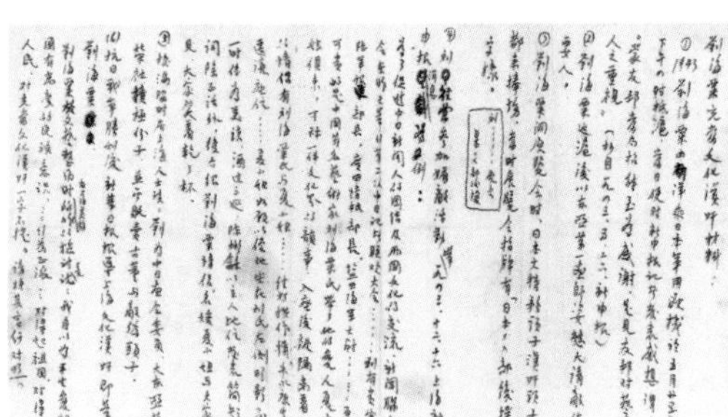
徐悲鴻致周揚手札附劉海粟材料一九五三年

劉氏搜索枯腸，也找出這舊事，用放大鏡一看，劉氏曾經出資幫助地下黨，對革命有功啊。八十年代初，筆者側聞劉氏找陳秋輝為這段史實寫證明。

劉氏唸唸有詞地強調自己是「愛國老人」，當與此事有關。

開放後，劉氏有機會到國外走走，這當然樂不思蜀，所以他老人家到那裏都有賴着不走的習慣。來香港那次，是借住在崇基學院一位教授家裏，歸國日期一再拖延。中旅社薛先生一再幫忙更改火車票。新華社一再發消息說劉氏畫展勝利結束即將歸國，都沒走成。後來是劉氏弟子文化部長黃鎮過港，新華社某領導請黃鎮出面勸說，才肯賦歸。

劉氏去新加坡也如是，停留簽證、住宿旅館，一再稽延，幾乎弄到人家發哀的美敦書才離開。虛白齋劉作籌早歲敬仰劉海粟，聽到獅城老友如潘受等述說劉海粟在新加坡的情況，大損偶像形象，搖頭不已。

劉氏晚歲在美國居住頗長一段時間，本擬終老異域。後來有關方面以上海辦劉海粟美術館為由，才哄得老人家歸來。

（二〇一九年四月十三日）

劉海粟美術館

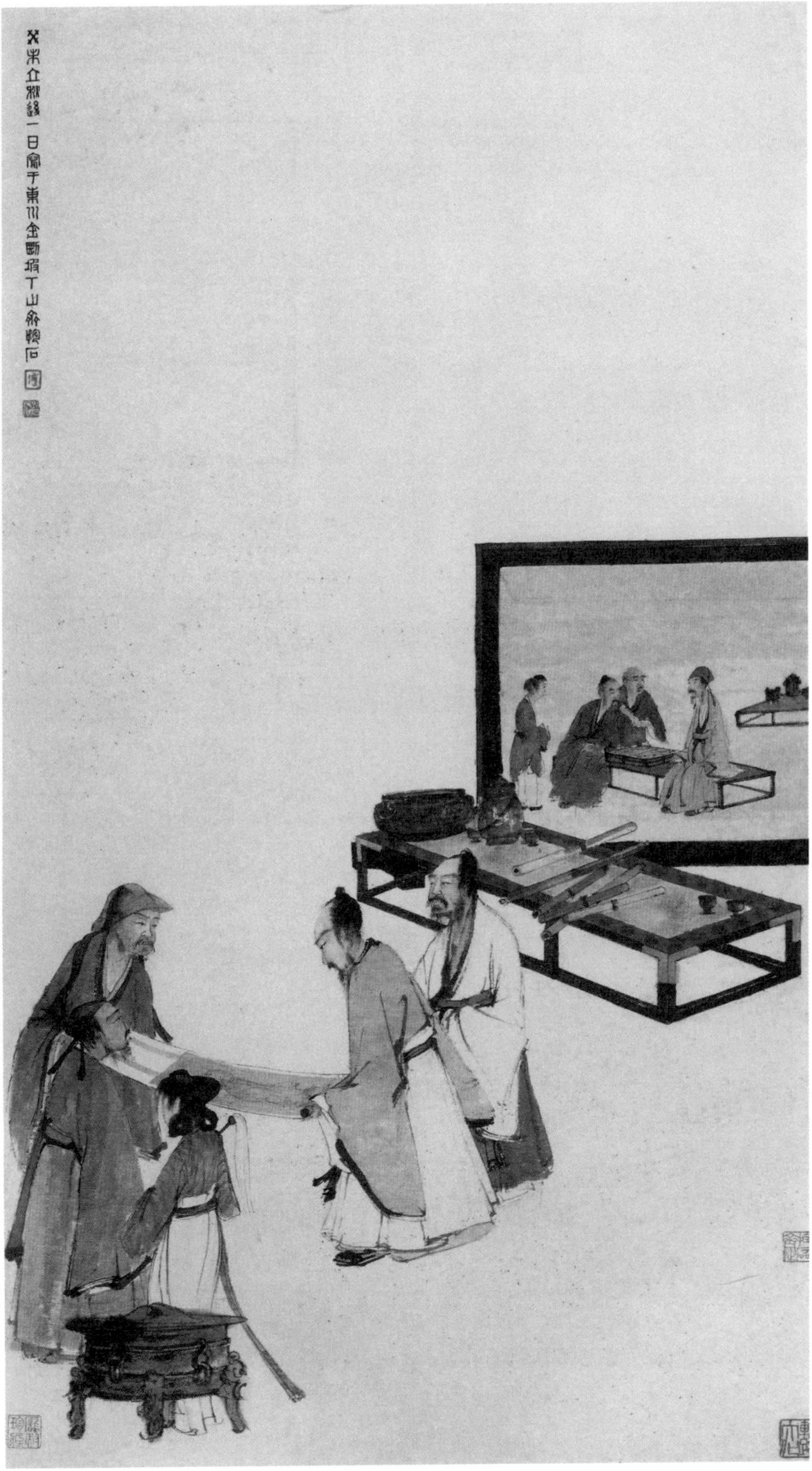

傅抱石直幅《讀畫圖》
一九四三年，滌硯草堂藏

洗手讀畫

——談傅抱石《洗手圖》

緣起

承姚進莊館長邀到文物館作報告，且不限題。感銘！

近讀姚館長的《梁義先生訪談錄》（刊《萬象神采》展覽圖錄），文中披露「二義草堂」主人之收藏心得頗多，尤以那關乎傅抱石《讀畫圖》亦最饒趣味。就以此談起吧！

「二義草堂」主人梁義先生推崇《讀畫圖》是傅抱石前十名的代表作，談次中也有認為傅抱石作品中，僅《麗人行》可與《讀畫圖》相頡頏。這是以名次和品類來比況，好處是能簡單明瞭。

我想踵事增華，在此補說一下：

這傅抱石之直幅《讀畫圖》，是癸未年（一九四三年）作。寫的是六朝桓玄的故事。

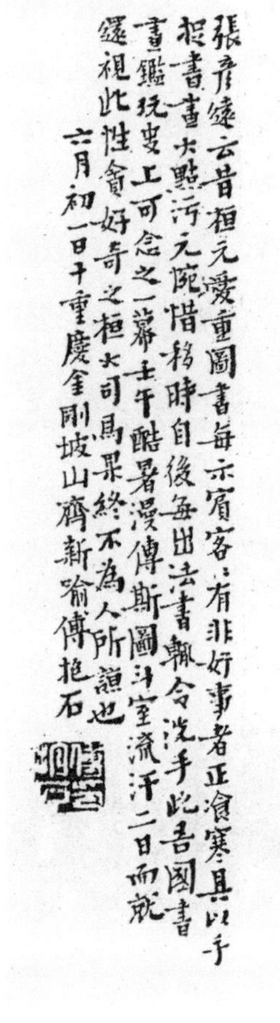

張彥遠云昔桓元愛重圖書每示賓客有非好事者正食寒具以手
捉書畫大點污元頗惜時自後每出法書輒令洗手此吾國書
畫鑑玩史上可念之一幕壬午酷暑漫傳斯圖斗室流汗二日而就
還視此性貪好奇之桓大司馬果終不為人所諒也
六月初一日于重慶金剛坡山齋新喻傅抱石

傅抱石壬午《洗手圖》題記，一九四二年

而先此一年，即壬午年（一九四二年），已有橫幅《洗手圖》出展，亦是寫桓玄的故事。

兩圖都只在四十年代之初偶露鱗爪，隨即消隱了四五十年。

傅抱石有《壬午重慶畫展自序》，曾說要「營製歷史上若干美的故實」，還聲明：「這是人物畫家一條主要的路線。」

傅抱石更說過桓玄的洗手典實，是「此吾國書畫鑒玩史上可念之一幕」。所謂可念者，即是心裏縈迴，揮之不去。

傅抱石自言：「我比較富於史的癖嗜，通史固喜歡讀，與我所學無關的專史也喜歡讀，我對於美術史畫史的研究，總不感覺疲倦，也許是這癖的作用。因此，我的畫筆之大，往往保存着濃厚的史味。」

又說：「我對於中國畫史上的兩個時期最感興趣，一是東晉與六朝（第四世紀——第六世紀），一是明清之際（第十七八世紀頃）。前者是從研究顧愷之出發，而俯瞰六朝，後者我從研究石濤出發，而上下擴展到明的隆萬和清的乾嘉。十年來，我對這兩位大藝人所費的心血在個人是頗堪慰藉。東晉是中國繪畫大轉變的樞紐，而明清之際則是中國繪畫花好月圓的時代，這兩個時代在我腦子裏迴旋，所以拙作的題材多半可以使隸屬於這兩個時代之一。」

觀上兩段文字顯示，傅抱石已把歷史、畫藝、趣味、生活合而為一了。

那麼他要「營製歷史上若干美的故實」是可以理解的。

再從畫藝而言：傅抱石在繪畫方面本來專攻山水，從早期作品觀之，基本上是山水畫，寫的是王蒙、石濤一路。後來傅抱石因為要畫一些以人物為主體的題材，所以兼要畫人物畫，這在《壬午重慶畫展自序》中有所透露。傅抱石還特別聲明，「這是人物畫家一條主要的路線。」傅抱石有這樣的歷史趣味和激情，那也是一種思想自由的境界。

關於「壬午洗手圖」

傅抱石在《壬午重慶畫展自序》中，曾自言創作所由，當中有提及《洗手圖》。這圖只在一九四二年雙十節，中國文藝社在重慶夫子池勵志社舉辦傅抱石畫展出現，此後數十年間不知所蹤。

傅抱石《壬午重慶畫展自序》是這樣寫的：

「有些題材很偏，但我覺得很美，很有意思，往往也把它畫上。如《洗手圖》，這是東晉桓玄的故事。桓玄在正史家並沒有好的批評，說他是桓溫的孽子，性貪鄙，好奇異，性嗜書畫，必使歸己。這位桓大司馬，和顧愷之、羊欣是好朋友，常常請兩位到家裏辯論書畫，他坐在一旁靜聽，這行徑已夠有味了，且在宴客的時候，喜歡把書畫拿出來觀覽，有一次某客人大約吃了『油

傅抱石畫展，重慶，一九四二年

餅』沒有揩手，把書畫汙了，他十分生氣，以後，凡有賓客看書畫即令先洗手再看。我以為這故事相當動人，尤其桓玄那種人，貪鄙好奇，偏偏對於書畫護持不啻頭目，在現在的情形看來，多少文縐縐的先生們還懷疑書畫是否值得保護，以今例古，怎教我不對這桓大司馬肅然起敬？於是我便在五尺對開的宣紙上，經營一張橫幅。畫四人觀畫，一人正在洗手，而桓玄則莊重地望在屏風之旁。這幅，是七月十二、十三兩日畫的，這兩日正是驟熱，我室中有一百〇三度，但我為儘量傳達畫史上的桓玄，並不感着熱的難受。」

這裏要簡單介紹一下桓玄。桓玄（三六九-四〇四），字敬道，一名靈寶，譙國龍亢（今安徽懷遠）人，大司馬桓溫的兒子，東晉將領、權臣。消滅殷仲堪和楊佺期，佔據荊江。篡位建立桓楚政權，年號建始，旋改永始。在位僅八十八天（只比袁世凱多幾天）。《晉書》卷九十九有傳，述其生平，也言及其嗜書畫：「初欲飾裝，無他處分，先使作輕舸，載服玩及書畫等物。或諫之，玄曰：『書畫服玩既宜恒在左右，且兵凶戰危，脫有不意，當使輕而易運。』眾咸笑之。」有文獻記載，他的老朋友顧愷之出遠門，交托一盒名畫與桓玄保存，桓玄見是好東西，干沒之。及顧愷之返，桓玄還他畫盒，顧愷之打開一看，竟空空如也，遂大笑。這些文獻顯示出桓玄相當貪鄙。

桓玄洗手讀畫的故事最早見於唐張彥遠《歷代名畫記》卷二「論鑒識收藏」。張彥遠說：

「夫識書人多識畫，自古蓄聚寶玩之家，固亦多矣。則有收藏而未能鑒識、鑒識而不善閱玩者，閱玩而不能裝褫、裝褫而殊亡銓次者，此皆好事者之病也。」

接着批評不懂愛惜書畫古玩者，

「夫人不善寶玩者，動見勞辱、卷舒失所者，操揉便損、不解裝褫者，隨手棄損，遂使真迹漸少，不亦痛哉？」

張彥遠諄諄告誡：

「非好事者不可妄傳書畫，近火燭不可觀書畫，向風日、正餐飲、唾涕不洗手並不可觀書畫。」

跟着所舉的例子就是桓玄洗手讀畫故事。原文是：

「昔桓玄愛重圖書，每示賓客。客有非好事者，正餐寒具（按：寒具即今之環餅，以酥油煮之，遂污物也），以手捉書畫，大點污。玄惋惜移時。自後每出法書，輒令洗手。」與傅抱石「壬午重慶畫展自序」一樣。

張彥遠還教人：

「人家要置一平安床褥，拂拭舒展觀之。大卷軸宜造一架，觀則懸之。」

傅抱石在《洗手圖》和《讀畫圖》中，正是據張彥遠所言，畫了一個大架懸着畫幅讓眾人觀賞。

桓玄令賓客洗手讀畫的故事太著名了，歷代騷人墨客時有論及。

傅抱石，三十年代

蘇軾《次韵米黻二王書跋尾二首》：「怪君何處得此本，上有桓玄寒具油。巧偷豪奪古來有，一笑誰似痴虎頭。君不見長安永寧里，王家破垣誰復修。」陸游《西窗》詩：「看畫客無寒具手，論書僧有折釵評」；清趙翼《題黃陶庵手書詩冊》詩：「摩挲忍污寒具油，激賞欲浮大白酒」。

讀上文，固可令後之讀者能清晰想像該《洗手圖》的內容，但可惜「空山翠華」，有勞想像，卻不能一見真實。

「癸未讀畫圖」

傅抱石《讀畫圖》，初刊時標名原是《洗手圖》，《洗手》和《讀畫》說的都是桓玄的事典。那《洗手》能貼切，《讀畫》能雅馴。即《讀畫圖》亦名《洗手圖》。圖的署款是癸未年（一九四三），為方便指稱，逕稱為「癸未讀畫圖」。

這直幅《讀畫圖》，只是曾在四十年代驚鴻一瞥，此後音訊渺然，世人儘管「眾裏尋她千百度」，而它卻能躲過眾人的目光，也躲過「文革」的追殺。終於在文革後一處黯淡的燈光下，和惶怖之餘的梁義先生相見了。

梁先生在採訪中說到初見此圖的驚險，說：「……另外，一定要講一張傅抱石的畫。現在這張傅抱石畫在十名之內。有一年，一位劉海粟的學生到香港找我，說大陸有一張很好的傅抱石作品，我看了照片覺得挺好。那是《讀畫圖》，現在那張畫在美國。它的底版在我這裏，是最早的那一張。我就問他去哪裏看？原來在流花（化）賓館，這賓館還在廣州。我們五點鐘到達，見到一個穿中山裝的人，說帶我們去長堤才能看到。去完長堤見到兩個人，又被帶去越秀山，之後又去了友愛路，鑽進小巷子，那時候已經天黑了。足足去了六個不同地方，好像偵探小說一樣，專門鑽廣州的小路，我都害怕了。最終去到一個很深的巷子，在一間小房間裏，房裏有個老人，他見到我也沒有說話，有一張畫放在那裏。那你說我還有沒有心情看啊，我心裏已經很害怕，不知道怎麼回頭。但我都要看，就亮小光管，朦朦的，不是很光亮。打開一看，問多少錢，十八萬。我心想這麼貴啊！我都沒有將貴字說出口，就跟他們說：『好吧，到時候再聯繫。』後來，一個大畫商說我吃虧了。除了《麗人行》，這畫就是第二張代表作。有個在美國做餐館的藏家買了這張作品，並在很多畫冊上出版過。但那時候是八十年代，十八萬，我們的房子才三萬多，屬中等的那些。一千呎的住宅單位，還只是八、十萬而已。他叫價十八萬，我就沒買。這些就是我買畫的經驗，遇到驚險的程度。回想起來，可能性命不保，或是被人綁架了都不知道。但這就是我的經歷。」

以上訪談記錄，反映出八十年代廣州書畫的市道和人心。那口述中的六次轉換地點，就好像是電影中的特工「甩尾巴」。（那時國內的古書畫文物

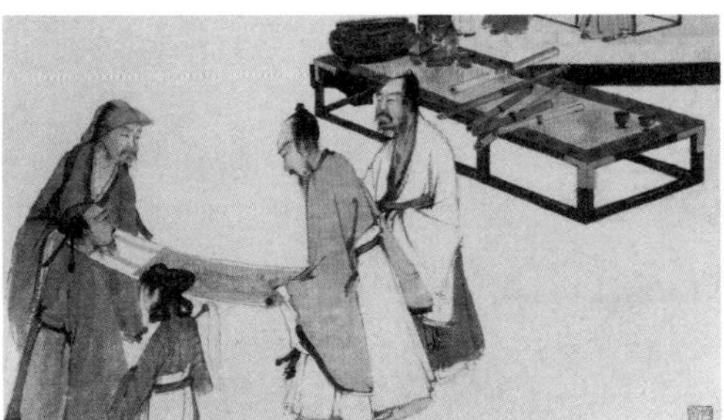

傅抱石直幅《讀畫圖》局部

是不能私下買賣的）。但貨主沒想到，如此折騰，正是「不惜捲簾通一顧，怕君著眼未分明」。買家飽受驚嚇，只想保命，怎有心思欣賞？

其實這《讀畫圖》，我在八十年代也看過照片，我可沒有梁先生這麼有面子，可以去廣州迂迴數地看到實物，只是看到小小的影像而已。

而我第一次看到傅抱石《讀畫圖》原作，可是人家送上門來的。話說一九九四年，為紀念傅抱石誕辰九十週年，我找蔡一鳴先生支持，請臺灣中華文物學會出面主辦，在臺北國立歷史博物館舉辦「傅抱石畫展」。這是臺灣地區首次舉行的傅抱石畫展。當時傅二石、郭庶英一行，還有美國紐約來的藏家鄧仕勳，他們都將展品集中到香港翰墨軒，並在小軒將這些驚世之作一一打開。

到這時，我才知道《讀畫圖》名花有主，早歸鄧仕勳收藏。而郭沫若所藏的《麗人行》，也同樣在小軒曝光，雖說此名品早在北京郭沫若紀念館欣賞過了，這次重見，卻能在小軒捧讀細賞。古語所謂「四美具，二難並」，我是享受了「二難並」的滋味了。

那次是臺灣首辦的傅抱石畫展，參觀者眾。香港也有不少人來觀賞。有位畫商，見到《讀畫圖》，知道藏者也在現場，竟不嫌唐突，當場與鄧兄商量，擬出港元百萬請讓。而鄧兄事後跟我說，不要說百萬，二百萬也不賣。這可是他的鎮齋之寶。

一九九四年臺灣歷史博物館舉辦傅抱石畫展，傅二石在開幕典禮上致辭，左面懸掛的是直幅《讀畫圖》

話雖如此，鄧兄可是「一經別離，知道了相思苦」的人。事緣若干年前，鄧兄對傅抱石作品認識不深，不知此畫之重要。「當時只道是尋常」，鄧兄在家人和友好的慫恿下，一九八六年六月，通過紐約佳士得拍賣，為美籍德裔收藏家龐耐（Alice Boney 1901–1988）女士以六萬美元投得，從經濟角度看很不錯了。但鄧兄是愛畫之人，很快就後悔。那是劇中漢元帝嫁出王昭君那種後悔。惟世事這麼巧，當鄧兄朝思暮悔的時候，龐耐女士逝世了，《讀畫圖》再次釋出，於是舊燕回巢，又重歸鄧兄的「滌硯草堂」。而二十多年來，這件《讀畫圖》不斷刊登在各種傅抱石畫冊和報章雜誌上，幾次重要的傅抱石畫展，都要將此作品請去。最近一次在美國紐約大都會博物館舉辦的傅抱石畫展，這件名作也沒缺席。還有，為紀念傅抱石誕辰九十週年，一九九四年國家郵電部門，印行傅抱石畫作十件作郵票。而此《讀畫圖》，也被列入，可謂盡享榮寵。臺灣藏家林百里與鄧老友，鄧雖也曾讓出過《石濤上人畫像》與林，但林最心儀的是《讀畫圖》，惟鄧兄視此為鎮齋之寶。到如今，這《讀畫圖》仍藏在「滌硯草堂」。

「出土」的「壬午洗手圖」

約在一九九五年，傳聞天津人民美術出版社倉庫中發現了一件傳抱石

紐約藏家滌硯草堂主人鄧仕勳在其鎮齋之寶《讀畫圖》前留影

《洗手圖》，畫中署款也是「壬午」年的，據此，令人懷疑此即當年重慶展出的《壬午洗手圖》。因兩圖同名，且同款署「壬午」。

同年十月，深圳市動產拍賣行在市博物館舉辦拍賣會，拍賣圖錄中赫然刊出了橫幅的《洗手圖》，據説那就是天津人美倉庫「出土」的那件。

由於是橫幅，令人想起當年傅抱石在《自序》上說的話，於是動了好奇心，約天民樓主人葛師科先生一起到深圳研究這件《洗手圖》。葛先生從前在南京工作時，就留意到同城的大師傅抱石，很喜歡傅抱石的畫，天民樓也藏有十多件傅抱石的畫作，所以我請葛先生偕行，一方面可以請益，另一方面多一機會使拍品落入熟人手裏。

到了展場，看到這件橫幅《洗手圖》的尺幅不大，據主辦拍賣的黃先生説，此畫是天津人民美術出版社庫房發現的。畫的題款很自然，左上角有郭沫若題字，也似抗戰間郭老書法的風格。

我們細觀這橫幅《洗手圖》，正與傅抱石《壬午重慶畫展自序》中所述吻合。畫是橫幅四呎紙對開（長一二七點三厘米高三二厘米），畫面是桓玄持畫坐在屏風前，四人有三人在讀畫，另一人在屏風後面洗手，準備觀畫。左端題識云：

「張彥遠云：昔桓元愛重圖書，每示賓客，客有非好事者正餐寒具，以手捉書畫大點汙，元惋惜移時，自後每出法書，輒令洗手。此吾國書畫鑒玩史上可念之一幕。壬午酷暑漫傳斯圖，斗室流汗二日而就，還視此性貪好奇之桓大司馬果終不為人所諒也。六月初一日於重慶金剛坡山齋新喻傅抱石。」

試將這橫幅《洗手圖》上的跋語和傅抱石當年的自序作句意比較：

「壬午酷暑漫傳斯圖，斗室流汗二日而就」（跋文）

「這幅，是七月十二、十三兩日畫的，這兩日正是驟熱，我室中有一百〇三度，但我為盡量傳達畫史上的桓玄，並不感着熱的難受。」（自序）

而跋文中的「六月初一日」當是陰曆的說法。那也正好是該年陽曆的七月十三日星期一。這一切都若合符節。

但是畫本身卻令人看不明白，雖然整體感覺很好，構圖新穎，但是人物的造型、開臉，與後來所見的有所不同，而且線條荏弱，好像很不成熟。葛先生和我的看法也一致。當時我們對傅抱石早年的作品看得少，而其時傅抱石畫冊不多，可供比較研究的參考資料也極為匱乏。我們得出的結論是：或者傅抱石早年的畫就是這個樣子吧？如果買了下來，萬一又冒出一張，那就慘了。所以出價不敢太高，後來聽說是深圳藏家楊先生投得。當時的起拍價是三十五萬元，結果以五十八萬三千元成交。

為甚麼我和葛先生當時不敢確認這橫幅《洗手圖》呢？因我們對傅抱石早期畫作，尤其是人物畫認識不足。

傅抱石是「為了山水上的需要，所以也偶然畫畫人物」，「原先不能畫

傅抱石《洗手圖》一九四二年

人物薄弱的線條，還是十年前（一九三二年）在東京為研究中國畫上『線』的變化史時開始短時期練習的。」傅抱石不無自負的說，題材雖舊，「則出之以較新的畫面」。

壬午年傅抱石開始寫人物畫，我們從畫於這年的橫幅《洗手圖》，可以看到一些脈絡。《洗手圖》的用筆雖然稚嫩，人物開臉尚未達到後來那種淵穆，但整體的氣格甚高，與同時代其他畫家風格迥異，能自標一幟。而且傅抱石絕頂聰明，他努力改進，把纖弱的線條一變而為硬挺的線條，但初時掌握得未夠純熟，也過了火，嘗被他的太太羅時慧取笑，說他的人物畫像打翻火柴盒一地火柴枝般生硬，再蛻變而為直幅《讀畫圖》的剛健線條，從壬午到癸未，才短短一年時間，傅抱石畫藝的確是向前跨了一大步。

葛師科在深圳審閱傅抱石《洗手圖》

蘭亭圖

壬午癸未甲申這個時期，傅抱石畫了《洗手圖》、《竹林七賢》、《蕭翼賺蘭亭》、《赤壁舟遊》、《淵明沽酒圖》、《東山逸致》……等充滿六朝煙水氣的畫幅。其中《蘭亭圖》則是一畫再畫。

傅抱石說：「譬如《蘭亭圖》，是唐以來的人物畫家的拿手戲，北宋的李公麟、劉松年乃至明季的仇英，都精擅此題。據各種考證，參加蘭亭集會的人物，有畫四十二個的，有畫二十七個的，這因為王羲之當時沒有記下到會的姓名，所以那位是誰，究有多少，無法確定。我是大約想，畫三十三個人，曲水兩旁，列坐大半。關於服裝和道具，我是參考劉松年。就全畫看來，從第一天開始，到第六天完成，都未嘗一刻忘記過這畫應該當浸在『暮春』空氣裏，我把蘭亭遠置茂林之內，『惠風』雖不敢說畫到了『和暢』，然一種煦和的天氣，或不難會領略的。」於此可知，壬午畫展那幅《蘭亭圖》，是花了傅抱石六天時間纔完成的，可見傅抱石是多麼醉心於六朝。

而不單止畫家自己陶醉，觀者也受到畫面的感染。呂斯百在當年看了傅抱石壬午畫展之後，寫了篇文章《一位畫家之發現》講述「我在看過抱石更多的山水與人物之後，我急切的要介紹在國畫上久已告衰微的人物畫，竟由抱石傳其神韻味。抱石人物畫的代表作《蘭亭圖》，是一幅完善的傑作。在寬二尺高三尺的畫面上，不覺走進了蘭亭的實境，這裏是高松翠柏，這裏有疏林掩映，這裏激流着一曲清泉。臨水、倚山、登策杖。在其間優游着二十多位高人雅士。這二十多人的布局，是全副最精彩的所在，二十多人中主體是十四位……十四位的動作面目無一相同，有的正襟危坐，道貌岸然，有的在做詩，有的在寒暄，有的在沉思，十四位的衣飾頭巾亦各不相同，可是色調古雅，他們的儀態是閒雅的，書童的動作是忙碌的，抱石不獨寫盡了畫意而且寫盡了詩意，這是現代不可多得的一件作品。」（一九四二年十月七日《時事新報》副刊「青光」「傅抱石教授畫展特輯」）而在這個展覽之前，呂斯百與傅抱石共事十幾年，竟然不知道傅抱石會畫畫。所以傅抱石這個展覽，的確是一鳴驚人。

說到這裏，還要附說一張傅抱石的直幅《蘭亭圖》（甲申年）。因為這件作品，也與梁義先生擦身而過。那是十年前，翰墨軒辦了一個傅抱石畫展。從幾位藏家商借了幾十件傅抱石畫作，《蘭亭圖》懸掛在最當眼處。梁義夫婦前來參觀，對這件畫作留有印象。前幾年，碰到梁義先生，他詢問能否找件傅抱石精品，他想搞個人藏品展覽，要收一件傅抱石代表作壓場。又提及這件《蘭亭圖》，遂與藏家商量，藏家是一位女士，心大心細。她的老友勸她價錢好的話就出讓，可以再買別的書畫。這樣藏家才將這張《蘭亭圖》放在小軒，讓梁先生慢慢研究。隔了幾天，梁先生還是放棄了。不知是看不透，怕假，還是嫌人家要價幾百萬太貴，沒說理由，最終沒有成交。如果當時梁先生判斷這是真品，咬一咬牙，當作拿幾十萬盅龜齡膏（梁先生經營龜齡膏生意）換這一紙有幾十個高士的《蘭亭圖》，那今日文物館舉辦的這個展覽，當會掛多一件精品。雖然尺幅沒有展覽圖錄所刊高奇峰那巨幛這麼大，但畫面的精采，是不遑多讓的。

這件《蘭亭圖》，最後為大陸一個企業家收購，將會在某大省籌建的博物館懸掛，供當地老百姓欣賞。故事未完，這件《蘭亭圖》易手之後一個月左右，南京有藏家追蹤而至，當知道「佳人已屬沙吒利」，即表示願意加百

傅抱石直幅《讀畫圖》局部之畫中畫

傅抱石《蘭亭圖》一九四四年

分之五十的利潤請讓。我如命代為傳話，但那位藏家堅持「要貨不要錢」，遂鎩羽而歸。而這事情中，梁先生是考慮購藏的第一人。

總結上面的故事，儘管我這麼早遇到傅抱石《洗手圖》祖本（壬午），判斷未足，畏首畏尾，終成葉公之好龍。而梁先生最早遇到《讀畫圖》，以驚惶而亂了法度。嗣後再遇上《蘭亭圖》，又是以判斷不足而放棄。

以上所講三件傅抱石的《洗手圖》、《讀畫圖》、《蘭亭圖》，都是我親見而且上過手。以下再談一談傅抱石畫的幾件以六朝高士雅集讀畫為題材的畫作。兼又探討傅抱石抗戰時在重慶、解放後在南京，其畫作題材的變化。

傅抱石，四十年代

洗手圖變七君子圖

我們翻開《傅抱石全集》第一冊，還可以發現傅抱石尚有一張癸未年的《洗手圖》（長一二七厘米高四二厘米），畫面共九人，兩個侍女，七個高士，四人圍着展畫觀看，側面兩位持畫軸討論，遠處一人在屏風前洗手。

左上行書題識一行，曰：「癸未八月，警報歸來，率爾寫此。兼讀張愛賓畫記有感也。重慶西郊金剛坡下傅抱石。」張愛賓畫記即張彥遠《歷代名畫記》。鈐印二：「抱石私印」、「往往醉後」。

此畫係中國嘉德二〇〇一年十一月四日在北京拍賣，估價人民幣五十至

傅抱石《洗手圖》一九四三年

七十萬元，以六十六萬元成交。據悉這是中文大學藝術系陳德曦先生投得。可惜陳先生前兩年故去，無法追問這件作品的下落和借來欣賞。

我要講的，是嘉德拍賣圖錄說明甚具創意：「此圖於癸未年（一九四三年）所作，描繪了七名高士於密室中聚會的情景。雖只廖廖數筆，但每人容貌各具特點，頗為傳神，似乎正在緊張地商議事情。作者於空襲後歸來而作此圖，其主旨是試圖通過對明代被奸臣魏忠賢所害七君子的描繪，來暗喻一九三六年在上海發生的沈鈞儒、鄒韜奮、史良等『七君子事件』，從而反映出作者對時局的不滿與憂慮。」

這明明畫的是桓玄洗手讀畫的故事，怎麼扯到被魏忠賢所害的七君子，還扯到民國時候沈鈞儒等七君子的事，撰寫圖錄說明的人想像力太豐富了。

傅抱石、李可染、張文元、司徒喬合作《七賢出林圖》一九四三年

七賢出林圖

從這件有七個高士出場的《洗手圖》，再講到中央社羅寄梅藏的一件《七賢出林圖》，這是傅抱石、羅時慧，與李可染、張文元、司徒喬、馮伊媚、高龍生七人雅集，這七人「皆喜畫者也。自午至晚，相率以成」。傅、李、張、司徒合作畫七高士雅集，有撫琴，有展卷觀賞，有舉杯飲酒，有行吟，共七位，白描，沒有背景，沒有竹林，李可染遂命名為《七賢出林

圖》，傅抱石長題紀盛。可見傅抱石是代入畫中人，陶醉其間。時維癸未四月二日。

讓我們看看傅抱石由壬午到癸未的行藏，所為何事？畫了那些畫？以考察他畫藝的轉變軌跡。壬午年傅抱石每周「要步行到中大（中央大學）上課，來往約有六十華里，必須耽擱三天至五天，所以每月只有小半的時間可利用，就最近半年的結果統計，每月多則作畫十一二幅，少則五六幅。自然，不是幅幅可以成立，有時連畫幾幅還可以看，有時又像遇着攔路神，無路走得通。這苦惱，比甚麼還要難受。」因為傅抱石準備開畫展，所以寫畫甚勤。癸未、甲申這幾年，是傅抱石創作高峰期。

「洗手」「讀畫」，這些充滿歷史感的畫作，在傅抱石生花妙筆之下，重現魏晉士大夫的雅集活動場面，讓我們通過傅抱石的丹青，發思古之幽情，享受那美的感受。而這些令我們傾倒的作品，竟然是在戰火紛飛的年代，在日本飛機轟炸威脅下的重慶，在成渝古道旁金剛坡山腳下一個極小的舊院子裏，在全屋僅有的一張小方桌上揮灑出來的。

筆墨當隨時代

解放之後，傅抱石住在南京傅厚崗自購土地興建的獨幢房子，後來更遷

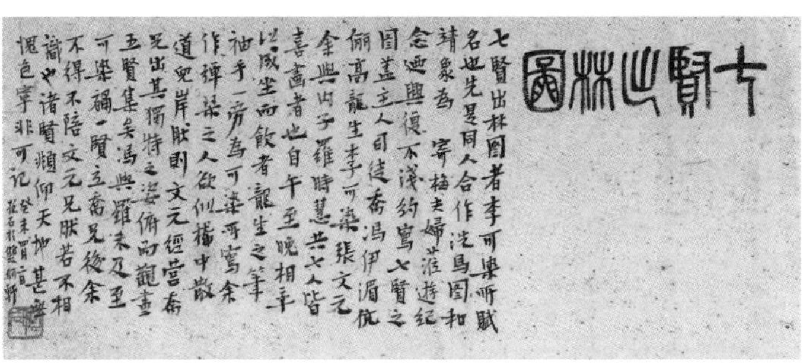

傅抱石為《七賢出林圖》題識

至漢口路由公家安排的大宅，與金剛坡時期居住的小屋子，不可同日而語。生活條件大大改善，但創作環境卻有極大的逆轉。對畫家創作而言，是沒有從前那麼自由了。在事事要突出政治，事事要求政治正確的年代，《洗手圖》《讀畫圖》是有問題的。《洗手圖》的主角是東晉的大司馬桓玄。這位在史書上早被定位為奸角，傅抱石如果再畫這類題材，豈不是與毛主席《在延安文藝座談會上的講話》精神不符，這豈不招災？

解放之後，傅抱石畫中的這些六朝高士，大都隱身，不見蹤影。僅剩陶淵明少數幾位偶爾露臉。因為政權更易之後，「筆墨當隨時代」。新時代，畫的是山河新貌、畫的是革命勝地延安、井崗山、韶山……，畫的是唯恐「不及萬一」的毛主席詩意畫，這與金剛坡時期那種墨瀋淋漓，才氣迫人的盛年佳作，大異其趣。怪不得臺灣有學者強調，傅抱石的主要成就是在抗戰期間的重慶，是居住在金剛坡的時代。各位又以為如何呢？

（本文是二〇一五年一月卅一日應香港中文大學文物館姚進莊館長之邀在中國文化研究所「萬象神采專題講座」講演的講稿）

啓功食龍蝦

拙藏趙少昂一幅畫贈鄺山笑龍蝦橫幅，兩隻色彩斑斕的硬殼巨物佔滿畫面，兩條堅實有力的長鬚搖曳，眾爪亂撥，鮮活生猛，兼具蜿蜒威武之態。「龍」的美稱，或者因此而得。用以別於齊白石的基圍蝦。白石老人生長湖南，久居京師，恐也未曾見過龍蝦，所以筆下水族有魚蝦蟹，卻無龍蝦，以未嘗寓目不肯下筆故也。趙伯（少昂）活躍於香港，喜啖海鮮，龍蝦為蝦中極品，趙伯食得開心，因之樂為龍蝦寫照。

憶八十年代初，啟老（功）蒞港講學，筆者權充「副官」，保駕護航。有日家父自澳門來港，請啟老午饍，由筆者陪同。席設灣仔近消防局謝菲道北苑，主菜即為白灼龍蝦。家父夾着切得薄薄的龍蝦肉，在滾燙的湯中稍一劃撥，即遞至啟老碗中，讓他老人家品嘗。家父自己偶爾嘗一兩口，而筆者雖未沾一口，但觀啟老甚為欣賞的笑容，此龍蝦肉當甚美味也。啟老飽餐之餘說，他小時候家中也有龍蝦，但只觀其形卻不知其味，因為家中那隻龍蝦

啟功與筆者父親共餐，八十年代

只是標本，無法啃的。在啟老當年幼小的心靈中，一直惦記着此物究是何種味道？幾十年來，未曾得試。今日有緣品嘗，原來如此鮮味可口。說得幾乎眼眶泛光。珍貴的東西對老人家來說，不一定對口味。例如七八十年代榮老闓（毅仁）送啟老花旗參，那時花旗參在北京是珍物。但啟老蒞寒舍時，筆者饗以泡野山花旗參片茶，喝了幾回，啟老要求喝回普通茶（普洱），或者花旗參性寒，啟老腸胃不合也。而龍蝦則完全對他的胃口，多多益善。但當時生龍蝦在香港也是昂貴之食物，相信啟老訪港三個月間，也只吃過這麼一回。

九十年代，傅抱石二公子傅二石蒞港，筆者招飲，席設高士打道伊利莎伯大廈某海鮮酒家。只我們二人，叫了兩道菜，主力是上湯龍蝦。二石大口大口吞噬龍蝦肉，他一個人幾乎幹掉一隻大龍蝦。

二石吃得津津有味的說，他爸爸傅抱石一輩子也沒有這種「待遇」。飯局有紅燒肉已是上佳美食，遑論龍蝦。

八十年代在香港吃龍蝦，如果不要求尚能游水的，冷藏的龍蝦用芝士焗，在西餐廳是常見美食，不算奢舉。前幾年到美國波士頓，由臺公（靜農）媳婦朱博士請吃當地有名的龍蝦，一聽價錢，也不昂貴。舊日北京的高級餐館不見有龍蝦供應。九十年代初王府飯店、京廣新世界等飯店中有些餐廳見到有龍蝦供應了，還在門口大字標明價碼：外匯券六十八元（合港紙

啟功，八十年代

趙少昂畫贈鄺山笑《龍蝦》
一九四七年

二三百元，另加服務費百分之十五）一兩。其時北京一般薪水人民紙二三百元，一個月所得只夠買三四兩龍蝦，當時的確是奢侈物。所以筆者在北京吃飯，從不點龍蝦。

九十年代禮頓道松竹樓隔壁有家日本餐廳，嘗見一肥碩食客，獨自一人享用一整隻龍蝦刺身。龍蝦外殼仍然綠色，襯托殼中一片片的透明龍蝦肉，雅淡可人。惟該隻龍蝦雖然外殼已被一分為二，肉身也被化整為零切割成若干片，龍蝦頭卻微微悄動，雙眼仍然轉動，兩條觸鬚緩慢擺動，表示牠一息尚存，仍未斷氣。而店家以此表示新鮮。食家不管「君子遠庖廚」之訓，食得甘味，只求大快朵頤，其餘非所知也。啟老當年所吃白灼龍蝦，較之日式「凌遲」食法，究是文明得多了。

（二〇一四年八月廿四日）

黃苗子的童趣

黃苗子

黃苗子長不高，南社點將錄雅稱他「矮腳虎」，以筆者與苗公交往多年的感覺而言，苗公具童子高度，而又充滿童真和生命力，歷風霜而享期頤，是名實相符的老頑童。

文革之後，四屆文代會召開，舊日香港「人間畫會」諸君在北京「吃鴨樓」雅聚，出席者有黃苗子夫婦、黃永玉、關山月、黃新波、余所亞、張樂平、丁聰、廖冰兄、余本、黃茅等等三四十人，「互道十年來風浪波濤之樂」。苗公仿王右軍蘭亭修禊事，作一題記，篆書「尚在人間」四個大字，既切舊日畫會之名，又貼當前事態。繼以行書八行記此盛會，由出席諸君簽押留名。此一雅跡，年前隨黃新波木刻作品在沙田的文化博物館展出。筆者細讀其題記，可謂風趣「抵死」，一時兼有。那通篇苗體墨跡，署款卻為「黃羲之」（廣東話「王」「黃」同音），知係老頑童苗公所為，不禁微笑會心。頑童經反右文革近廿載摧殘，仍童心未泯，令人敬佩。

前幾年，黃永玉在香港藝術館畫展，苗公伉儷來港捧場，下榻君悅酒店。筆者攜子往訪。苗公垂詢兒子在哪裏讀書，子答華仁，苗公說他也是華仁，我們是同學了。時郁風舞弄新購的照相機，老是搞不明白，老人家怎弄這新科技？苗公也幫不上忙，說：找我同學吧。我一時反應不過來。原來是叫我兒子幫忙，小朋友三兩下「搞掂」。苗公是明白人，新科技小朋友最懂。而出語「找我同學吧」，真是腦筋急轉彎。

八九風波之後，苗公郁風伉儷避地澳大利亞靜養。過兩年，苗公七十八歲大壽時，居澳哲嗣大威一家製一生日咭賀壽，由苗公孫女妍妍製作。孫輩給爺爺生日咭本是尋常事，但苗公童趣大發，仿其孫女字跡，在咭上加撰一打油詩：

「『可使食無肉，不可居無竹；無肉令人瘦，無竹令人俗。』花園竹沒有，廚房肉早熟；肉串香噴噴，雞腿光禿禿；火腿和Cheese，烤魚讚Good Cook；合皮波斯堤（Happy Birthday），英文也會讀。寄到北京去，饞饞老三叔！」

妍妍當年芳齡十二，迷金庸小說，竟得查大俠賜贈她一整套，由是受小說影響喜吟詩抄詩。賀咭是妍妍設計繪製，她鈔錄了詩的前四行，「花園竹沒有」起是苗公仿她筆跡而加寫的。當時大威在布里斯本置業，院子裏有花草，但郁風抱怨沒有竹，所以妍妍錄蘇東坡詩名句開頭，由爺爺苗公發揮下去。苗公仿人字跡是一絕，仿妍妍筆跡也是唯妙唯肖。妍妍還挺認真的在旁

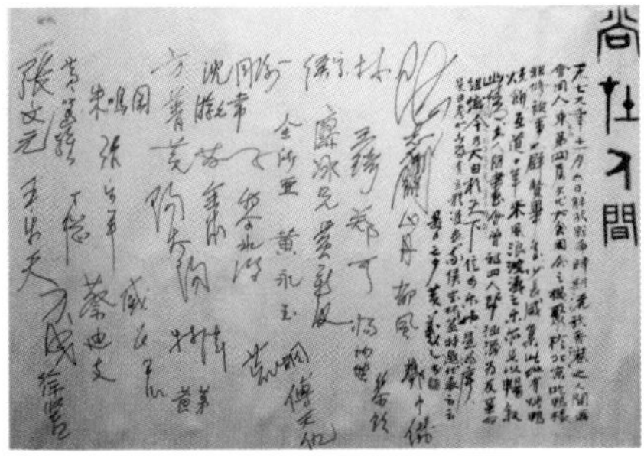

黃苗子化名黃羲之戲題「尚在人間」

邊加注：「請不要以此為真!!!」。左旁郁風題跋八行，作一說明。一頁平常孫女賀爺爺生日咭，經苗公等「加鹽加醋」，變成饒有童趣的文物。日前承大威撿出傳示，拜觀之餘，草本文，用為苗公一〇一誕辰紀念云爾。

（二〇一四年八月廿九日）

黃苗子九十一歲生日卡

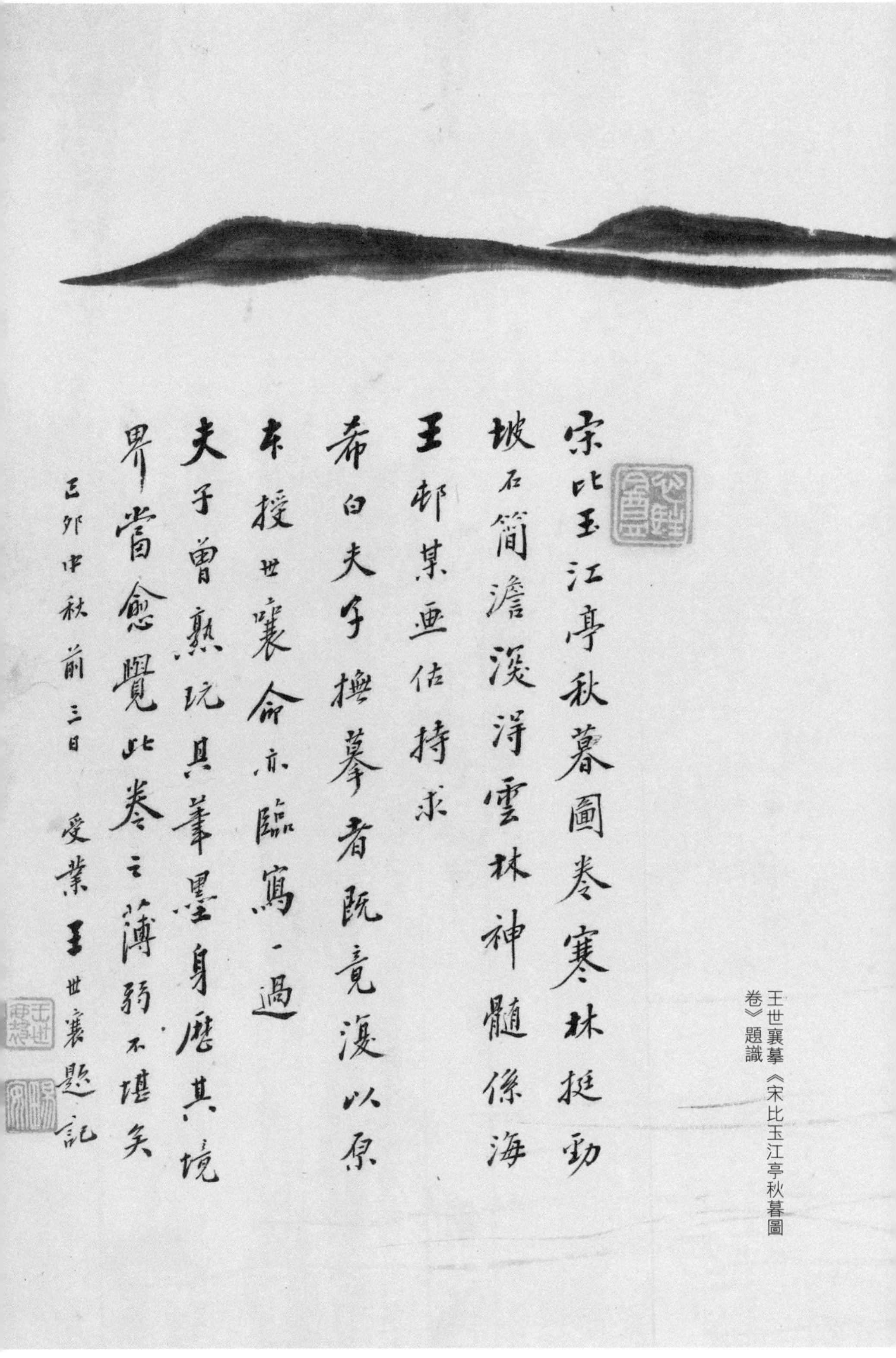

宋比玉江亭秋暮圖卷寒林挺勁
坡石簡澹溪得雲林神髓係海
王邨某畫估持求
希白夫子擬摹者既竟復以原
本授世襄命亦臨寫一過
夫子曾熟玩其筆墨身歷其境
界嘗愈覺此卷之薄弱不堪矣
己卯中秋前三日 受業王世襄題記

王世襄摹《宋比玉江亭秋暮圖卷》題識

記王世襄摹《宋比玉江亭秋暮圖卷》

天才者，往往多能，卻又因多能而自相掩蓋。讀王世襄先生《江亭秋暮圖卷》摹本，就有這種感慨！

王老以研究明式傢具著稱於世，而與之相比，其他雜項門類的收藏研究，如飛鷹走狗、養蟈蟈、鬥蛐蛐兒之類都因顯得「好為小道」而遜色。惟深入了解者，纔知王老能「以小見大」，把舊日京華八旗子弟的玩意兒提升至人文層面去研究，而且都撰有專著。

這種自相掩蓋，也有更甚的，就是他的畫學被收藏掩蓋。他畫學的湛深，始於幼承懿教，比他的「收藏研究」更早。但世人的評騭，又每每是「花不如葉」，以習知來掩蓋了他的深閎。

世襄先生生母金章是近代名畫家，她十九歲隨兄長金城等出洋，留英習西洋美術三年，歸國後仍專攻畫學。其長兄金城即金北樓，也就是王世襄的大舅父，是法學界、書畫界亦官亦畫之強人。金城好書畫，富收藏。

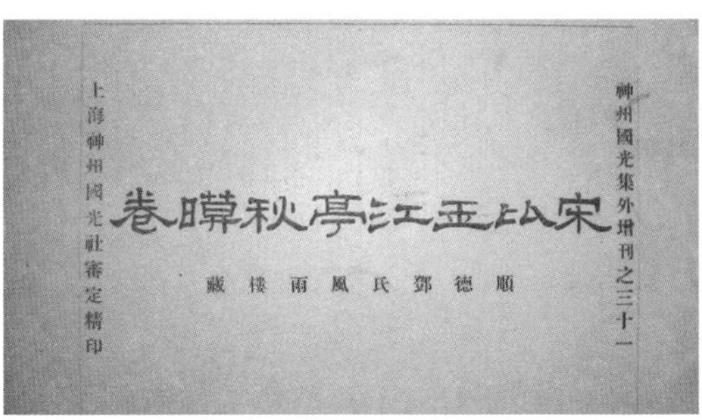

《宋比玉江亭秋暮卷》宣統元年（一九〇九年）神州國光社版

一九二〇年創辦中國畫學研究會，當時金章也是導師之一，曾撰《濠梁知樂集》書稿作教材。抗戰間，王世襄先生攜先慈《濠梁知樂集》遺稿入川南，深恐散佚，遂加整理並手自工楷謄錄，石印流傳。

上文所述，不是要把王氏的畫學說成是生有自來。但王氏的的確確出身在書畫之家。一個藝術家的長成，其早年的薰陶，是最為重要和難得的。王世襄先生能在一九三九年廿五歲即寫成《中國畫論研究》一書，這就是個明證。而本文要說的王世襄先生手摹的《江亭秋暮圖卷》，也恰是摹於一九三九年。

「世有伯樂，然後有千里馬」。時王世襄在燕京大學研究院攻讀，隨容庚先生遊。其時海王邨某畫估持鄧實風雨樓舊藏「宋比玉江亭秋暮圖卷」求容老撫摹。容老撫摹既竟，復以原件授王世襄摹寫。這就是本文要說的「王世襄摹宋比玉《江亭秋暮圖卷》」的由來。

知師莫若弟，知弟亦莫若師。若非容老如伯樂般見賞牝牡驪黃之外，對世襄先生畫學賞識，大可以來個專斷，孔子作春秋，令「游夏之徒不能贊一辭」。但容老卻敢以真跡使之撫摹。這使命和付託之中，也就是對這廿五歲小子的肯定。時維一九三九年，令那宋比玉的《江亭秋暮圖卷》在人間又多了容庚、王世襄兩人的摹本。

五年前，網上有文章題為「現代章草第一人」，其署名藏劍樓主。該文

談及羅復堪。有云：「羅復堪還精於繪事，曾臨摹明代畫家宋珏的江亭秋暮圖山水卷」。準此，那在容、王兩摹本以前，又該有一羅姓摹本了。惟藏劍樓主未言其根據出處，筆者亦無由請益，蒹葭伊人，徒深慕企。為此筆者曾細考羅氏事跡，曾於黃節《蒹葭樓詩集》中之一九〇六年條下有《九日登龍華塔同諸貞壯鄧秋枚》和《滬江重遇羅敷庵歌席中賦贈》的相隣詩題。這「秋枚」便是風雨樓主人鄧實的別字。而敷庵是羅惇㬈（別號復堪、敷庵，是羅癭公的堂弟），這是三位廣東順德同鄉同時出現在上海的交往證據，也許羅復堪的摹圖就在這一時期。果真如此，則「宋比玉江亭秋暮圖卷」在近代就曾有三個摹本了。

那王世襄在摹本上的自題是：

> 「宋比玉《江亭秋暮圖卷》寒林挺勁，坡石簡澹，深得雲林神髓。海王邨某畫估持求希白夫子撫摹者。既竟，復以原本授世襄命亦臨寫一過。夫子曾熟玩其筆墨，身歷其境界，當愈覺此之薄弱不堪矣。己卯中秋前三日。受業王世襄題記。」

這題記中所謂「撫摹」、「臨寫」，其實都是一回事，也可稱之為「臨摹」的。但有必要一說，由於「臨摹」是一種學習方法，因之向有誤解，以為臨摹一定下於真蹟。其實臨摹是一種「踵事增華」，是原作基礎上的繼承和發揮。簡言之，原型和描摹的關係，並非並列關係，而是一種延續的發展

王世襄摹《宋比玉江亭秋暮圖卷》

關係。中國傳統就重視摹本，像三希堂中有二希是摹本，《玉枕蘭亭》就有過三個摹本。像蘭亭八柱，也都是摹本，大英博物館所藏的顧愷之《女史箴圖》也是摹本。但其珍貴程度和真跡本無異。

說回來，王世襄的摹本當時是呈送容老的。若干年後，文革興起，禍福無端，容老便偶有轉贈友生之舉。轉贈之中，王世襄摹寫「宋比玉江亭秋暮圖卷」即為其一，而受者為馬國權（達堂）先生。

逮至八十年代初，馬公應《大公報》之聘蒞香江，主編「藝林」、「文采」兩個週刊，復在中文大學藝術系教授書畫篆刻，又兼《書譜》編務。而拙編《名家翰墨》月刊創辦，馬公兼任顧問，多所籌劃協助。及馬公退休，移居加拿大多倫多。離港前要處理部分藏品，以便在加置業也。有日，馬公攜書畫兩件至小軒。皆未裝裱，一為容希白丈之墨竹冊，另一即為王世襄此《江亭秋暮圖卷》。

受讓之時，我該怎麼形容這種驚喜呢？昔者容希白丈贈我山水卷，容希白丈歿後容師母又贈我容老山水冊。今又再得此墨竹冊，那是一而再，再而三了！

至於「宋比玉江亭秋暮圖卷」，原係光緒戊申風雨樓主人鄧實自南海江氏後人購得，嗣由鄧氏神州國光社以珂羅版刊行，而那原蹟到一九三九年再出現過一次，也就是王世襄先生摹寫的那一次，此後，七十年來渺無消息

了。據所知的人間三摹本，第一摹本是羅復堪摹本，那是只有傳言，而無確實蹤跡和紀錄。第二摹本是容老摹本，當時已被海王邨畫估取去，未必尚在人間。幸而第三摹本卻是巋然確存，在下時得小軒清賞。

九十年代初，筆者嘗攜此山水卷呈王老重閱。以為能讓老人驚喜，不意六十年後的白頭弟子，悲欣交集，重想當年，物在人非，攬圖酸痛，令筆者在旁卻也深感造次而不復措語了。

（二〇一四年九月十一日）

右頁：《宋比玉江亭秋暮圖卷》局部。
左頁：王世襄摹本局部

金章寫贈嚴範孫之金魚圖軸

記陶陶女史金章

筆者辦公室門口，長懸金章寫贈嚴範孫之金魚圖軸，取其如意吉祥也。每有友好垂詢，在下總是樂為解說。而言者津津，也頗有驕矜自得的意思。

金章（一八八四－一九三九），浙江吳興人。號陶陶，亦署陶陶女史。國人的名字，多受之於父母。但外號則是自己取的，最能覘見個人內心。「陶陶」，當然是樂也陶陶的取義，這可想見她的為人和樂。而這樂，是「子非魚，安知魚之樂？」莊子曰：「子非我，安知我不知魚之樂？」那是古代一次著名的「游於濠梁之上」的思辯。

她有過一首臨江仙詞，詞題是「楊柳游魚」，上闋寫魚，下半闋寫人。把魚樂和人樂都寫出來了。

「雪樣吳縑裁六幅，金鱗寫入圍屏。繡鬐迴處太娉婷。平波隨意綠，弱荇可憐青。

此趣憶從閒裏得，畫情原是魚情。一春池上慣曾經。苔衣和露立，欄曲帶寒憑。」

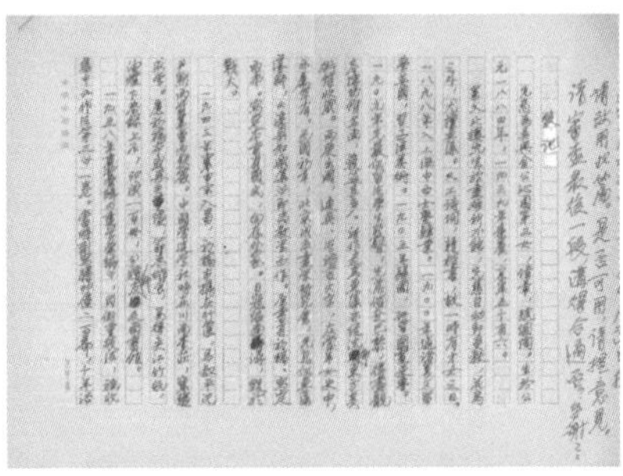

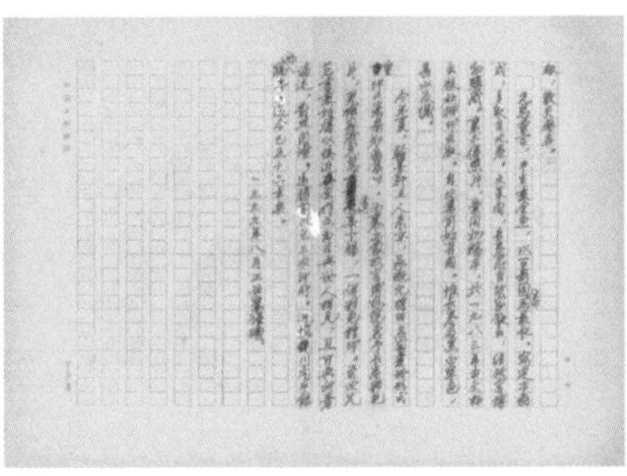

金章二十七歲玉照，宣統二年攝於巴黎。
左：王世襄《金章〈金魚百影〉》後記手稿

詞中形容金魚可謂盡致，金魚美的姿態在於擺尾，像女子的欵擺羅裙。詞的首句用「雪樣吳縑」，是比喻金魚尾部那輕縑般的薄而通透。用「六幅」形容那羅織裙般的娉婷雍容；然後又特別點出金魚的「迴處太娉婷」，那是指金魚擺尾且要轉身的一刻。這詞也好像為我懸掛那魚游的情景作解說了。

這畫原是送嚴修（範孫）的。嚴修一生從事教育，尤致力提倡女學和放足。而金章以一少年女性出洋，歸來又是從事教育，這自然對於嚴修會有所崇敬，更何況金章的姻親郭則澐與嚴修為多年老友呢。

金章生長於南潯古鎮的「承德堂」，祖父金桐於上海開埠時做生絲生意致富。父親金燾則向往西學，嘗兩度出洋。後在南潯創電燈廠，辦西醫院，屬於摩登一族。他刻意安排子女接受西方文明。所以金章十四五歲入讀美國教會辦的中西女塾，該校全以英語授課，為她打下紮實的英語根基。十九歲隨兄長金城等出洋，留學英國習西洋美術達三年之久，歸國後繼續專攻畫學。廿六之齡嫁與門第相當的王繼曾（字述勤）。這位王繼曾是福建閩侯望族，祖父王慶雲官至四川總督、工部尚書，伯父王仁堪是光緒丁丑狀元。這王繼曾出身上海南洋學堂，留學巴黎政法大學，歸國後佐張之洞幕，後為清廷駐歐專員。一九〇九年任留法學生監督，時值新婚燕爾，攜妻共赴巴黎，金章得以遍覽歐西諸博物館之名畫。

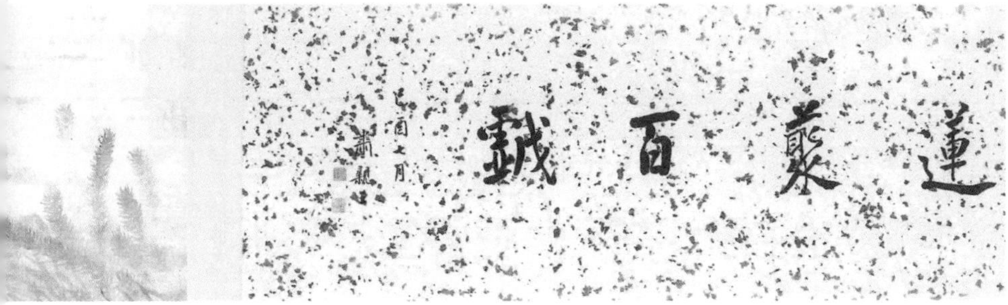

金章《金魚百影》卷部分

金章諸兄弟均有聲於時，而書畫界較熟知的是長兄金城金北樓。金城是亦官亦畫之強人，原係留學英倫法學專材，兼好書畫，富收藏。一九二〇年，金城創辦中國畫學研究會，數年之後繼立湖社畫會，培育出有成就之弟子眾多，影響深遠。

金城長三妹金章六歲，自幼教金章寫畫。所以金章隨諸兄赴英倫，習的是西洋美術，歸國後也是專攻國畫，終有所成。金章善花卉翎毛，尤長於魚藻。金城辦中國畫學研究會，金章是導師之一，授一眾閨秀以魚藻。為教學所需，應乃兄之命，撰有《濠梁知樂集》一書作教材，惟未及刊行而卒。金章後來為人所知、為人稱道的就是《濠梁知樂集》。

抗戰間，金章公子王世襄攜此遺稿入川南，深恐亡母著述散佚，遂整理成書，手自工楷謄錄，石印百冊，分贈友好。四十年後的八十年代，復由文物出版社排印出版，惟以所附圖版是黑白兩色，未能顯示原作神韻為憾。

金章存世畫作，以《金魚百影圖卷》為代表作精品。《金魚百影圖卷》作於宣統己酉，廿六歲新婚之時，此卷為紙本，高三十九公分，長千多公分，寫金魚百尾百態，荇藻掩映，錦水游鱗，曲盡其妙。前有肅親王題「蓮蕖百戲」引首，後有肅親王、吳昌綬、王式通、袁勵準、林琴南等名士詩跋。

文革前《金魚百影圖卷》忽自故家散出，幸為故宮博物院購藏。九十年代末王世襄得故宮提供此卷四乘五之正片若干，委托小軒印行散頁套裝本。

筆者遵命，但覺散頁套裝，流通困難。其時《濠梁知樂集》也早已脱銷多年，遂大膽向王老建議，是否可以像北京填鴨「兩食」，印行散頁套裝本之外，另輯入《濠梁知樂集》編為專冊出版，以廣流通。

王老允之。乃收錄其自存金章之花卉翎毛作品十幅，全部彩色印刷，遂有《名家翰墨叢刊》A系列第三十一種《金章/金魚百影》之出版。

王老為此書之編集，費盡心力。筆者尚保存王老為編印事之往來函札，具見一斑。當日王老在北京迪陽公寓出示金章十件畫作，不顧八十五高齡，站在高櫈懸掛畫幅，筆者見老人家擒高擒低實在危險，要幫忙代勞，但王老堅要事必躬親。啟老（功）嘗言，金章此作，實為王老整理而成。即假如沒有王老，《濠梁知樂集》恐會湮滅。王老此舉，是「養志」也是「盡孝」！

金章憑其《金魚百影圖卷》傳世。且原物歸故宮珍藏，垂之久遠。而著述《濠梁知樂集》，係國畫魚藻科發軔之作，當為「藝苑所珍，流傳不替」（金城序語）。

金章當年就讀的中西女塾，校訓是：「積中發外，智圓行方（LIVE, LOVE, GROW）」。中西女塾校歌中有這幾句：「積中發外兮端且莊，憑將學識整紀綱。更願身心健與康，馳譽中西翰墨場；智圓行方柔且剛，轉移風俗兮趨純良。精神永兮歲月長，勤勤懇懇名顯揚。」衡諸金章，實當之而無愧。

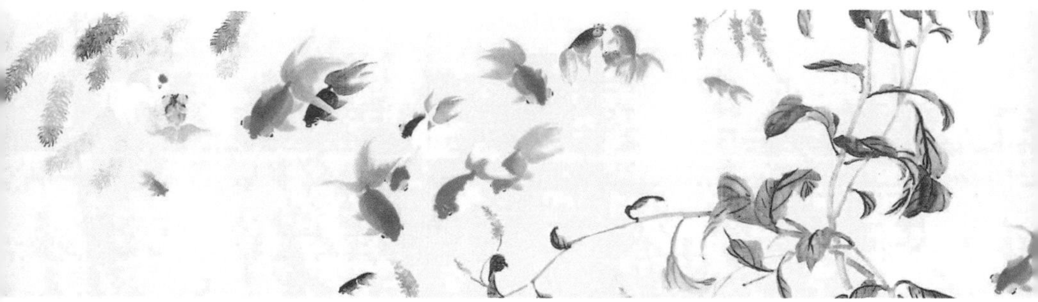

中西女塾出過不少名媛，若國母宋慶齡、外交家龔澎、文學家張愛玲、鋼琴家顧聖嬰等等大家閨秀，都算得上是金章的學妹了。

（甲午中秋後三日）

金章畫扇前留影，光緒三十二年攝於南潯家中，時年二十三歲。

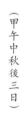

下：金章《金魚百影》卷部分

金章四十九歲玉照

樣板禁制下的才華

香港藏近代書畫富而精者，以梅潔樓主人羅仲榮先生為最。

羅兄所收範圍頗廣，而「紅色題材」（即四九年以來，大小名家認真繪製反映新中國新貌的書畫作品）是其中一個專項。羅兄從八十年代中開始留意搜購中國書畫，雖然公務繁忙，仍樂此不疲。有時在倫敦街頭一邊截的士，一邊接聽北京拍賣現場電話，競投心儀佳作。由是日積月累，此一範疇之作品集得頗為可觀。獨樂樂不如眾樂樂，香港嘉德曾將羅兄這收藏了四份一世紀的珍品，在藝術中心舉辦題為「河山色染……繪出新中國」大展。開幕之日筆者第一時間登展場，也幾乎最後一個離場。每件作品都仔細欣賞，默默凝視，不禁浮想聯翩。其時天民樓主人葛師科先生在現場參觀，葛老的經歷和思維都極具歷史感，眼前的畫圖現實，在葛老而言，是「玄都觀裏桃千樹，盡是劉郎去後栽」，那自然覽圖愴舊，能不慨然？筆者卻故意和葛老說，這些作品，見證了建國初的政治取向，和紀錄了那個時代的文藝心態。

香港藝術中心「河山色染——繪出新中國」展覽會場一景，二〇一五年

主辦者盧小姐問筆者最喜歡哪一件作品？我答都喜歡！最喜歡那件早已扛回寒齋。問者大惑，筆者解釋：羅兄這些作品，有許多得自嘉德。九十年代中，北京嘉德有「一九四九－一九七九新中國美術作品」專場，羅兄陸續投得許多，幾乎都獨霸了，當拍到鷗洋《雛鷹展翅》時，這是我最心儀之作，急請大買家羅兄高抬貴手，他也很客氣真的禮讓，我才請得此名品回寒齋。昨日與羅兄閒聊時，我不忘再又叩謝。

故友陳德曦曾在南京藝術學院教畫畫，他見證過當時全國畫人物畫的都要臨摹《雛鷹展翅》的年代。連嘉德老總胡妍妍小姐幼時也臨摹過此作，足覘此畫除了本身所具的「藝術性」，也更被賦予當時的「樣板性」，以至今日產生的「歷史性」。前些年廣東美術館舉辦「回顧展」，也商借此作展出，數年間已借展兩次。王璜生館長還垂詢是否可以轉讓與美術館。但筆者仍然心愛此作的藝術性和歷史性，那只好敬謝厚愛了！

《雛鷹展翅》之作者鷗洋，原籍江西龍南，一九三七年生於武昌。一九六〇年廣州美院畢業，留校任教。夫婿楊之光亦廣州美院教授。

鷗洋原名歐陽美麗。八九十年代觀其本人果然美麗而其畫則亮麗，曾被譽為「將陽光帶進水墨畫中」。《雛》畫是其成名作。一九七三年被選入北京全國美展。一九七三、七四年間大量印刷，流通全國，所以知名度極高。

畫面九人，白髮老師傅持劍蹲下，領着一眾手執兵器的小朋友在聚看紅

鷗洋，一九五八年

衣女孩舞劍，那一招「叉步反撩」，英姿勃發，曲盡其妙。右上端幾度「耶穌光」直射，顯得整個畫面「紅、光、亮」，這很合乎當時樣板戲之要求。

「應制詩」、「八股文」、「樣板戲」在文化歷史上都是壓抑性靈的東西，但唐詩的「江上數峰青」、尤侗的「臨去秋波那一轉」和鷗洋的《雛鷹展翅》，卻都是能在森嚴禁律中迸發才華的典範。

（二〇一五年四月三日）

鷗洋《雛鷹展翅》一九七三年

吳冠中《玉龍山》八十年代

吳冠中情重「玉龍山」

吳冠中對「玉龍山」情有獨鍾，他為此山傳神的畫作不下十幅。何以鍾情若此，在此可以一說。

「玉龍山」位於雲南麗江，其山勢蜿蜒百里，山頂雪覆，長年如銀裝白玉，可能緣此得名，但這是漢化的稱名。該地舊為納西古王國，現在是「納西自治區」，當地人稱「玉龍山」為「霧路悲居」，其意即為「銀石雪山」（明人所謂「日晃如銀」），這和「玉龍山」的喻意相同。「霧路悲居」四字乃音譯，譯者是漢人，「霧路悲居」正好喻況環境，此四字比現在嘮叨結巴的旅遊宣傳文章，要强好多倍了。

明朝的《野獲編》有題「雪山」云：

「雲南麗江府西二十里有玉龍山，亦名雪山，山巔雪經夏不消，玉立萬仞，千里望之若咫尺。與蜀松州諸山相接。南詔異倖尋僭位，封為北嶽，元世祖又封北嶽神為大聖北嶽定國安邦景帝。」

玉龍雪山

在同段也有峨嵋山上「雪山」的記載：

「近日，遊峨嵋諸君，盛誇絕頂之勝，云日半夜即出，照雪山之巔，相去數里如對面。」

前段謂麗江雪山「千里望之若咫尺」，後段謂峨嵋雪山「相去數里如對面」，大抵「咫尺如對」是一切「雪山」共有的奇景。

然而昔日的麗江玉龍山是邊鄙之地，一般人不易到，此即《廣志繹》所謂：

「郡在玉龍山下，去鶴慶止五十里而遙，然其通中國只一路，彼夷人自任往來，華人則叩關而不許入，一人入，即有一關吏隨之，隨則必拉以見其守，見則生死所不可知矣，故中國無人敢入者。」

由於尋常人不到處，文人能到也就更少，所以文字的資料就相傳甚少。即有亦未必能詳瞻。比如前引《野獲編》所述即為一例，該書的作者是明顯漏說了「雪山」那陰晴變幻的特質。這特質，西南諸省高峰都有，所以宋玉《神女賦》謂「朝則為雲，暮則為雨，朝朝暮暮陽臺之下。」《洛神賦》所謂「乍陰乍陽」就該是這種自然奇景的描寫。

但吳冠中同學兼老友的李霖燦，在三十年代末曾登上玉龍山，他無意中卻對「玉龍山」補上前人所未記的一筆，因他當時曾用在郵局買的明信片，「一面描寫見聞，另一面是用鋼筆畫的玉龍山速寫」，把山中無定的變幻都

吳冠中，一九四七年，巴黎

寄與吳冠中，這卻讓吳氏感到「真教人羨慕，遺憾未能跟着去。」

從此，玉龍山的迷離倩影，盤踞在吳氏腦海中。但直到四十年之後的一九七八年，吳氏才有機會去雲南麗江，千辛萬苦，才登上山，在生活條件極為艱苦的環境下，陰冷濕雨，守候着那出浴的蘇珊（希臘神話中洗澡的女神）。終於在一個半夜，吳氏突見玉龍顯現真身，急匆匆的在石版地上鋪紙揮毫，激情下為玉龍山傳神。還一反平日習慣，在畫上題詩：「崎嶇千里訪玉龍，不見真形誓不返。趁月三更悄露面，長纓在手縛名山。」並加數語：「步霖燦兄後塵，四十年後，合符玉龍。」吳氏後來陸續再畫了好幾幅。其中一幅送給李霖燦，一幅送給幫他在美國辦畫展的林露茜。

吳冠中同學老友李霖燦之所以登玉龍山，緣於浙江淪陷時，褚民誼打電話找林風眠校長，林為免被拉下水而立即逃亡。而眾學生，也隨之撤退，轉徙浙、贛、湘、蜀之間。學校曾遷至雲南安江村，再遷四川青木關。有些學生不搭車，學徐霞客，步行上雲貴高原。其中李霖燦遂登上玉龍山，用明信片「描寫見聞」。

再說回李霖燦當年在麗江寫生畫畫，面對神奇壯麗的聖山，驚嘆拜倒。但自知力有未逮，「決不能盡大自然之美麗，所以忍痛放棄」，不作畫家，乾脆把畫箱「埋葬在玉龍山的白雪深處」。改為研究生活在玉龍山下的納西族，為這古老的民族，整理製定《麼些文字典》等學術專著。這是李氏在當

李霖燦畫玉龍雪山

地備受敬重之所由。李氏後來渡臺，專研中國古代繪畫，寫出許多研究論文。筆者與李氏有數面之雅。是九十年代初徐邦達伉儷訪臺，筆者陪同往故宮參觀，當時以故宮副院長身份的李氏剛忙完別的事情，趕來接待，邀我們登故宮的茶室「三希堂」品茗，笑談甚歡。談些甚麼都忘記了。但李氏黑黑實實，憨厚可親的形象，一直印在我腦海裏。至於後來聽說李氏中風了，心中總是戚戚然。

吳冠中與李霖燦四十年代分別，卻要隔了半個多世紀，才在加拿大溫哥華重聚。後來吳氏和李氏的公子都分別寫了文章，記述這兩位老同學重逢的情景。其時李氏已經中風，坐輪椅，雖頭腦清醒，卻是言語不清。重逢時，李氏口中喃喃：我有一條龍。那是指懸掛在客廳的《玉龍山》畫幅，並在這《玉龍山》畫下合影留念。李氏還舉起姆指說了個「好」字。這重逢，也是兩人最後一面。李霖燦是兩年後逝世。十多年後，吳冠中也仙遊了。

幫吳氏在美國辦畫展的林露茜（一九四〇-二〇〇七）係美國藝評家，是文革之後最早研究中國畫藝的西方學者之一。一九八一年起任三藩市中華文化中心主任兼策展人，舉辦現代中國畫展（一九八三），向西方世界介紹中國當代畫家和畫作。一九八九年至一九九〇年舉辦吳冠中畫展，巡迴美國好幾個美術館和藝術學院展覽，影響深遠，也因此而與吳老結緣。

吳老在舊金山畫展期間，他畫的另一件得意之作《玉龍山》由林露茜收

李霖燦

藏。幾年之後，吳老人氣急昇。他的畫作為新興藏家所熱捧。吳老畫價暴漲，三藩市邦瀚斯拍賣行黃小姐與林露茜相熟，知道林有吳冠中巨幅《玉龍山》，終於挖出拍賣，此畫遂釋出易主。二十年之後，黃小姐又向這位藏家鼓動，挖掘出來也是在邦瀚斯拍賣，筆者效法愚公移山，使「玉龍山」移置小齋安放。

細觀吳冠中這件《玉龍山》，乍看似抽象畫，以大筆塗抹，似不經意之間表現出這具象的玉龍山，這與白石老人說的「妙在似與不似之間」異曲同工。畫面主體是「黑白玉蝶」，左山峰以方筆濃墨，灰色、黑色大方塊，組合成黑雪山。右山峰卻「惜墨如金」，草草幾筆，著墨不多，靠後面沒骨幾筆，抹出深灰、淺灰兩座遠山，沿山脊淡墨勾勒幾筆，看似隨意，卻能凸顯出穩坐前面的白雪山。畫面下方粗筆淡墨橫刷一兩筆，豪放的氛圍中讓人想像是雪山下的玉湖，還是錦繡谷——雲杉坪。整個畫面灰白黑為主調，白雪山黑雪山當中，細筆寫上少許圓點方點，有胭脂、有石綠、有藤黃，這是雪山上的杜鵑、山腳的牡丹，和漫山許多不知名的野花，還有雪峰上蔓衍的菌藻絨綠，和長松、雪杉。在巍巍山體中，有不經意揮灑的淡墨小點和濃墨丁點，當是山高入雲之處所見白雪橫飛，甚至白雪上飛之奇景。一幅看似胡刷亂抹的抽象畫，竟然這麼具體而微，在六尺宣紙上，呈現出海拔兩萬尺，滿佈冰雪石晶，李霖燦讚歎為「美絕人寰」的玉龍大雪山。

（二〇一五年四月八日）

吳冠中在香港中文大學示範寫畫，劉國松等在旁觀看，一九八六年

東莞博物館展出黃般若《木屋之火》

畫出社會哀嚎

——評説黃般若《木屋之火》

東莞博物館舉辦「鄧爾疋黃般若藝術作品展」。在眾多參展精粹中，我獨重黃般若的作品《木屋之火》。原因如下：

首先，該圖是以大火為題。論題材，是中國美術史上少見的。理由是中國畫的傳統題材如山水樹木、庭院樓閣、風雲月露、佳人名士、鳥獸蟲魚等，都是能讓人體察自然的融和、含蓄，與讀畫者適然相合。

但黃般若這幅「木屋大火」卻以災難為題材。「火」，在傳統上給人「尊而不親」的感受，是有欠祥和，也是充滿魯莽滅裂，讓人畏避。故此歷史上畫火的作品並不多。回顧黃般若年譜中，其畫「火」之作，亦只佔少數。這次展出的《木屋之火》及寫大火的兩件小畫稿，均係香港藝術館藏品。此外，尚有兩件分別為博物館及私人收藏（下文會提及）。一句話，物以罕為貴，這就是我着重和偏愛該畫的第一個理由。

黃般若

東莞博物館展出黃般若木屋大火畫稿

其次，是筆者能從畫中感覺到黃般若鐵肩擔道義的擇題膽識。傳統中國人講究「語貴吉祥」，這是長期的「經驗」，也是「成見」。且看，明明「禁火」，卻要說「寒食」。明明是說阿房宮大火，卻要用遠距離的事後追維口氣，說成「楚人一炬，可憐焦土」，可謂避重就輕，避近而說遠。因為這樣纔不至於「刻露」和「驚心」。連文字都成了忌諱，遑論作為繪畫題材？

不過，歷史上也有過極少數智者不拘於題材的先例，像吳道子《地獄變相圖》、羅兩峰《鬼趣圖》，都能在題材、法則上作變異，把難看的東西畫出趣味，不把人們的忌諱當事。但畫了妖魔鬼怪，勾魂懾目，也總沒有火勢的頃刻張皇、倏忽萬變來得恐怖。所以，我覺得，黃般若改變常例以「大火」為題材，當中是要有一種英雄手段。

東莞博物館展出黃般若木屋大火畫稿

說黃氏改變常例，是對他更逼近的觀察。黃氏筆端能有「靜意」，於社會上早為定評，他畫的羅漢常令讀之者有一份禪靜的感覺。這次展出，當中就有黃氏所畫《達摩面壁圖》。圖中是羅漢的圓光禪坐，此畫歸入寒齋多年，今番在東莞博物館出展，有幸和諸君共此忘機靜境。

說回來，這次展出的「木屋大火」卻又是黃般若厚積薄發的另一面。「能者又是無所不能」，黃氏筆下的「大火」，和他平素的「禪靜」風格大不相同。他所畫的不是「禪靜」，他畫的是千鈞一髮，倏忽萬變。這就是柳亞子為潘達微畫題詩「誰為流民圖鄭俠，空教絕技擅僧繇」，指責許多畫家

黃般若《達摩面壁圖》

的不敢為的。但黃般若卻是敢為的，而且畫了好幾張。

有一張，張大千題跋是以用宋代鄭俠寫「流民圖」來比喻黃般若的「木屋大火」，這比喻極為允當。

張氏跋文帶出重要一層意義，是鄭俠和黃氏都是美術史上為民發聲的。是遙闊歷史長空上的兩顆寥落晨星，慶幸是兩者能無獨有偶。

中國畫史上沒「災難畫」這一門類。如鄭午昌的《中國畫學全史》，分析上有羅列、有圖表、有比例，而且都很宏富，偏就沒有「災難畫」。但我私心對黃氏的「災難畫」是極為推許，這就是我要拈出黃氏的《木屋之火》作為話題的第二個理由。

畫家因社會責任而畫他的「災難畫」，「災難畫」也確是能「振動十方」，讓人驚慄。但接着問題是，畫這種「大吉利是」的作品能吸引買家嗎（以畫家賣畫為生論）？

記得黃氏另有橫幅《九龍火舌圖》，當中有章士釗題詩：「咸陽三月意難平，只為龍潛水不行。底事九龍屭聚處，竟容火舌遍燒城。丁酉春在香港為般若先生題。孤桐章士釗。」丁酉即一九五七年。此圖不在本次展覽之列，而曾於一九九五年在香港中文大學文物館舉辦的「黃般若的世界」展覽和二〇〇八年在香港藝術館舉辦「香港景山水情——黃般若藝術展」展出過。

令筆者驚異的是，該圖竟以「火舌」命名。已是「災難畫」了，還要加

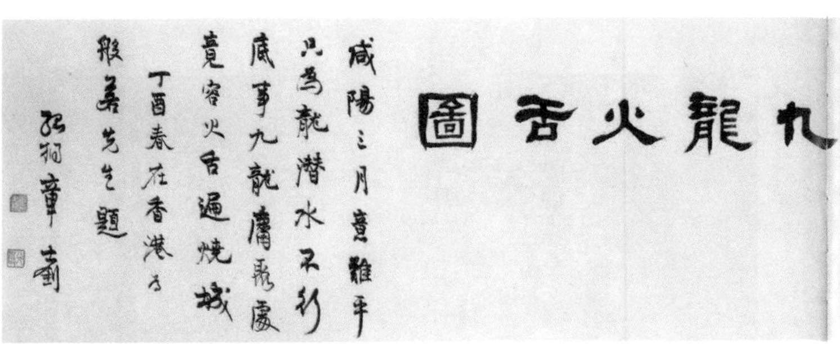

章士釗題《九龍火舌圖》

個廣東人忌諱的「舌」字。（廣東人稱「舌」為「脷」，是諱「蝕（音）」為「利（音）」的陋習）。既「蝕」了，還要有「火」，不燶何待？這就比「糞翁」、「苦禪」（國語「禪」「慘」同音，又「苦」又「慘」），更觸霉頭了。章士釗之用「火舌」，因他不是廣東人，但黃卻是地地道道的廣東人哩，怎不忌諱一下？這忌諱的題材、忌諱的題名的畫作，當年應該是沒有市場的，也就只好「子孫永保」了。

十多年前，黃氏哲嗣黃大成兄嘗贈我照片，是不在東莞展出之列的黃般若所畫另幅木屋大火圖，詩堂有張大千題跋，云：「此般翁狀眼前景色，彷彿若奔走呼號之聲從紙上出，令觀者目悸心駭，欲哭無淚，當與鄭俠《流民圖》並傳千古也。」

張大千題跋的這件《木屋大火》圖，曾收入集古齋展刊《黃般若畫集》（一九七一年十月），但集古齋的畫冊沒刊出大千的跋。大概那是比大火更火紅的年代，所有事物都要看政治立場，自然是容不得張大千的跋語。

其實，張跋不枝不蔓，恰到好處，所謂「當與鄭俠《流民圖》並傳千古」，話也有兩層意思，是指歷史而言，二是指作者而言。

先說「木屋大火」的歷史。踏入上世紀五十年代，香港因國內戰亂而導致人口驟增數十萬，衍生出許多社會民生問題，一度又被用作政治鬥爭的藉口。這些事情，與黃般若惻隱哀矜的本意是相去甚遠的。

黃般若《九龍火舌圖》

張大千題黃般若《木屋之火》

黃般若在畫展會上。背後即為張大千題詩堂的《木屋之火》。下：張大千與黃般若

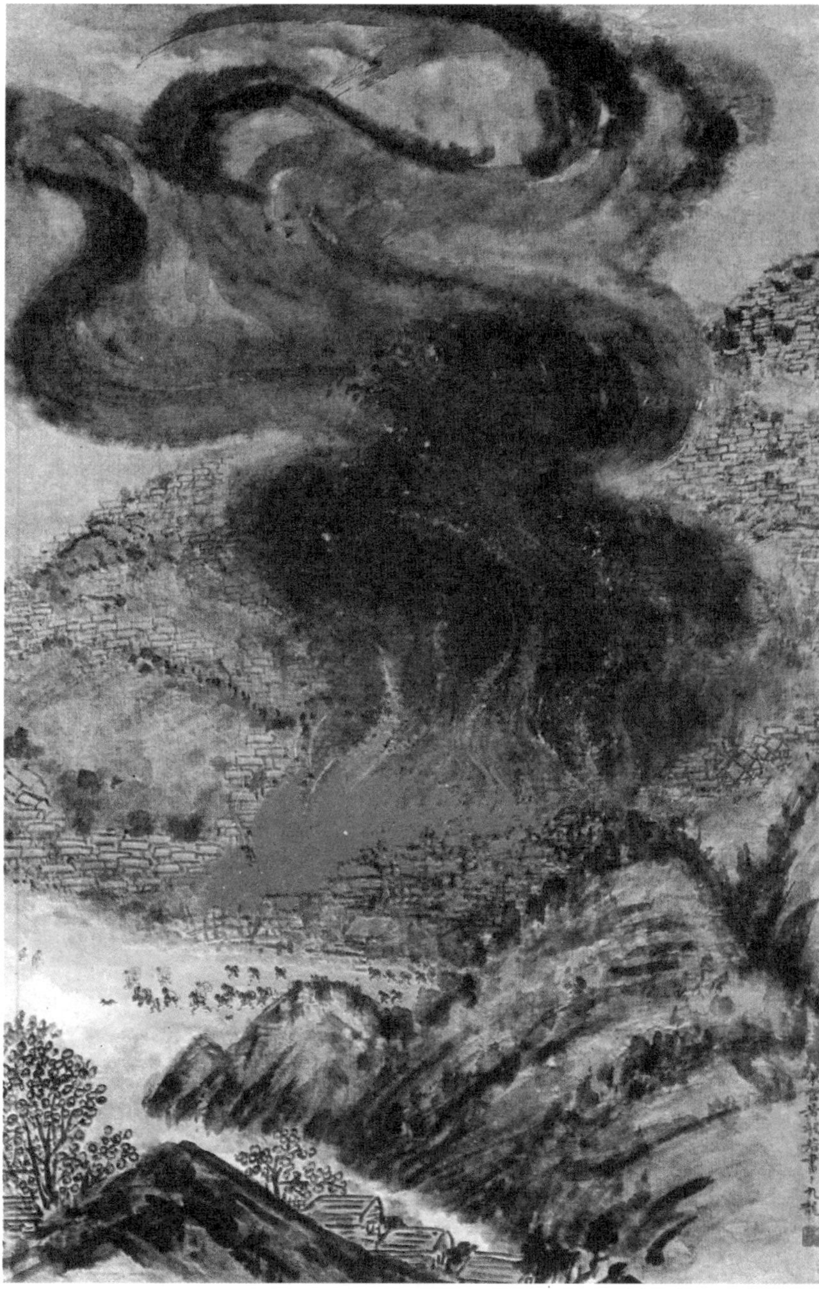

黃般若《木屋之火》集古齋所刊無張大千題

話說一九五二年十一月二十一夜，九龍靠近啟德機場的東頭村，某戶打翻火水爐，引發大火，導至多家住戶儲存的火水罐隨火連環爆炸，令夜空一片火紅。這場大火，燒毀木屋三千七百四十戶，造成災民一萬六千餘。依荒山而搭建的木屋，本屬非法僭建物，災後港府當然不許在災場原址重建。但災民多是工聯會員和家屬，於是當時左翼圈中有認為此火災是港英政府的陰謀。這就牽涉到了政治。

當時左翼發動賑災和組織群眾，愈演愈烈，於是港府出手遏制。一九五三年一月九日凌晨，拘捕港九紡織染業職工總會九龍城支會主任、書記，翌日遞解出境。而同時遞解出境的還有司馬文森、馬國亮、齊聞韶、劉瓊、舒適、楊華、沈寂、狄梵等文化界、電影界人士。

當時有左翼人士傳言，三月一日廣州將有慰問團到香港。「慰問」兩字，令人心向往。當天尖沙咀火車總站人山人海，青年不斷高唱《團結就是力量》。但慰問團一直未有出現，當高音喇叭宣佈：慰問團被阻在深圳，過不了羅湖橋，請大家散開，各自回去！在場的熱血青年情緒被炒作成怒火，進而演為暴動。燒警車有之，砸店鋪櫥窗有之，有工人陳達源（紡織染業職工總會會員），更是爬上旺角警署樓頂去扯米字旗，為警察槍擊（延至三月十七日卒）。此即「三．一事件」。整個事件中，死一人，逮捕百多人，判罪十八人，遞解出境十二人，其後陸續遞解或勸諭左翼骨幹離境，較著者為

五十年代木屋大火

莫應湍(勒令四十八小時內離境)。

那次大火，扯上了政治鬥爭。一年之後，繼而石峽尾又起大火，令香港政府痛定思痛，開始制定徙置政策。木屋區逐步清拆，徙置大廈不斷興建，窮苦大眾得以上樓，這政策的成功是「路人皆見」的大廈。八十年代有北京來的朋友擬參觀木屋區，筆者無法應命，因那時「木屋」已幾成歷史陳跡了。

撰本文時，友人傳來當年石峽尾大火的照片，和黃般若所畫相比，兩者似是同一視角。黃畫的綾邊有醫生詩人許菊初的詩跋：

「罡風不入烏衣巷，野火常資落葉媒。我亦天涯飄未定，何堪相對劫餘灰。般若我兄大方家屬題，庚子重陽晚香許菊初。」此圖曾於一九六〇年八月二十二日在香港聖約翰副堂舉行黃氏的「香江入畫」個展中展出，當時無此題跋，當是展後補跋。

許菊初(一九〇一–一九七六)名伯幹，字菊初。廣東番禺人。抗戰勝利後加盟廣州越社。後移居香港，是碩果、披荊等詩社中堅，時有「碩果四子」之譽。就以所題「大火圖」的詩而言，雖只是四句七言，卻能咬實題意，聯繫身世，直抒胸懷而又意在言外，自然流麗而又有掩抑，絕非近輩詩人所能及。這位許詩人體胖聲洪，出語往往令人忍俊，「當時只道是尋常」，誰料風徽一去，這四十年，人間再也見不到這樣的詩人了。

友人慕容羽軍曾為《星報》總編，《工商日報》副刊主編，喜寫香江竹

五十年代九龍石峽尾木屋大火

枝詞，其在四十多年前有《火神肆虐》詩云：「隆冬已顯火神威，又見紅光處處迷；一擲煙頭知禍患，滿堆通路藐安危。燎原屢起無情劫，毀宅還教冇地棲，最是高樓和木屋，家家應備過牆梯。」（註云：入冬寒燥，火神顯威，連日以來，已見火燭多宗，大多以一枚煙蒂起禍，而殃及人命，常以通路阻塞無法逃生而致命。）

隔了幾年，慕容先生又在報上發表《冬火》一詩云：「風高物燥易燎原，遭劫焉能獨怨天；往日火神欺木屋，此時大駕到輪船。頻聞工廠成焦炭，最怕高樓貯醋酸。若果家家勤檢點，當然不致咁該尊。」（註云：冬日風高物燥，人盡皆知，而易燃物品失於檢點，致釀巨禍。住所多有最得人驚者為存儲化學原料之工廠，偶一不慎，本身遭劫，連帶鄰舍亦受株連，可不慎哉！）雖是遊戲之作，也頗能說出那個年代的特點。

木屋區大火，對災民是壞事，但對營造建築業界，卻是商機。東頭邨大火之後，翌年聖誕節前夕晚上八時，石硤尾山邊白田村等六村大火，燒了六個小時，毀屋無算，無家可歸的災民達五萬八千多。這回港府學聰明了，決定立即興建徙置區（六層高H型大廈），解決災民和貧苦大眾的居住問題。由何耀光的福利置業有限公司中標承辦，而且兩個半月內即建起第一座大廈，解決許多問題。何氏因此贏得港府信賴，日後承接政府多項工程，業務蒸蒸日上，也就發達致富了。

黃般若

何耀光是香港工運領袖何耀全（電車工會主席）胞弟，一九二五年省港大罷工，何耀全是領導者之一，與蘇兆徵、鄧中夏齊名。何耀全在一九二七年清黨一役中犧牲於廣州珠江。何耀光的奉獻情懷與乃兄一樣，但行事方式又有不同，乃是以另一種方式濟世，他是有名的善長仁翁，尤其在照顧貧困文化人方面，不遺餘力。

何氏雅好書畫，收藏甚富，齋號「至樂樓」有名於時。何與黃般若老友，至樂樓藏品中最著者為石濤《黃硯旅詩意圖冊》（王文治對題，鄧爾雅、黃賓虹、吳湖帆許為諸石濤畫中之精品、奇品。），此冊原為黃般若四無恙齋舊藏，何氏得之，極為寶愛，且於六七十年代刊印行世。一九六八年黃般若病重入跑馬地養和醫院，何耀光哲嗣何世鏗醫生正巧在養和診症，對黃照顧有加，陪護他走完人生最後歷程。

二〇〇八年，香港藝術館舉辦「香港景山水情——黃般若藝術展」。展出的黃氏作品中，有一件橫幅描繪木屋區大火的《九龍火舌圖》，就是上文提及章士釗題跋那件。時何耀光已離世，其哲嗣何世堯參觀展覽，看到《九龍火舌圖》時深有感觸，這件作品所描繪的場景，與何氏福利置業公司後來的發展太有關係了。遂輾轉找到黃大德，表示希望此畫能歸至樂樓收藏。黃大德與乃兄大成商量之後，即舉以奉贈，「以續兩家情緣」。（參黃大德《說說家父黃般若二三事》）

何耀光

何耀全

何家後人的念舊，黃氏後人的仗義，今我來重說一遍，又恍如《世說新語》中的故事了！

（二〇一六年六月四日）

潘飛聲顧盼自喜

獨立天風海濤間

——記潘飛聲和《獨立圖》

潘飛聲

關於《獨立圖》

「南社」四劍，是指：潘飛聲（劍士）、高天梅（鈍劍）、傅屯艮（君劍）、俞鍔（劍華）。四人都是一時之彥。若論廣為人知，那要推數潘飛聲。潘是傳統的詩酒風流名士，在十九、二十世紀之交，其聲名廣播，當中有梁啟超的推許功勞。

潘飛聲有《江湖載酒圖》和《獨立圖》，都是用以自況的。《江湖載酒圖》之名見載於《石遺室詩話》，《獨立圖》則見載於《飲冰室詩話》。那時梁啟超挾其「帶感情」的筆鋒，令這詩酒風流的潘飛聲和《獨立圖》，能像井水柳詞般普及到基層。甚至有人逕以「獨立君」作為對潘的稱呼，足見此圖對其形象的影響至鉅。

試讀《飲冰室詩話》的兩小節：

三五

「近吾以作詩話故，海內名士頗有以故人詩寫寄者。非獨鄙人欣幸，度亦我文壇同志所願望也。亟最錄之。

潘蘭史以康烈士幼博一詩見寄，乃為蘭史題《獨立圖》者也；詩云：『迢迢香海小闌干，獨立微吟一笑歡；我亦平生有心事，好花留得與人看。』其犧牲一身為後來國民謀幸福之心，活現紙上，讀竟愴然。幼博先生詩不多見，吾昔誦其一二，今復不能記憶，得此狂喜不自勝。潘君吾粵人，名飛聲，嘗遊德國，久主香港華字報，最主持清議者也。」

三六

「蘭史又寄公度詩三章。其第一章已錄報中，不再錄。其第二章題為香港訪潘蘭史題其《獨立圖》，詩云：『四億萬人黃種貴，二千餘歲黑甜濃；可堪獨立山人側，多少他人臥榻容？』其第三章題為夜泊，詩云：『一行歸雁影零丁，相倚雙鳧睡未醒；人語沉沉篷悄悄，沙光淡淡竹冥冥。近家鄉夢心尤亟，拍枕濤聲耳厭聽；急趁天明催艤發，開門斜日帶殘星。』案蘭史《獨立圖》，一時名士題詠殆遍。余記邱滄海一聯云：『黃人尚昧合羣理，詩界差存自主權。』意境新闢，余亟賞之。」

兩節文字，介紹《獨立圖》是「一時名士題詠殆遍」，且康、黃、邱三

梁啟超

人都有題圖詩。第二節結句：「余記邱滄海一聯云：『黃人尚昧合羣理，詩界差存自主權。』」是補述，又似是題外筆，帶出編述者的弦外音。

可以看出，事件當中有「騎劫」現象，而且是先後兩次。

第一次騎劫

潘氏「獨立」的本意，先按下潘氏心理因素不談，而其命意大焉者是「蘇世獨立，橫而不流」，小焉者就是「落花人獨立，微雨燕雙飛」，都是個人的行為和品格的說明。關於這一點，讀者看了圖名便可以自明。

按理題圖者不能「離題而論」，否則就是借題發揮。像那詩話中所記，康廣仁（幼博）就是依此題圖，那是合乎常理的。但反觀黃遵憲、邱逢甲卻把「獨立」兩字扭作政治範疇的理解，那是另立題圖的題目了。這不是對圖主的尊重禮貌。閒言之是「各說各話」，執著而言，則是一次「騎劫」。

第二次騎劫

繼之者，梁啟超本人算是第二次「騎劫」。

首先，他把康廣仁（幼博）的詩意以己意作延伸，說「其犧牲一身為後來國民謀幸福之心，活現紙上」。

原詩：「迢迢香海小闌干，獨立微吟一笑歡；我亦平生有心事，好花留得與人看。」前三句當不會發生歧異，問題在第四句，「留得」一詞是被強作「犧牲」之解釋了。

準此，陳獨漉賀人八十大壽詩有「春秋留得與雲仍」，那「留得」一詞是詛咒？而「與人看」可以是與人共看，為何要作「化作春泥更護花」解？再者，既說「案蘭史《獨立圖》，一時名士題詠殆遍」，何以在「題詠殆遍」當中，就只選黃遵憲、邱逢甲兩人？這是梁的選擇作論，是為「詩界革命」和「新名詞」作鼓吹，這可視為另一種「騎劫」。

還有，梁氏說了一大堆，為何說不出《獨立圖》的形式？

這是因為梁啟超沒見過該圖，不僅圖沒見過，就是潘飛聲其人他也沒見過。潘梁兩人未嘗奉手，只屬郵筒往還的文字交。他倆是錯過了好幾次見面的機會，終其一生互作參商。潘氏撰的《在山堂詩話》中曾說：

「梁任甫《飲冰室詩話》稱余羅浮詩數十章皆飄飄有出塵之想。狄楚青題余羅浮遊記謂讀之飄飄然有凌雲之氣，非巖壑高蹤不能有此云云。二君余皆未謀面，同一見稱，同一評語，何奇至此。」（卷四）

同卷又云：「任甫（梁啟超）於丁酉秋曾訪余香海，時適返里不及一談，然讀其議論之書，如與之上下千古。」（按：丁酉是一八九七年，而潘

康廣仁

氏詩話成書於一九〇五年，此段是追溯八年前事。）

既然連梁啟超也未寓目，潘的《獨立圖》在同時代人的筆記中也難以找到紀錄，那就是空山翠華，有勞想像了。在《飲冰室詩話》之後，潘飛聲的《獨立圖》知者雖甚多，而見者則甚少，這就如謎般消失了七十多年。

但石破天驚，在上世紀七十年代，香港中文大學文物館收入斑園（簡又文）舊藏書畫一整批（北山堂利公榮森出資），中有兩軸《獨立圖》，一是居廉作圖，本文稱作「第一圖」。另一是伍德彝作圖，本文稱作「第二圖」兩圖都是舊裱的大掛軸，以畫圖人物為月，以題詠為星，那「星繞月」是其格局。這樣的「同題異圖」，似乎為潘氏本人所偏愛，因此前也有先例，陳衍《石遺室詩話》就有載：

> 「番禺潘蘭史（飛聲）久客上海，前歲偶來都門，以《江湖載酒圖》屬題。圖凡百方，余題一絕句云：一自金風亭長去，江湖寂寞酒船無。誰知猶有藕漁老，滑笏春牋百幅圖……。」

一百張的「同題異圖」，其實該說是「一題多圖」！

居廉摹寫的第一圖

第一圖是居廉所摹寫。潘氏為何要請居廉摹寫？

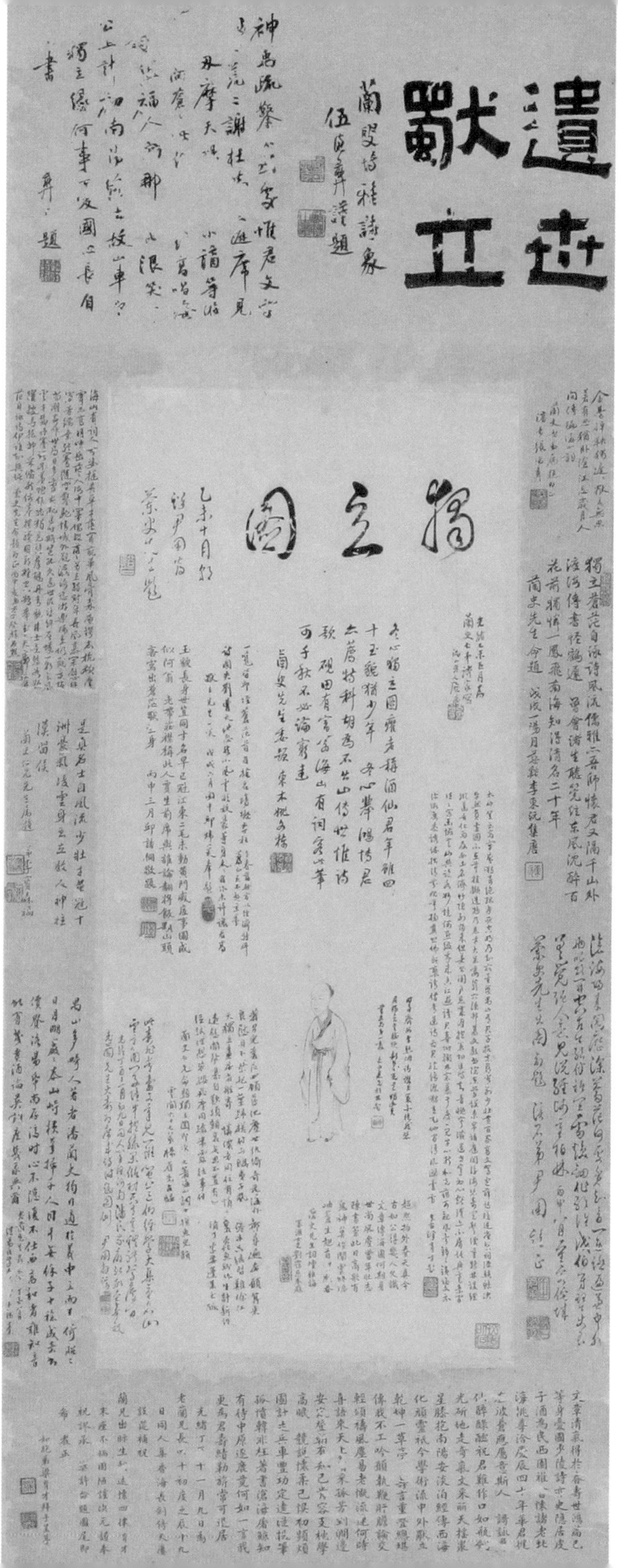

居廉《獨立圖》（斑園舊藏）

找居廉摹寫，此中是有一種當然之義。原因是潘、居兩家是「住相近」、「三代好」。

潘住龍溪，而居氏住隔山，龍溪和隔山都是廣州河南三十三村之一，相距只數里。這是世代通家相好的條件。關於龍溪的取名，是因潘氏先世是「福建龍溪人，卜居廣州河南烏龍岡下，後人不忘本，因名其鄉曰『龍溪』」。

鄉內有「曉春閣」、「船屋山莊」是潘飛聲曾祖潘正衡所建。另有「宋雙硯堂」、「梧桐庭院」，是他父親潘光瀛所建。所以潘飛聲能公子多愁，其《清平樂·月夜坐梧桐庭院》詞曰：「一庭香霧，捲入紅簾去。檀板玉簫無意緒。閒殺秋宵如許。碧梧影落沉沉，冷螢飛照秋心。欲向曲欄微步，愁他滿地花陰。」

而居氏呢，所在的隔山鄉，又名南昌。原居有韓、居、簡、趙四姓。關於「南昌」名字的由來，據說是因南漢時期有南北兩個「昌華苑」，廣州河南的「昌華苑」便簡稱「南昌」，民國後有南昌路。後更名昌岡。

明白了潘、居兩家的居止相近，可知曉他們是可以偶一相思，不必千里命駕。以下要說兩家的「三代好」。

潘、居兩家的交往，可從居巢和潘恕算起。《番禺縣續志稿》有謂：

「鶴洲草堂，在河南白鶴洲，邑人楊永衍別業，雜蒔花卉，嘗招陳璞、潘恕、

居廉

居廉《獨立圖》潘蘭史像

居巢、居廉、何翀、袁杲諸人觴詠其中，刊有《瑤溪唱和詩》。」

上文算是潘氏祖輩和居氏來往的一則官方紀錄。

要解說的是：潘恕的孫子就是潘飛聲（《居巢居廉研究》頁二十一謂潘飛聲為潘恕子，此說有誤）。當潘飛聲十五歲時，居巢已歿，兩人是否曾奉手接席，則屬不可知。但後來居巢的《煙語詞》後序卻是潘飛聲寫的。當中自述其蒐羅遺稿的情況云：

「先生書畫，久為世珍。詩詞全稿，則人罕得見。余少時從楊丈永衍齋中，讀先生《今夕庵詩》，高深渾遠，洪北江所謂造句、造意者。心醉久之。顧草稿叢雜，尚未編次。其《煙語詞》一卷，舊有刊本。自經兵燹，板亦散佚無存。順德邱兵部誥桐，獨任重刻之費。先舉詞集付梓。並以其詩委余編定，以俟續刻。余忻慕先生，而深喜先生身後之遇知己也。謹於詞後，敘述如此。」

（見居巢《煙語詞》一卷）。

鄧實《今夕庵題畫詩》跋文更簡明地說出：

「居巢，字梅生。河南隔山人。性穎異，工詩。……又善繪事。筆致超逸，非尋常畫史所及。書法規模南田，有三絕之稱。生平著作，身後多散佚。潘飛聲輯為《今夕庵詩鈔》。」

饒平陳步墀為《少楠先生遺稿》作序時，也提到潘的功勞：

「番禺居氏，古泉以畫稱，梅生以詩名，人既已知之。古泉之父少楠先生，其

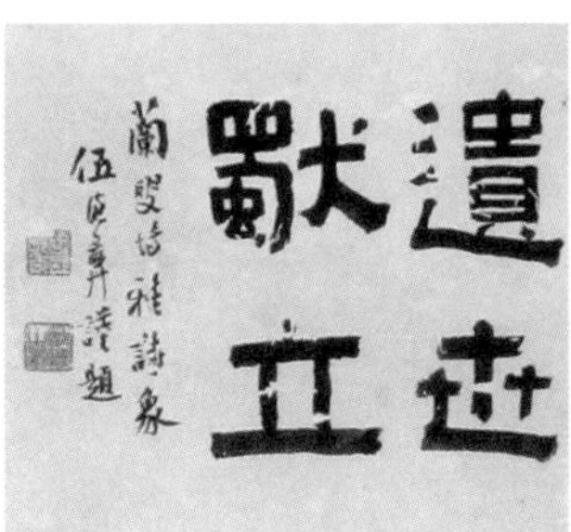

伍德彝為潘蘭史題「遺世獨立」

遺著未行於世，鮮有知之者。今歲梁子又農，以其稿見貽。謂得之於潘子蘭史，而潘又得之於揚子侖西。三子與余為文字交，輾轉保存，至茲弗失，是亦天假之緣也。」

這事潘飛聲在《在山泉詩話》中也曾自承：

「少楠先生名溥，所為駢散文，樹骨兩漢，取豔六朝。詩學青蓮、玉谿，實為嶺表傑出。聞其遊西粵歸，叢稿一箱，為人竊去，賣得多金。今學海堂集刻其文數篇，《楚庭耆舊遺詩》存其詩二十餘首。皆令人讀之心折者也。遺稿一本，寥寥無多。亦經余編定，交其子古泉丈收藏。」（卷一）

伍德彝

上述種種，都能說明潘飛聲和居廉的交情，所以說請居摹寫《獨立圖》是應有之義。

此圖有伍德彝書「遺世獨立」四字，這是立圖的本意所在。題詠者宜緊守此意作延伸、頌揚。第一圖的題詠者都能切實做到這點。

關於第二圖

第二《獨立圖》是伍德彝所摹，伍是居廉入室弟子，而最前的題者是黃士陵。由黃士陵題篆書為：

「獨立天地間，清風灑蘭雪。」

黃士陵是金石家，非以文學見稱，但卻是題圖能手，能借太白之詩，準確地表達題意。

在黃士陵的左側則是冒鶴亭的題詠。冒在廣東時，曾和潘一起向葉衍蘭學詞，雖屬同門，但冒牽合故實，以熟調作象徵，不算出色，是未失規矩而已。其題云：

「五年兩度見君面，人事摶沙不可言。獨上高樓一回首，九龍西北是中原。沈沈大地有時陷，夢夢彼天何日醒。亦有狂歌歌不得，祇留雙眼看新亭。蘭史長兄索題獨立圖，久未報命。壬寅仲春再過香江，率成二絕請政。小三吾亭長冒廣生甌隱呈稿。」

值得一說的是題詠中有署名佩文黃純熙者，此人即是黃節，其題辭是：

「滄海桑田賸此身，欲論天下更何人。瀟瀟風雨雞鳴夜，但覺高歌有鬼神。嶺外逢君脱寶刀，蘭蕕無並恨芳膏。林宗已老申屠隱，塵世何如獨立高。蘭史大兄先生屬題即正。佩文弟黃純熙。」

以「塵世何如獨立高」作結，是能切題的題詠。

然而題詠這回事，有時題目給了人，任由人家發揮，也就易出原意之外，使「圖」和「題詠」變成「各自表述」。

如黃遵憲題詩云：

「四億萬人黃種貴，二千餘歲黑甜濃。可堪獨立山人側，多少他人臥榻容。」

黃節

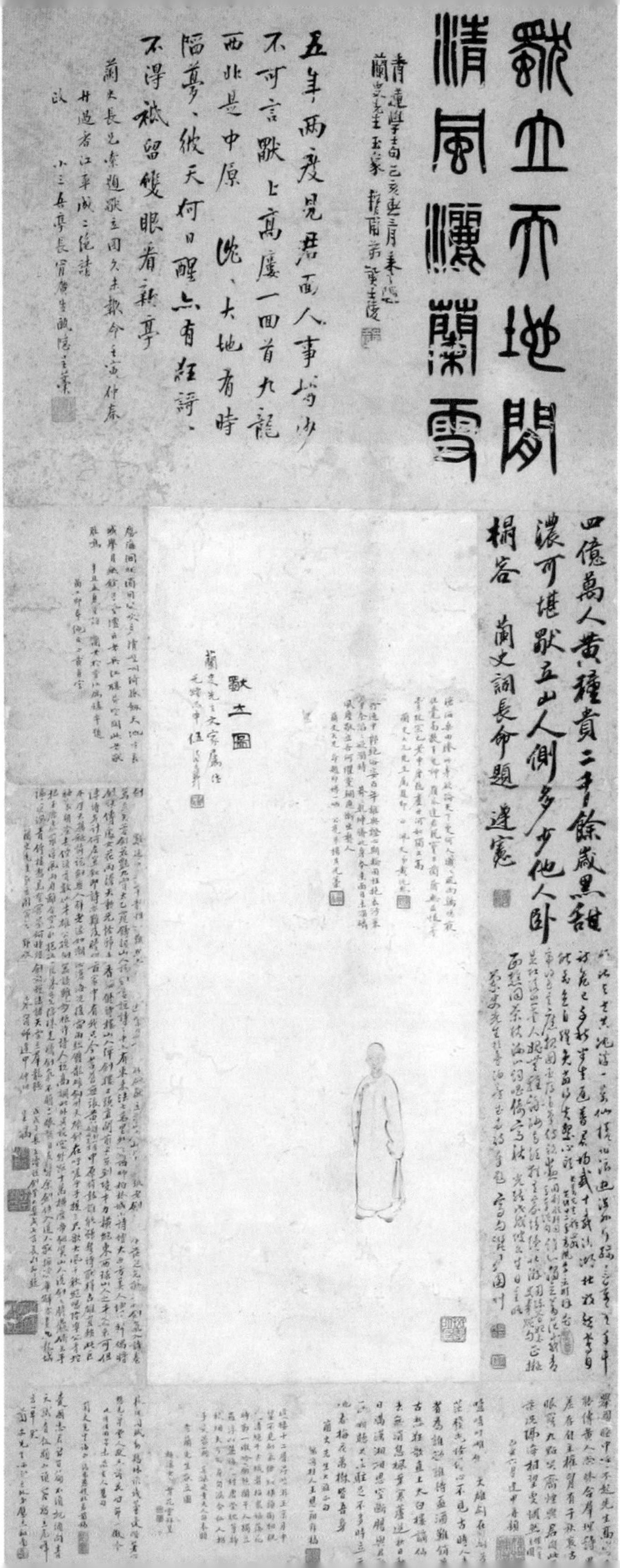

伍德彝《獨立圖》（斑園舊藏）

邱逢甲也題作：

「舉國睡中呼不起，先生高處畫能傳。黃人尚昧合群理，詩界差存自主權。胸有千秋哀古月，眼窮九點哭齊煙。與君同此蒼茫況，隔海相望更惘然。（樸亦有獨立圖）。」

這不要命嗎？人家要說的是立身品格上的「獨立」，而這兩位卻牽扯到政治觀念上的「獨立」。不僅僅是「各自表述」，更有點引為同調了。還有更冒失的楊其光，竟用了一句「黨錮應慚出縶人」作為他題詩的結句。

這該令潘飛聲為難了。像這樣的圖敢公開懸掛嗎？這圖懸掛了等如潘飛聲要為維新運動袞袞諸公「站臺」。靠授徒鬻文為生的潘飛聲等如遇上了「騎劫」。

還有，那邱逢甲的「詩界差存自主權」滿紙的口號和新名詞，一心是要呼應黃遵憲的「我手寫我口」，為梁啟超的「詩界革命」站臺張聲勢。但他是否忘記了這是為人家題圖，是否想到這樣的「各自表述」是否有欠禮貌呢？

在當時，梁啟超的功利文藝觀鼓吹之下的黃遵憲、邱逢甲、譚嗣同、蔣智由、夏曾佑乃至馬君武，都競相以「新名詞」、「新意境」為標榜。黃遵憲被梁稱為「最能以新思想新事物熔入舊風格，推為詩界革新之導師」（吳宓《人境廬詩草自序跋》）。其實，在黃遵憲之前，廣東嘉應州有胡曦，已

邱逢甲

伍德彝《獨立圖》潘蘭史像

大量地使用新名詞入詩。但這些新名詞的鑲嵌，顯然有違雅道，和「遠離雕飾」的傳統意識相違，毋怪乎數十年後錢鍾書丈曾以八字評斥黃遵憲是：「傖氣尚存，每成俗艷」。

另外，錢仲聯在《夢苕庵詩話》中說：

「《人境廬詩》，論者毀譽參半，如梁任公胡適之輩，則推之為大家。如胡步曾及吾友徐澄宇，則以為疵累百出，謬戾乖張。」

在此，錢仲聯只是借胡步曾及徐澄宇之口來說話。這正是錢氏性格上的「曲而宛」。

後來，梁啟超總算為這種「詩界革命」作出了反省，寫出了他的後悔。而今人胡曉明在《論錢鍾書的以詩證史》一文中也更具體地提及過：

「錢鍾書……列舉出當時詩人將大量的外國字的譯音嵌進詩裏，如密思（miss）、魁陰（queen）、道獅（dog）、符頭孤列勿（photograph）等，似乎造成一種新風氣，實則頂多只是巧思而已，充滿了中國傳統文人擅勝的文字遊戲打油詩意味。」（見胡曉明《詩與文化心靈》頁二六四）

可以想像，三代詞家的潘氏，怎會去垂青於野狐禪的唐突呢？更湊巧的是第二圖成於戊戌（一八九八年）八月，而那時候，北京維新黨人在濺血。人家避猶不及，楊其光的題句卻以「黨錮」自鳴，那慣於淺斟低唱的潘飛聲，怎能不為此惴惴然。

關於第三圖

人們會着重追問：除文物館所藏兩《獨立圖》，人間是否尚有第三圖，又或者第四圖？甚或是更多？追問的依據是：文物館見存兩圖，都沒有《飲冰室詩話》所謂「潘蘭史以康烈士幼博一詩見寄，乃為蘭史題《獨立圖》者也」。

據此，人間當有有康幼博題詠的《獨立圖》！但這只是懸念，因第一、二圖出現後近四十年，一直沒有第三圖的出現。

但幾年前，第三圖真的出現了，該圖詩塘有桂埴題篆書：「獨立天風海濤間」七字。這該是潘飛聲被「騎劫」後的一個「澄清」動作。說明其「獨立」原是「遺世獨立」、「卓然獨立」的意思，加上天風海濤間的哲學境界，用以指自然人格上的獨立，也是人格上的「自況」、「自辯」和「撇清」。所謂「撇清」，是要撇清梁啟超、黃遵憲等維新人物把《獨立圖》牽扯銓釋到政治層面。請注意，桂埴題圖時間是戊戌新秋。也如上文所述，正是維新黨被搜捕和濺血之時。

該圖的作者是馮雍，別字沖遠。《嶺南畫徵略》有記其人，但只寥寥數語。其人傳畫甚少。只是有詩集《馮山人遺詩一卷》，既云「遺詩」則係死後由後人或朋友為之蒐集了。陳玉堂的《中國近現代人物名號大辭典》說他

馮雝《獨立圖》

是馮詢的侄孫，惟未言出處。

馮詢和招子庸終生相好如兄弟，有謂招子庸之《粵謳》大多是出其手，這歷史謎團，至今未解。但此說頗可信。馮詢晚年亦曾是居巢的座上客，《二居交遊考》也有輯入馮、居兩人交往資料。只是交遊表中將馮詢及馮子良誤釋為兩個人，遂使本來一人而分身有術了。

馮雍與潘飛聲是同鄉又同在香港，潘飛聲字蘭史，馮雍特繪製蘭石圖並題長詩贈潘以訂交。《在山泉詩話》卷三記有：

「吾縣馮山人（雍）字沖遠，家貧苦學，性孤介。資之者不肯妄受，即斷炊亦未嘗告友，蓋獨行傳中人也。嘗客九龍副將幕府，特繪蘭石一幀，題長句，渡海贈余，遂定交。郵筒往還，時多唱和。詎不一年，沖遠病喘死矣。會稽陳衡仲大令（正常）撫其妻子，梓其遺詩，不負死友，良可欽敬。沖遠集名『浮萍草』，其題畫長句已附刻余『香海集』。」

陳衡仲為死友馮雍刻集，有題詩二首云：「一卷江湖集，斯人信可傳。文章有家學，疾病損華年。遯世甘貧賤，謀生尚粥饘。祇應高士傳，圖畫補詩仙。」「落落風塵裏，憐余獨有君。已多離別苦，奚復死生分。宿草迷荒壠，枯桐咽暮雲。山陽舊時笛，悽絕幾回聞。」聊聊數十字概括了馮雍幽澹淒苦的一生。

說回來，這圖比前兩圖多了旭日海濤。馮雍在畫上也題了詩，而且寫得

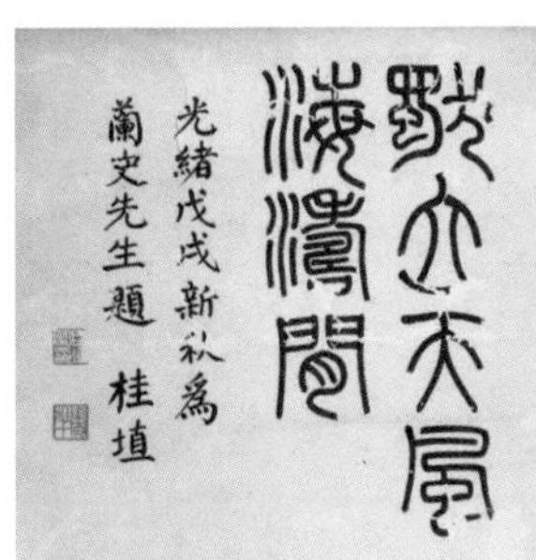

桂埴題詩塘「獨立天風海濤間」

好，能按意發揮。錄如下：

「獨立圖。光緒丙申小滿三日為蘭史先生作象，並為詩以告世之鑒者，其在牝牡驪黃之外乎？

海日童童天尺咫，矯然獨立者誰子；跳脫離奇莫比擬，天馬神龍不在似。君不見，莊周化蝶超絕塵，栩栩千百身外身；春花為骨秋水神，天人何處傳其真。此狀豈宜置邱壑，此子可否躋臺閣；前後千秋中著腳，萬類芸芸共寥廓。海外光茫百丈高，我欲從之掣巨鰲；皮相天下何滔滔，會有識者九方臯。」

署款「馮雍，時在大鵬軍中。」鈐白文方印「馮雝」，朱文方印「中袁羽息」。

在題詩下款處鈐有四字朱文扁方章「絲繡平原」，典出唐詩「買絲繡作平原君」，表示了對潘飛聲的傾慕。

圖首篆題「獨立天風海濤間」七字。下款是「光緒戊戌新秋為蘭史先生題。桂埴」。

桂埴（一八七二–一九四六），字東原，南海人。桂南屏（坫）弟。工小篆，風格蒼健秀逸。著有《寶鳳閣隨筆》。

再題詠者是鄭觀應。鄭題為：

「超超元著，矯矯軼倫。目營八極，筆掃千軍。雞林馳譽，虎觀策勛。劍氣射斗，歌聲過雲。天風謖謖，雪浪沄沄。誰能接武，世重斯文。風流雋逸，月旦

「絲繡平原」

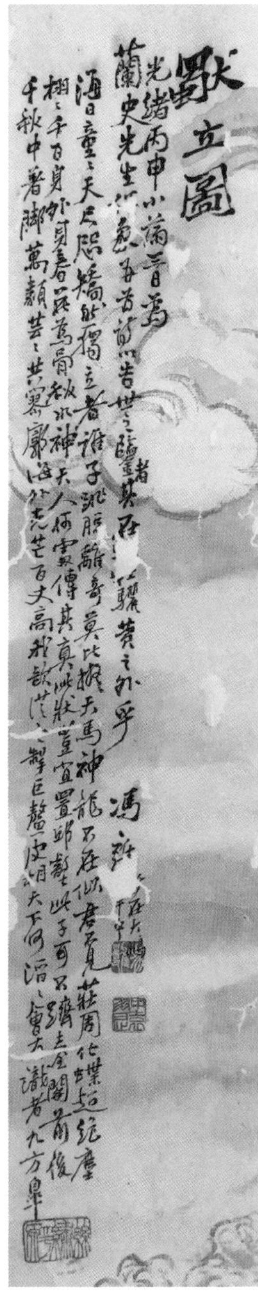

馮雍在畫上自題詩

評論。神姿超忽，天際真人。」

下款是：「蘭史仁兄郵寄獨立圖索題，率成四首贊語，錄請粲政。香山鄭觀應初稿。」鈐方印二：「鄭陶齋」、「臣官應」。

鄭觀應（一八四二—一九二二）為廣東香山（今中山）人，又名官應，字正翔，號陶齋，又號羅浮偫鶴山人、慕雍山人、杞憂生。著有《救時揭要》、《易言》、《盛世危言》、《羅浮偫鶴山人詩草》、《南遊日記》等。據《廣州百年大事記》一八九四年（光緒廿年）二月：「是月孫中山偕陸皓東由廣州赴上海，走訪《盛世危言》作者鄭觀應，並結識改良主義者王韜。」孫中山早年出國辦護照，是通過鄭觀應出面寫信介紹找盛宣懷幫忙的。鄭的《盛世危言》影響過光緒皇帝、孫中山，也影響過青年毛澤東，可見鄭對近代中國影響之大。

復次有己亥（一八九九）花朝日上海朱兆基（理庵）題：

「千仞岡頭自振衣，天風浩浩海濤飛。別翻窠臼開生面，奇句驚人見亦稀。」

「長嘯一聲天地秋，豪情曾賦逍遙遊。詞壇抗手無餘子，贏得才名第一流。」

又有己亥（一八九九）中和節慈谿李東沅題：

「攝衣登澥島，豪興有誰同。旭日雲濤接，蒼茫一氣中。昂頭望天外，恍欲御仙風。為問來槎客，星河路可通。」

更重要的是有高翀（太痴）和陳範等題詞，高翀是上海「希社」的主盟人，而後者陳範是革命家，光緒年間「蘇報案」的主角。這些在近百年歷史上深具影響力的名人手澤，都能吸引我，於是，這第三《獨立圖》由筆者收藏了。

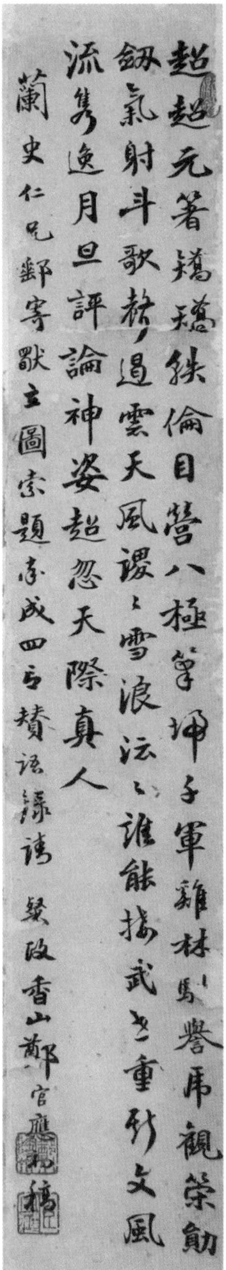

鄭觀應題四首贊語

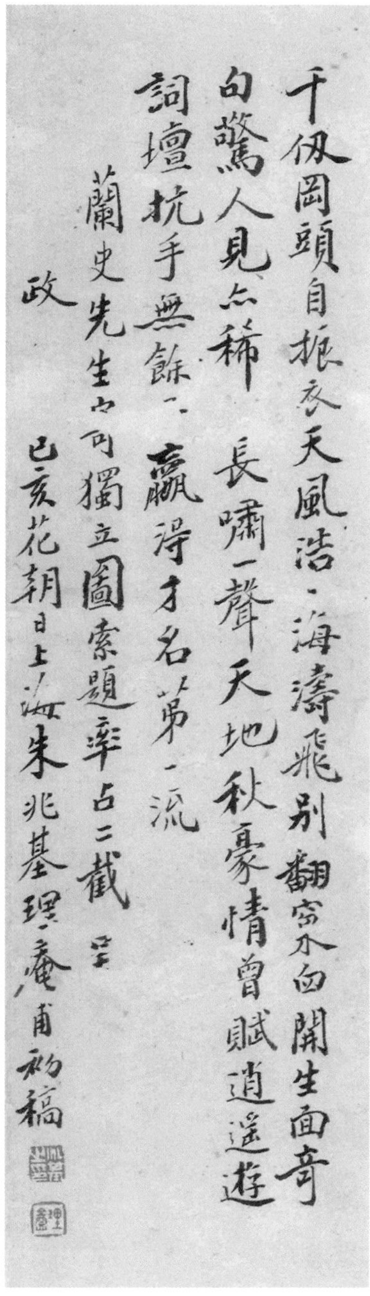

千仞岡頭自振衣
天風浩浩海濤飛
長嘯一聲天地秋
豪情曾賦逍遙遊
贏得才名第一流
己亥花朝日上海朱兆基理庵甫初稿

朱兆基（理庵）題詩

但，第三圖仍未見有康幼博題詩。這就意味着當世可能有第四圖的存在。再者，潘飛聲《說劍堂詩集》卷三有題為「顧伯和為余寫小像題四首」，這顧伯和是誰？畫了的小像又是否用作《獨立圖》的後續？那可就是人間的第四幅《獨立圖》？按：顧伯和（一八七六–一九四〇）本名顧元謙，浙江杭州人，字伯和，別號六吉居士，工山水人物，是西泠名家。

第三《獨立圖》中的陳範題辭

此圖最觸目者是夢坡題辭，他是一題而又再題，對潘推崇極至。潘氏的朋友中有兩個夢坡。一個是周慶雲，另一個就是陳範。陳範（一八六〇—一九一三）原名彝範，字叔柔、叔疇，號夢坡，又名蛻，別署蛻庵、退翁，鷓鴣村人。著有《陳蛻庵先生文集》、《蛻翁詩詞刊存》、《蛻翁詩詞文續存》等行世。在《逸經》第三十期中有《陳夢坡事略》，即是記其人。他是光緒十五年（一八八九）舉人，曾任江西鉛山知縣，後掛冠而去，赴上海創辦《蘇報》。

據《藝林散葉》記：「《蘇報》創始者為胡鐵梅，後歸陳夢坡主持，賃上海河南路樓下一室，所謂主筆房、排字房、機器房，均在其內。」《世載堂雜憶》則謂：「蘇報館主陳範，改良《蘇報》，印行《革命軍》，致釀成驚天動地之『蘇報案』。」

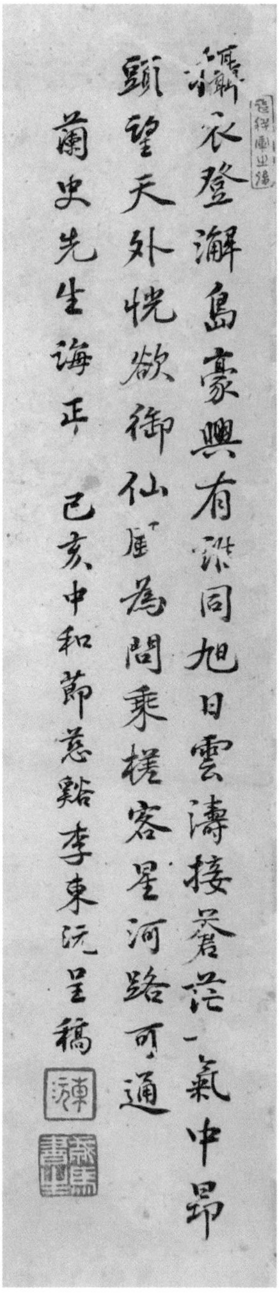

攬衣登瀨島豪興有誰同旭日雲濤接蒼茫一氣中昂
頭望天外恍欲御仙風為問乘槎客星河路可通
蘭史先生誨正
己亥中和節慈谿李東沅呈稿

李東沅題詩

陳範有長女芬（一八八三—一九二三）別號楚南女子，筆名擷芬女郎，曾從潘蘭史學詩。而《說劍堂詩集》中有陳華鬘女士，恐或是同一人。

這位陳擷芬，光緒二十五年（一八九九）冬在上海創辦《女報》，並擔任主筆。不久停刊。續出《女報》月刊，次年又改名《女學報》，由蘇報館發行。她同時還擔任上海愛國女校的校長。「蘇報案」後，隨父避居日本，在東京續出《女學報》第四期，並參加反清三合會，組織共愛會，為會長。後與四川人楊某結婚。《藝林散葉》第三三五五則謂：「陳蛻安女擷芬，光緒二十八年，在滬辦《女報》。蛻安當時頗垂青於章行嚴，欲婿之。章亦眷擷芬，乃未能如願。章謂由於吳稚暉讕言所傷。」

柳亞子有《陳蛻庵先生傳》，說陳是湖南人，胡樸安有《陳蛻庵小傳》亦以為是湖南人。其實他是祖籍湖南，後遷到江蘇落籍的。

且看陳範所題：

「濯濯□神，耿耿其真。欲立一人，胡以獨名。噫！我知之矣。膝枕倿人，蘇□□獨立也。望慶□□門，不敢立也。北窻高臥，淵明不欲立也。隱几坐忘，蒙燕不□立也。舉世莫不□君，乃以獨名。然乎？否乎？叩之圖中人。」

「甲辰四月遊蹤至香海，喜晤 蘭史先生。十八夜邀集杏花樓，出觀此圖，即席題此。夢坡。」鈐白文方印「衡山陳氏。」

半年後復題：

「十一月三日將返滬海，與蘭兄話別，情不能捨，再題墨圖下為誌。夢翁陳範又書。」鈐朱文方印「老夢」。

第三《獨立圖》中的高翀題辭

此外題圖的，還有一個是高翀。題辭是：

「海濤高，捲天風起，何人放懷遊眺。曙景正曈曨，記六鼇曾釣。氣吞雲夢小。算惟有，南荒一老。脫屣塵寰，拂衣□赭，競推清操。　身世且長吟。蒼茫甚，問誰同調。籌此百端。□況傷時憑弔。杜陵心事秏。但堪慰，英姿猶好。試開卷，煙墨淋漓，想寫工神妙。時在己亥陬月。」

「蘭史仁兄先生屬題，即請正拍，調寄徵招，弟海上高翀並書於退藏之齋。」

鈐朱文印二方：「雲水散人」、「太癡」。

高翀（一八六三—一九二〇）本名瑩，曾主《蘇報》筆政。故筆名甚多，而常用者是太癡、侶琴，在光緒二十三年（一八九七）中秀才後改名翀，晚年又號清逸道人。著有《清逸道人集》，中有《百盆花齋詞剩》四卷，後附《希社題襟詞初集》一卷。鄭逸梅謂：「希社祭酒高太癡，能畫鍾馗。」（見《藝林散葉》第一一〇則）又謂：「高太癡之希社，設於滬南城隆廟西園之訪鶴樓。」（見同書三六七一則）潘飛聲《在山泉詩話》卷三謂：「上

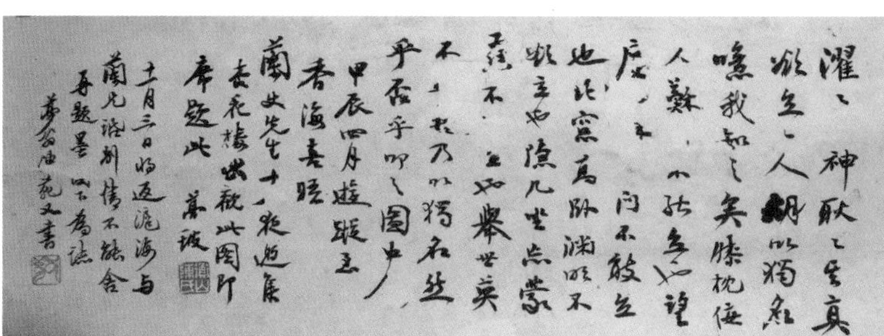

陳範題詩

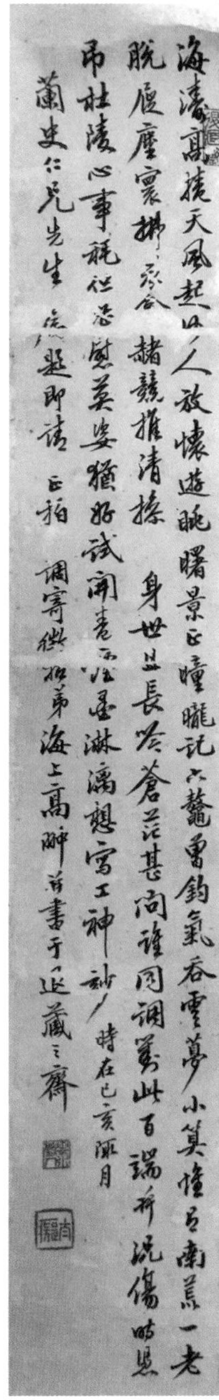

高翀題詩

海名士高太癡（瑩）……，聞太痴兼工書畫，目空一世。」

適才所謂「希社」，是民元創立的文學團體。據沈瘦東《瓶粟齋詩話》所述：「民國壬癸之際，海上有超社、希社、淞社，厥後，常州之苔岑、海虞之虞社繼之。」社中主要人物有周慶雲（湘舲）、劉承幹、潘飛聲、周祖撰、汪熙、劉炳照、姚東木、俞雲等。希社的集會，第一次雅集就在高翀的家中「百盆花齋」。高賦五言二十四韻。潘飛聲賦七律一首云：

「三間老屋百花隣，畫嶝書廚好置身。亂後江山歸復社，病餘文酒慰羈人。滄桑遼鶴尋城郭，花月春駒逐夢塵。此是草亭題野史，大江橫笑亦酸辛。」

而那位被魯迅嘲為「傻公子」的劉承幹則和韻：

「湖海論交遠亦鄰，相逢半是客中身。百年初暗文昌運，一代輪扶大雅人。偶學龜蛙吟淺語，頗隨騏驥騁前塵。銅駝荊棘秋風起，多事詩家識癸辛。」

於此可見民國元年那一輩人，大多能工於感慨。當時唱和者多，都收入

《希社題襟集》中，民國七年有排印本。

高翀的女兒是潘飛聲的學生。為此事，高有長詩《小女卜昌受業老蘭門下詩以代贄並索和章》給潘：

「老蘭我摯友，神契十載餘。吳粵渺相望，無繇造其廬。庸知天作合，聚處同一隅。文字相切劘，吾道今非孤。小女慣隨躡，登堂阿伯呼。折花戲几側，繞膝話喁喁。荷君注青睞，喚作雌鳳雛。傾盒出果餌，年齡問何如。笑云是兒貌，爾許清且癯。毋乃肖而父，諒能多讀書。先生顧我女，良久重欷歔。自言有弱息，愛等掌中珠。不幸曇現鉢，未笄先夭殂。嗟余境垂晚，僅此單怯姝。執卷勤督課，昕夕庭前趨。慰情比男子，教育甯可虛。方恨時會厄，難求良師儒。君學十倍我，士林爭楷模。謹當策天足，立雪來門閭。先生雖歡諾，謙抑猶未除。請君弗謙抑，愛屋推之烏。所惜年猶稚，方言矧各殊。未知小桃李，時化能沾無。期以數年後，漸叨詩禮濡。養成賢淑性，不愧名門徒。」

潘也不示弱，竟然來個「次韻奉酬高太癡秀才（瑩）」

「歷險走南北，吾生乃其餘。五月出都門，八月辭敝廬。雲際春申君，招我止海隅。學詩訪高適，五十道不孤。平生文字契，摯友兄弟呼。我昨過柴桑，置酒相喁喁。君妻慕翟氏，有女髫未雛。嬌見膝下驩，此樂我不如。斗室無纖塵，老梅對清癯。是為高士宅，長把種樹書。間身謝榮名，時事莫欷噓。從來滿籯金，不如一掌珠。嗟我慣辭家，感逝神先殂。自笑支離叟，難挹羅浮姝。

希社叢編

飢鳳清吭絕，老馬窮途趨。魯連入海遠，長統樂志虛。君為避世士，獨抱君子儒。傳思馬班績，書愛唐宋模。豈無漢家使，通德旌其閭。萋萋五柳門，春風來掃除。鼓吹聽池蛙，風露棲庭烏。我來夜深去，簫瑟與世殊。元白結隣約，素願能償無。伏生古傳經，有女聲教濡。風雅賴不墜，四海皆生徒。」

陳範、高翀都是題《獨立圖》的人，而又都有女兒在向潘飛聲學詩。於此可知，潘晚歲寓上海時，筆耕之餘還要舌耕，生活大概是並不寬裕的。

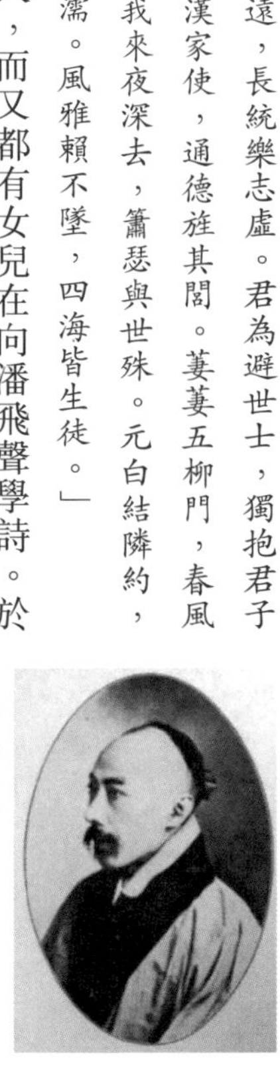
高翀道裝像

《獨立圖》背後的心理

潘飛聲之《獨立圖》，除了是文人結習之外，當還有其他心理因素。要說這問題，得先介紹乾嘉年間的一位粵人陳曇。以及後人對其人的仰慕。

陳曇（一七八四－一八五一）字仲卿，廣東番禺人，是乾嘉間一位重要的廣東詩人，也是著名的畫家和藏家，汪兆鏞（憬吾）《嶺南畫徵略》及冼玉清《廣東之鑒藏家》均有記載。他藏有鄺露舊藏綠綺臺琴，而且慕其為人，遂將其雅荷塘之讀書處定名為「鄺齋」。而他的中表潘正衡（潘飛聲之曾祖）也效法他，築「黎齋」以廣蒐黎二樵書畫，並有詩云：「顧我中表陳仲卿，慕鄺齋即以鄺名。我今慕黎如慕鄺，以黎顏齋還合併。」大抵當時這種傾慕之風頗流行。《在山泉詩話》卷三就有「吾禺（番禺）狂士楊超白慕陳仲卿，故亦名曇」之說。

潘飛聲在同書中，也曾記其曾祖潘正衡和陳曇那相慕相惜的事，說：

「先曾祖分轉公向慕黎二樵先生，購其詩書畫懸之一室： 曰『黎齋』。蓋仿覃谿蘇齋、仲卿鄺齋之例。謝里甫太史（蘭生）繪圖，海外名士遊嶺南者靡不知，『黎齋』一時文宴，五羊稱盛。（見邑志及張維屏《藝談錄》、陳曇《補南海百詠》）故題黎齋詩成一巨帙，惜當時未刊為名勝集，玆因編錄詩話，謹擇其長篇鉅作，傳播藝林，亦述祖德……。」（《在山泉詩話》卷三）

潘飛聲對陳曇亦隔代傾慕，可見《在山泉詩話》卷一：

「少時讀諸家詩，未有如鄺湛若、黃仲則、陳仲卿三家之能醉余心者。《嶠雅》、《兩當軒》二集風馳海外，惟仲卿《海騷》寥寥罕睹，家藏全帙，寶若璆琳。今老作遠遊，三家集本俱隨行篋矣。……仲卿寄伯兄云：『無端又度九秋天，書與飛鴻竟渺然。亦有傳聞來嶺嶠，祇言搖落滯幽燕。五年夢隔關山遠，萬里心同日月懸。堂上老人思汝甚，黑頭今已變華顛。』兩詩皆一氣轉折痕跡渾融，代無數人，人無數首也。」

又說：

「二百年來吾粵詩家能自成一家面目者，惟黎二樵（簡）、宋芷灣（湘）、陳仲卿（曇）三人。二樵以奇峭勝，芷灣以雄大勝，仲卿以幽怨勝。餘子不能及，亦古人之所無，乃可謂獨開生面、自造一境也。」

潘飛聲早年像

有一事似乎更為觸動潘飛聲的內心。據潘飛聲《在山泉詩話》卷三中的自言：

「楊丈椒坪多藏名人圖冊，中有陳仲卿先生《搔首圖》。余心折仲卿詩，此像與余貌酷肖，每過鶴洲草堂讀畫，愛不忍釋。後楊丈卒以歸余。」

這位楊椒坪（一八一八－一九零三）名永衍，字椒坪，與潘飛聲同鄉（番禺）。性好客，富收藏。工詩，善畫，「山水師梅壑，善用濕筆，骨氣蒼潤」（《剪淞閣隨筆》）。曾刻《粵東詩鈔》諸書，深負時譽。家居白鶴洲，故顏其居曰「鶴洲草堂」。這個鶴洲草堂是廣東文人雅士詩酒文會之所。潘飛聲每至皆觀賞此《搔首圖》冊，喜歡到「愛不忍釋」，後終於如願得以珍藏。

何丹山譚周士《楊永衍畫像》

此冊有陳仲卿自題絕句十首云：

「玉貌先生識者稀，此時獨立想非非。可憐天下人皆瘦，何忍閒身獨自肥。
不必詩才占鬼仙，狂來亦可上青天。曼卿拍手長源笑，我落人間廿二年。
寂無言處豈無情，滿腹精神紙上生。何怪友朋平日說，此君如在玉山行。
骨相虞翻未合時，一生所累是情癡。問天搔首狂奴態，不是驚人謝朓詩。
天地生才亦草萊，頭顱如此不須哀。丹青狀得靈臺出，一物何曾入眼來。
此心於世本無求，敢說人間第一流。玉作精神金作骨，平生何處肯低頭。
詩家著手亦成春，不似丹青寫更真。攬鏡證來還自問，不知如我是何人。

楊永衍畫像

面目生來本自奇，不曾長爪卻通眉。要知一往情深處，想見添毫欲活時。

前古蒼茫想入微，九原可作與誰歸。雲臺麟閣今無分，且作人間大布衣。

不待人言亦自超，眼光牛背最難描。高人貌出千秋見，多謝傳神盛子昭。」

潘飛聲不厭其詳，悉錄載於其詩話中。可以說，陳曇的十首詩，道出了自己內心的兀傲的自負和自戀，試讀：

「此時獨立想非非」

「此君如在玉山行」

「玉作精神金作骨，平生何處肯低頭。」

「詩家著手亦成春，不似丹青寫更眞。攬鏡證來還自問，不知如我是何人。」

「面目生來本自奇，不曾長爪卻通眉。」

「高人貌出千秋見，多謝傳神盛子昭。」

陳曇的《搔首圖》，與潘飛聲後來倩人寫《獨立圖》的心境很相似。「獨立」，本來就是指人格行為的獨立，而不是後來被「騎劫」為政治意義的獨立。潘氏《獨立圖》和陳曇的「此時獨立想非非」本意就相同。後來潘氏更倩馮雍寫《獨立圖》，為「撇清」而加題為「獨立天風海濤間」，這當是受吳石華（蘭脩）題辭的啟示。

且看，吳石華廣文（蘭脩）題《搔首圖》之《金縷曲》云：

「六合茫茫也。對蒼天、黯然不語，客何為者。恨壘愁城堅似鐵，酒力深攻未

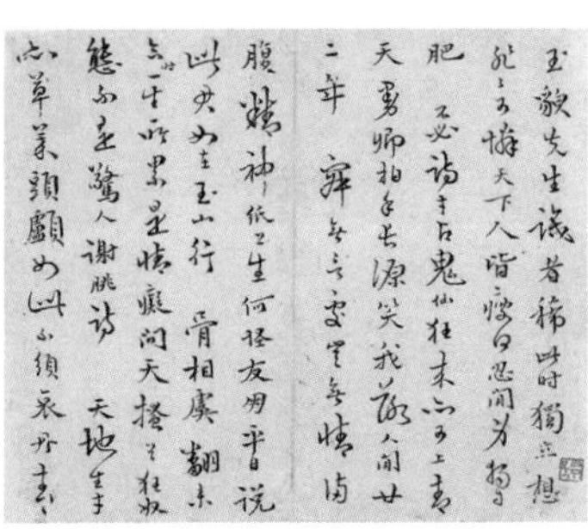

陳仲卿（曇）自題絕句十首

下。問此事、何關杯斝。河漢西流星斗冷，又空齋、醉讀離騷罷。禁不住，淚鉛瀉。

年華賤擲千金價。拼幾度、狂歌痛飲，射雕盤馬。西風易短英雄髮，驀換鬢絲盈把。空搔首、徘徊中夜。欲向蓬山吹鐵篴，看朝暾、湧出扶桑赭。誰引爾，碧鸞駕。

金縷曲題奉仲卿仁兄正拍。吳蘭脩。」

另外，邱仲閎題《搔首圖》有云：

「我從一百一年後，展卷重逢小鳳凰。別抱美人香草感，海天搔首立斜陽。」（《在山泉詩話》卷三）

可以說，陳曇的「此時獨立想非非」、吳石華的「看朝暾、湧出扶桑赭」、邱仲閎的「海天搔首立斜陽」，其意境正是第三幅《獨立圖》題額「獨立天風海濤間」的本意。

伍乙莊（德彝）曾為蘭史題陳仲卿《搔首圖》云：

「羅浮小鳳朱明客，湘水靈均牛渚白。把酒讀離騷，狂來首自騷。仙才偏潦倒，綠綺臺空老。地上玉麒麟，知君是後身。」

但要緊的是詞後的一句自注云：「蘭史貌與仲卿酷肖」。而潘飛聲亦曾自言和陳曇形貌相似。所以說陳曇的《搔首圖》和潘飛聲的《獨立圖》在心理上是有相通之處。

再者，潘飛聲也和陳曇一樣是位顧盼自喜的人物，他自言「少日風華一鶴翩，老來甘作在山泉」。在《在山泉詩話》卷二中云：

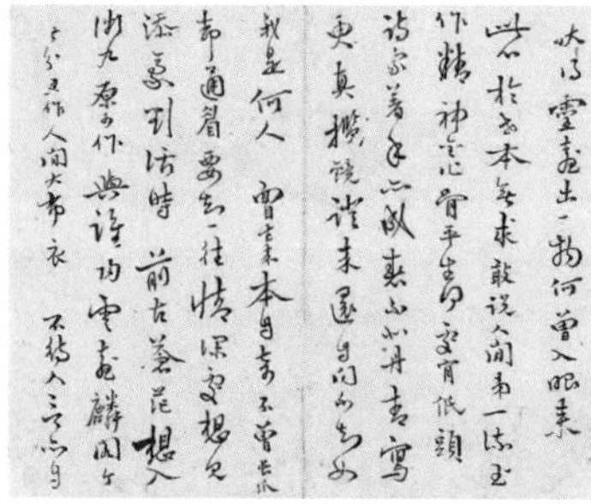

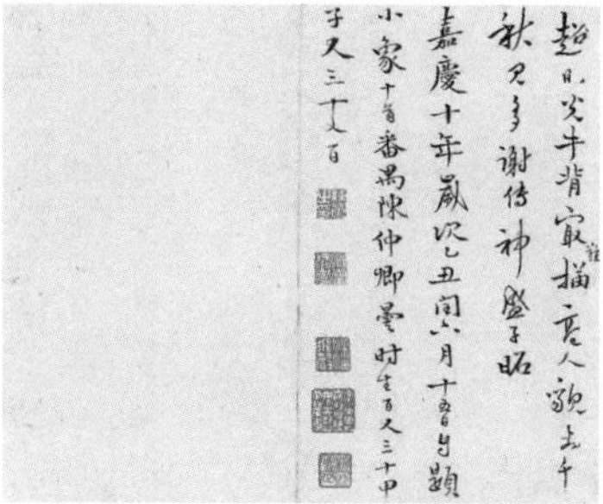

陳仲卿（曇）自題絕句十首

「甲戌，余年十七，飲柳橋古道何蓮身待詔（瑗玉）家。酒酣與客論史，議論縱橫，四座驚詫，或目為狂。獨何丈許為奇士，欲以女字余，聞有所聘乃止。因感其意，賦詩二首云：

『華年玉潤自翩翩，呵氣成雲上九天。誰識綠衣參末座，酒酣豪氣壓當筵。

斗酒曾教讀漢書，文章器業近來無。舜欽獨被祁公賞，爭奈羅敷自有夫。』」

詩中的「華年玉潤自翩翩」雖借晉人「冰清玉潤」的典故作翁婿關係之象徵，但也能體味出當中的顧盼自喜。

他喜歡自己的身影被寫真，陳蝶仙在《著作林》中曾刊出他的近照，他因之「感銘肝腑」云：

「泉塘陳蝶仙秀才（栩），新刊《著作林》一書，內分十門，材料豐富。卷首以銅板範余寫真，上列贊辭並錄詩詞於諸家之上。余神交半天下，投簡札者日無虛，然如蝶仙之厚情，感銘肝腑。」（《在山泉詩話》卷三）

當時人大概也明白潘氏的心理，蕭伯瑤就說過見有人持扇，上寫一詩，首句云：「吾愛潘騎省，當年獨立君。」潘氏對此是表示一種知遇的感激。事見《在山泉詩話》卷二：

「伯瑤潮州來書云：昨在友人座中見客有持扇者，上寫一詩云：『吾愛潘騎省，當年獨立君。家臨大江水，時入白鷗羣。詞曲人間愛，風情海外聞。定知班祭酒，高臥不從軍。』後寫錄友人贈蘭老詩，而不著作者之名。錄以示

陳仲卿（曇）《搔首圖》

余，然余未嘗見友以此詩為贈者。辱愛甚摯，愧不克當。天涯知己，不啻貺我四十明珠也！旣錄入詩話，並刊播報章，以符隨園老人『天涯沿路訪斯人』之例。」

文人作偽每多狡獪，或假託仙佛，或假託名人，以資傳播，這種事所在多見。像高天梅偽石達開詩即是一例。

試想，這「吾愛潘騎省」全詩寫錄已畢，卻「不著作者之名」，似不可信。這大概蕭伯瑤哄朋友開心之作，潘老也真的開心了。

附記：

陳曇的《搔首圖》成於一八〇四年左右，不知作者為誰。二百年間此圖五易其主，先由畫像主人陳曇遞藏至其同鄉楊永衍。到楊轉與潘飛聲時，約一九〇三年，圖成正好百年。潘飛聲寶貝此冊，出入與俱。冊上鈐有其藏印多方，畫象右下方鈐朱文方印「潘蘭史□□行篋珍藏」，在馮龍官題記那葉鈐朱文方印「潘飛聲藏於梧桐庭院」。約三十年後，歸中山人孫璞。孫璞（一八八三—一九五三）字仲瑛，號阿瑛，室名顧齋。與潘飛聲同藉南社，係孫中山秘書。孫璞在畫上鈐有多方顧齋所藏之外，有一白文方印「仲瑛以清俸買來之物」。當是三十年代在上海吳鐵城處任秘書時所得。孫之藏品五十年代陸續釋出，多經黃般若在中環思豪酒店經營之書畫店轉讓。此冊再度亮相，已是二〇一一年六月五日，北京保利拍賣行「北美華人藏中國古代書畫」專場拍賣，圖錄上標明：「本拍品為香港著名人士何壽康先生舊藏」。何是廣東惠陽人。從事教育行政，抗戰間任惠陽縣第二區救亡會主席，勝利後寓港，擔任數十個社團首腦，有聲於時。擅吟詠，有《雪瓊樓詩草》行世。此冊拍賣之後花落誰家，則不得而知了。

（二〇一五年二月二十二日）

孫璞（仲瑛）

「相伯畫配太炎詩」成扇補跋

書畫藝術品賞心悅目，讓人產生美感，還能喚起回憶、追思，也能讓人覘見大時代人物的身影，讓人為之感嘆，為之神往，也為之低徊。近日翻閱正在湖北省博物館展覽的抗戰書畫文物藏品圖像，並作補跋時，就總想把這種感情記到跋文上。我首要寫的是「相伯畫配太炎詩」成扇補跋。

相伯就是馬相伯，原名建常，又名馬良。大抵因為漢諺有「馬氏五常，白眉最良」，於是姓馬者多喜歡連繫「良」字為名，由是與之同名者多，馬相伯遂以別名行世。用成語「伯樂相馬」，改語序為「馬之見相於伯樂」，這該是語法專家的幽默（馬相伯和三弟馬建忠〔眉叔〕就曾合著《馬氏文通》）。

按：馬相伯（一八四〇－一九三九）生平建樹甚多，以下只能舉其犖犖大者。馬是江蘇丹陽人，幼受天主教洗禮，後獲神學博士。三十六歲前從事宗教職業。後為李鴻章辦洋務，又任駐日公使館參贊，神戶、長崎領事。

一九〇二年創辦震旦學院，因震旦是借天主教會名義辦學，屢遭教會壓迫，乃於一九〇五年憤而改辦復旦公學（即後之復旦大學），被公推為校長。

早年教會中，馬相伯與英華（歛之）是南北並稱的。

雖然馬相伯是教育家和社會活動家，但不同於有潤例的書家，故此留傳的墨蹟就極少。而我數十年蒐求，亦不過三數品而已。但他留下的墨蹟都是字如其人，「逸筆紛披，饒清剛之氣」（蘇仲翔語），是極具氣魄的（名雕塑家張充仁是馬相伯曾外孫，他的書法就是從老人學來的）。

馬相伯是多能的，他曾參加春陽社（一九〇七年九月成立，原名陽春俱樂社）演話劇《黑奴籲天》（一九〇七年十一月四日至六日晚，上海圓明園路〔今虎丘路〕蘭心劇院），馬飾老黑奴。而老黑奴之子，由許嘯天充飾。

馬也是演説家，張之洞譽之為「中國第一名演説家」，當時潘月樵藝名小連生，演新劇常作激昂慷慨之説白。而馬相伯演説，既有表情，又有動作，因此有人謂：小連生做戲似演説，馬相伯演説似做戲。在馬九十壽時，適孫菊仙供奉自京南下，應聘演劇，年亦九十，滬人傳為美談。余槐青有一詩云：「名士登臺演説長，名伶演劇亦登場。年華九十同稱頌，南北雙星酒一觴。」就是以馬的演説和孫菊仙的演劇相比。

馬相伯是受社會尊重的人，「在重慶，復旦大學學生為祝百歲壽。林子超、吳敬恒主持其事，于右任司招待，均御藍袍短褂。」試想：「藍袍短

馬相伯

褂」，是對馬相伯的一種自我謙抑，因藍袍是佐雜官的顏色。其實林子超（森）已貴為國府主席，于右任是監察院長，吳稚暉是中央監察委員。

到此，該說說馬相伯的畫吧。馬相伯的畫是知者少，見者更少。拙藏這扇是他已擁有廿三年畫齡的作品，原因是他老人家到七十歲纔學畫，大器晚成，但精力已差，他的畫畫就純屬養志遊戲，而非懸潤例應眾的那種，所以世間就罕見其畫了。因我從事書畫蒐藏數十年，對於馬老的畫都未有所聞見。所以我得此扇在高興之餘，也有心理壓力，每一展開，總是心有忐忑。後來讀一文史資料，纔第一次知道「馬畫」贈人的紀錄。讓我知道馬老的畫，有機會是「無獨有偶」了。那資料的紀載是：

「于（右任）先生六十壽辰時，我（張文生）在南京。親友送的禮物中特別令我注意的是馬相伯先生畫的《秋收圖》。含義很深，就是人若到晚年就要做出成績，如同種田秋收，方不虛度一生。于先生對我說：馬先生學畫時年已七十，我才六十，我如果學畫還來得及。又說：我每次見到我們馬先生，我就感到我的年紀輕了。先生一生積極，故其言論如此。」（張文生《懷念于右任先生》，《中華文史資料文庫》第九卷頁十六）

但是于老逝去逾半世紀，世事滄桑，那《秋收圖》是否尚在人間？為何這數十年來，迄無消息？怕只怕「無獨有偶」之願虛，那我的「馬畫章詩」，又成孤獨！

馬相伯長城戰役成扇

拙藏這把「馬畫章詩」成扇，馬相伯畫的是抗戰間長城戰役，畫面上有幾架日本軍機轟炸長城古北口，馬老以枯筆淡墨寫來，乍看毫不起眼，細思卻蘊含深意。尤其是馬老以李華《弔古戰場文》的一句為題，借亭長那「傷心哉！秦歟？漢歟？將近代歟？」那連疊的三個問，讓人為之深思、慨嘆。

而扇的另一面，則是章太炎以行書題詩，詩云：

「塞前四省付東流，又棄畿東十八州。安得朱雲重請劍，為君斬取佞人頭。童稚頻來笑會之，會之恐又笑今時。千秋盟誓渾無異，更使兵符被倒持。子佩鑒之。章炳麟。」

長城戰役之後，政府被迫與日人簽訂《塘沽停戰協定》。章老詩「千秋盟誓」，意有所諷。《協定》限制長城以南的駐軍，故云「更使兵符被倒持」。國事兒嬉，童子讀史會嘲歷史上的秦檜，但秦檜有知就要竊笑現在。章老詩的諷刺是甚於鞭韃的。

馬老所署年干為癸酉夏日，即一九三三年中，正是長城戰役和《塘沽停戰協定》簽訂之後不久，山河破碎，國難方殷，兩老憂憤而合寫此扇，恍又如見兩老並肩作抗日宣言之時。

馬相伯和章太炎，在政見上本來是不同道的，馬傾向改良派。一九〇七年梁啟超在東京組織「政聞社」，馬是該組織的總務員。當政聞社在神田區

章太炎行書詠時局詩成扇

錦輝館召開大會，革命黨人針對馬良、梁啟超等立憲宣傳，衝擊會場。其時政聞社企圖聯合清廷肅親王善耆，罷斥袁世凱。而章太炎與馬良（相伯）是針鋒相對的，該年章太炎有《與馬良書》可作證明。兩老既有宿怨，何以忽能「修我戈矛，與子同仇」呢？那要先看當時的政治環境。

從時間推斷，馬、章關係的轉機在於康、梁師生間分歧。如前所説，馬、梁同為政聞社中人，且梁從馬學拉丁文，亦即有師生之義。康有為則被馬視為「説近妖妄」的人物。

民國元年，梁啟超與馬相伯、章太炎聯合發起「函夏考文苑」，冀網羅全國積學之士。實際經辦考文苑者為馬良（相伯）。當時所擬考文苑名單為：

馬良（相伯）	章炳麟（太炎）
嚴復（幾道）	梁啟超（卓如）
沈家本子敦（法）	楊守敬惺吾（金石、地理）
王闓運壬秋（文辭）	黃侃季剛（小學、文辭）
錢夏季中（小學）	劉師培申叔（群經）
陳漢章倬雲（群經、史）	陳慶年善餘（禮）
華蘅芳若汀（算）	屠寄敬山（史）
孫毓筠少侯（佛）	王露心葵（音樂）

陳三立伯嚴（文辭）　　李瑞清梅庵（美術）

沈曾植子培（目錄）

附註云：「說近妖妄者不列，故簡去夏穗卿、廖季平、康長素，於王壬秋亦不取其經說。」

據以上章程，可證入民國後，馬、章之間可以共事且無嫌蒂了。一個大時代的拐彎，馬相伯、章太炎、梁啟超、嚴復，四個人都在龍爭虎鬥之後，閱盡興亡，也見盡黨爭，對當道者、對居要津者都灰心了。辦個「函夏考文苑」，這是老人唯一的責任心的寄託。是「魚龍寂寞秋江冷，故國平居有所思」。

但戰火又觸動老人的神經。鄭逸梅《續藝林散葉》記有一段，可道出當年老人的心理狀態：「當『一·二八』淞滬抗日戰爭，吳中耆宿張仲仁（一麐）義憤填膺，發起組織『老子軍』以助戰。擬有草案，有云：『青年有童子軍，則老人應有「老子軍」，少者壯者，前程遠大，來日方長，若多犧牲，未免可惜。至老者忝在父兄，理應奉率。以年齒論，如商賈早有贏利，折閱本在意中，視死如歸，是其天職。故取吳中范希文「小范老子」之意，創為本軍草案。』後雖被軍事當局勸阻，未成事實，然鼓勵士氣，具有功績也。時馬相伯年九十八歲，亦參與其事。」馬老是被推為老子軍的司令官。類似的紀錄，在郭沫若的《洪波曲》中也有記載，但不徵引了。

一九三三年馬、章兩老就曾多次共作宣言：

二月九日的「馬良（相伯）章炳麟宣言」，主題是以歷史證明東三省屬於中國。次日《申報》刊出題為「馬相伯章太炎聯合宣言」並案語云：「案此為中國第一流學者聯合對外宣言，將能代表其數千弟子、名教授、科學家以及教育界正服務者。為擁護中國固有主權，向全世界作公正宣佈證明東三省當屬中國。」

四月五日，馬相伯、章炳麟、沈恩孚通電指責政府抗戰不力。老人的心都為國事而糾結在一起了。

再者，馬相伯和章太炎不止在政治上一致，在事業上也是互相關心和支持。該年七月六日的《申報》就曾有《馬相伯贊助章太炎講學》，其內容謂：

「九六老人馬相伯先生因章太炎在蘇州講學，特為撰文倡導云：『餘杭章太炎先生，樸學鴻儒，當今碩德，優遊世外，卜築吳中。茲以及門之請求，啟講壇而授業，高弟都講，才士賢媛，值風雨如晦之秋，究乾坤演進之道，體仁以長，嘉會為群，網羅百家，鑽研六藝，綱紀禮本，冠冕人倫。行見鄭公鄉里，蠻觸不知；董子帳帷，賢良多策。欣斯盛舉，樂我遐嶺。書此用為後起者慶。』」

按：址設蘇州錦帆路五十號的「章氏國學講習會」，於該年九月十六日正式開講。贊助人有段祺瑞、宋哲元、馬相伯、吳佩孚、李根源、馮玉祥、

馬相伯章太炎聯合宣言
以歷史及掌故證東三省屬中國

「馬相伯章太炎聯合宣言」一九三三年二月十日《申報》

陳陶遺、黃炎培、蔣維喬等。會課除章太炎主講，尚有老友王小徐、蔣維喬、沈瓞民等。而章門大弟子也以學長授課，計有：朱希祖、汪東、馬宗霍、馬宗薌、孫世揚、諸祖耿、潘重規、黃焯、潘景鄭等。在這裏，馬相伯列名為贊助人，因年事已高，他自不能像王小徐、蔣維喬那樣為老友打氣而再坐擁皋比了。因高壽而不能為老友坐堂講學，是甚為可惜的事。

宣言固是個大動作，但總要有些私人酬酢之間的東西，纔能讓被刻劃的對方更為立體。而這「相伯畫配太炎詩」的成扇恰好做到這一點。

章太炎

更有一點容易被人忽略：馬、章這兩位老人是各領幾千弟子的重量級人物，他們的宗教不同，都能攜手面對戰爭。如此重大的意義，竟濃縮在這小小的成扇之上。以下要回過頭再說這事情的特點。

關於戰爭與宗教，戰爭就是殘暴，宗教就是淑世。但戰爭和宗教遭遇了，怎麼辦？

「愛你的敵人」？「冤親平等」？但那是現實嗎？

先舉個實例：

這真實笑話出自《陳銘樞回憶錄》。一九二二年，陳銘樞心血來潮要向陳炯明辭去高級軍職，到南京學佛法。

試想，軍書旁午袍澤之血未乾，戎馬倥傯裏創之傷猶在，綰軍符的大將忽然撒手不管，要學佛。這稀奇嗎？

是稀奇，但陳炯明挽留的話說得更稀奇。

陳炯明說：「你正是當事之年，正好做事，何必讀書呢？你要學佛，也不妨事，就以佛家精神來練兵也好。北方的馮玉祥，他任旅長時練兵已有名，不就是以基督精神來練嗎？他們軍隊紀律也很好，你不妨就以佛家精神來練兵。」在此，警句是「以佛家精神來練兵」。而前說的馮玉祥，人稱「基督將軍」，有部下集體「受洗」的紀錄，所屬軍人佩槍外更有聖經。

後來，陳銘樞學佛後重回粵軍，是否以佛法治軍？無可考。是可惜了，本來「基督統帥」和「佛法治軍」是文字上一項「的對」。

和這類似的是一九〇六年五月章太炎出獄東渡，在東京留學生的歡迎大會上，章太炎忽以佛教的平等學說號召革命。引大乘戒律說：「國王暴虐，菩薩有權，應當廢黜。」又說：「殺了一人，能救衆人，這就是菩薩行。」是以佛的教義號召革命，「以佛學易天下」。

所說比陳炯明說的要強。此前，誰能想到用佛經絆著革命？章太炎在同年又發表《建立宗教論》。大意是為革命而立宗教，這彷佛洪秀全的故智了。

倒是馬相伯更灑脫，他以天主教徒身份發動抗日，是援引前輩名言：「真宗教家必愛國」，那就一錘解紛。

同時中西宗教的手連起來了。

（二〇一五年八月八日）

馬相伯題章太炎遺像

《樂群題辭冊》補跋

值抗戰勝利七十週年，湖北省博物館聯合滇西博物館領銜籌辦抗戰文物展覽會。期間當事不恥下問，祈小軒徵借有關文物。以事關大義，義不容辭，乃恭檢所藏，用以應命。數十品中，有八開墨跡題辭冊，而題辭者大都為戰時砥柱，其關係之時、地、人皆有足紀述者。然當時展覽限於篇幅，未及詳言。今翻閱展覽圖檔，忽興補跋之念，謹掇短文，用申微慕，亦兼饗讀者。

該冊題者有：周恩來、李濟深、蔡廷鍇、陳銘樞、黃琪翔、薩空了、張文元、黎寄吾。而受題者是文堯先生。

首頁是周恩來行書題辭：

「模範的廣西，現在已成西南抗戰的重心，今後必為西南抗戰的模範根據地無疑。文堯先生，周恩來。廿七，十二，九，於桂林樂群社。」

題辭計卌二字，連題款也只是五十字。當中逗作三個分句，說出了三層

抗戰初期周恩來戎裝照。

左：八路軍桂林辦事處舊址

模範的廣西玩

在此戰西南抗
戰的重心，今後
必為西南抗戰
的模範根據
地無說，

文菴先生

周恩來

廿七、十六、九、於

政治部副部長
周恩來氏題辭

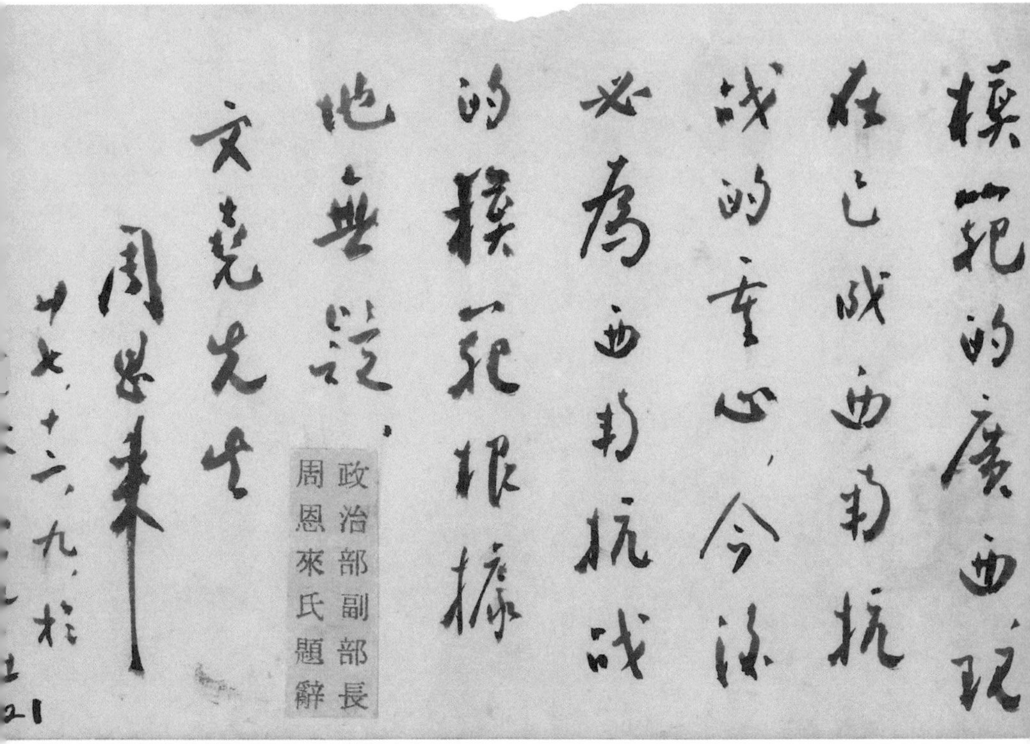

意思，就是環繞着桂林的過去——現在——未來而說話。

首說「模範的廣西」，是指十年來廣西的建設。因其時廣西已有「模範省」的稱譽。「模範」一詞是始見於一九三六年美國《紐約時報》遠東特約記者考察報導。其時廣西是政簡刑清，苞苴不行，廣受稱讚。

像胡適在《廣西的印象》文中也說：

「廣西給我的第二個印象是儉樸的風氣。一進了廣西境內，到處都是所謂『灰布化』。」「上至省主席總司令，下至中學生和普通士兵，一律都穿灰布制服。」「提倡儉樸，提倡土貨，都是積極救國的大事。」

按：胡適說的「灰布化」的土布，是指當時廣西大小官員以至庶民，都自奉儉素，是當時廣西的風氣時尚，也即是和諧建設的精神所在。所以，周恩來題辭首冠「模範」兩字，是對蔣桂戰後十年的廣西建設的肯定。本來，周是從延安過來的人，類此艱苦奮鬥的現象，該是司空見慣而知之稔矣的。然周仍襲用國統區對廣西慣用的稱呼以表達推崇。這可視作是周恩來儒雅親和和虛心的本性，他謹言慎行，就是不會有像列寧、魯迅那種崢嶸和挖苦的詞鋒。

接着的第二分句是：「現在已成為西南抗戰的重心」。

這話出自胸羅全局的說法，說出整個形勢。其時是一九三八年十一月，上海、廣州、武漢已相繼淪陷，抗戰已進入相持。桂林是能連通西南、華南

抗戰時期周恩來在桂林八路軍辦事處住過的房間

的樞紐城市。海外戰略物資，也只能由越南海防入口桂林，或者由香港進入桂林。桂林成了抗戰的生命線。地理因素令桂林變得重要，此外也有政治因素和人文因素。周恩來的題辭是一個時局判斷。

句末說，「今後必為西南抗戰的模範根據地無疑。」重提「模範」兩字，是鼓勵和祈望，其「必」字反映出題辭者的判斷和信心。這不僅僅是善頌善禱，也是政治家的高瞻遠矚。而考諸日後廣西的表現，也確實不負周恩來的所望。就在題辭後不久發生的「桂南會戰」、「重奪崑崙」就是證明。而且「桂南會戰」是沒有共產黨參與的戰事中，讓人看到一種周恩來式的統戰功能在起作用。在此，且插敘一說「桂南會戰」。

桂南會戰發生在一九三九年十一月八日，距周恩來的題辭未及一年，當時日軍集結十萬兵力，在欽州登陸，攻防城、欽縣，再越過十萬大山攻陷南寧、昆侖關。我方桂林行營主任白崇禧指揮反攻，而李濟深、陳誠為之協助督戰。使蔡廷鍇任東路軍總指揮，夏威為西路軍總指揮，徐庭瑤為北路軍總指揮，三路圍敵於邕江北部。十二月十八日拂曉開始三路夾擊，經四晝夜苦戰告捷，斃敵四千餘人，收復崑崙關。由於我方是仰攻，傷亡多達一萬四千餘人，此役可謂壯烈，也可謂慘勝。而衰頹的人心，因以鼓勵。

是役也，誠如周恩來題詞謂（桂林）必成為「西南抗戰的模範根據地」的預言。

桂林樂群社

周恩來題辭後面的題款是「文堯先生，周恩來。廿七，十二，九，於桂林樂群社。」

據知，這位受題人文堯先生就是樂群社的經理。然則樂群社又是怎樣的地方？

樂群社是三十年代初程思遠原創辦於廣西南寧，李宗仁、白崇禧、黃紹竑是該社正副理事長，而程思遠是李宗仁、白崇禧的機要秘書，兼樂群社總幹事。樂群社是酒店式的俱樂部。而桂林的樂群社建於一九三五年，是廣西政府高級招待所。中有住房、餐室、電影院、茶座、球場等。

據程思遠回憶，周恩來到桂林曾下榻於群樂社。程說：

「我是桂林樂群社的理事長，樂群社主樓三層是接待部。周恩來在一九三八年冬第一次到桂林時，也曾住過樂群社，他就是在那裏接見陳邇冬的。主樓左側有中西餐廳，右側是一小禮堂，原來專演話劇，後改為放陝西片的場所。特別是晚上的『草地會』，是桂林文化人會友品茗的好去處。」（見程思遠《我的回憶》頁一四二－一四三）

然而，現時的一些記載，都說周恩來三到桂林（解放前），均住在八路軍辦事處（桂林市的桂北路一三八號）。人們有懷疑，在樂群社這個新桂系的巢穴之地，怎會讓周恩來和他的秘書、機要人員、電台、警衛等會有所方便？何況周恩來更要接見地下人員。人們頗懷疑程思遠所云，質疑周恩來曾

創辦樂群社的程思遠

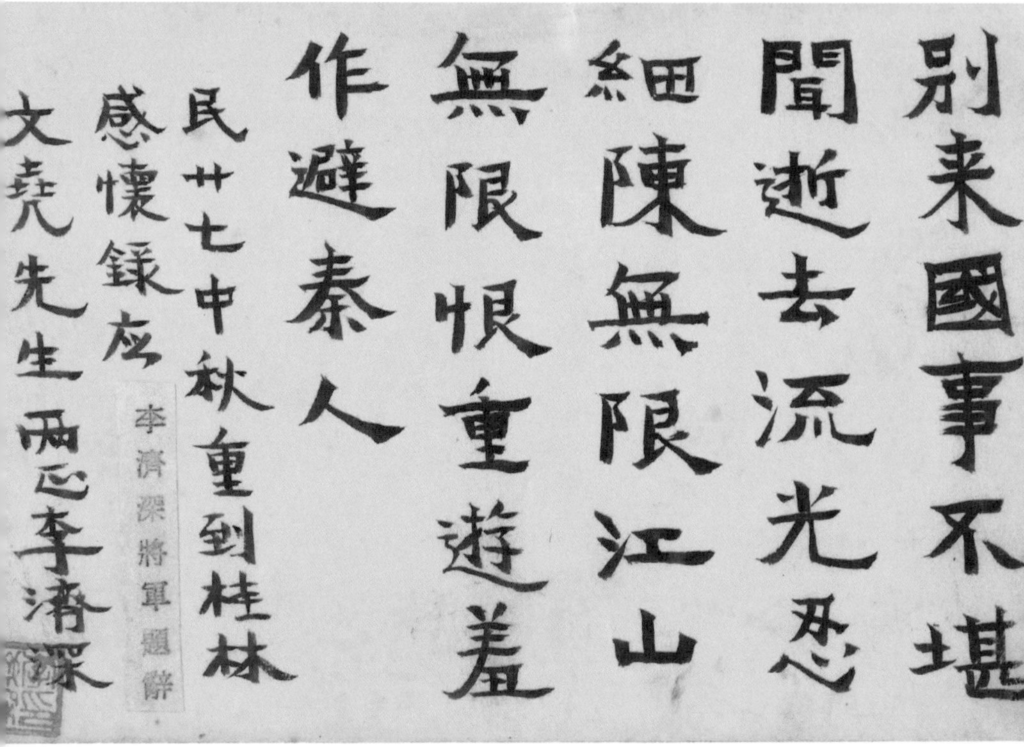
別来國事不堪
聞逝去流光忍
細陳無限江山
無限恨重遊羞
作避秦人
民卅七中秋重到桂林
感懷錄應
文堯先生兩正李濟深
李濟深將軍題辭

李濟深題辭

住過樂群社？

但冊頁為七十多年前的歷史提供佐證。要是周恩來不住群樂社，那群樂社的文堯經理何以能夤緣得到題辭？

而這次是周恩來初到桂林，查其行程第三天（十二月六日）是應蔣介石約，第五天出席國際反侵略運動大會。第六天，曾在樂群社為樂群社經理題冊。

翻過一頁，是李濟深的題辭云：

「別來國事不堪聞，逝去流光忍細陳。無限江山無限恨，重遊羞作避秦人。」

「羞作避秦人」，其意是要申明他所持的並不是遁世觀念。揆諸桂南會戰，先生與陳誠合力襄贊白崇禧，帷幄運籌，功在史冊，當然不是甚麼「避秦人」，他這話只是「避秦人士卻鉏秦」的另一種說法而已。也是以桃源反喻桂林山水之美。

周說桂林是「西南抗戰的模範根據地」那是純指抗戰軍事而言，而今李濟深的詩卻是從人文角度來說桂林。事實當時的桂林已有「文化城」的叫法，這且要解說一下。

在廣州失守之後，桂林已成為大後方之樞紐。從前桂林人口僅七萬，一九三八年底（即題冊之時）已激增至十二萬，這就使該城的救亡文化盛況空前，（至於香港淪陷，又有大批文化人士撤到桂林，人口達三十萬，那是

李濟深與陳銘樞（右）在淞滬抗戰陣亡將士追悼會並肩而坐

軍事委員會桂林辦公廳主任李濟深

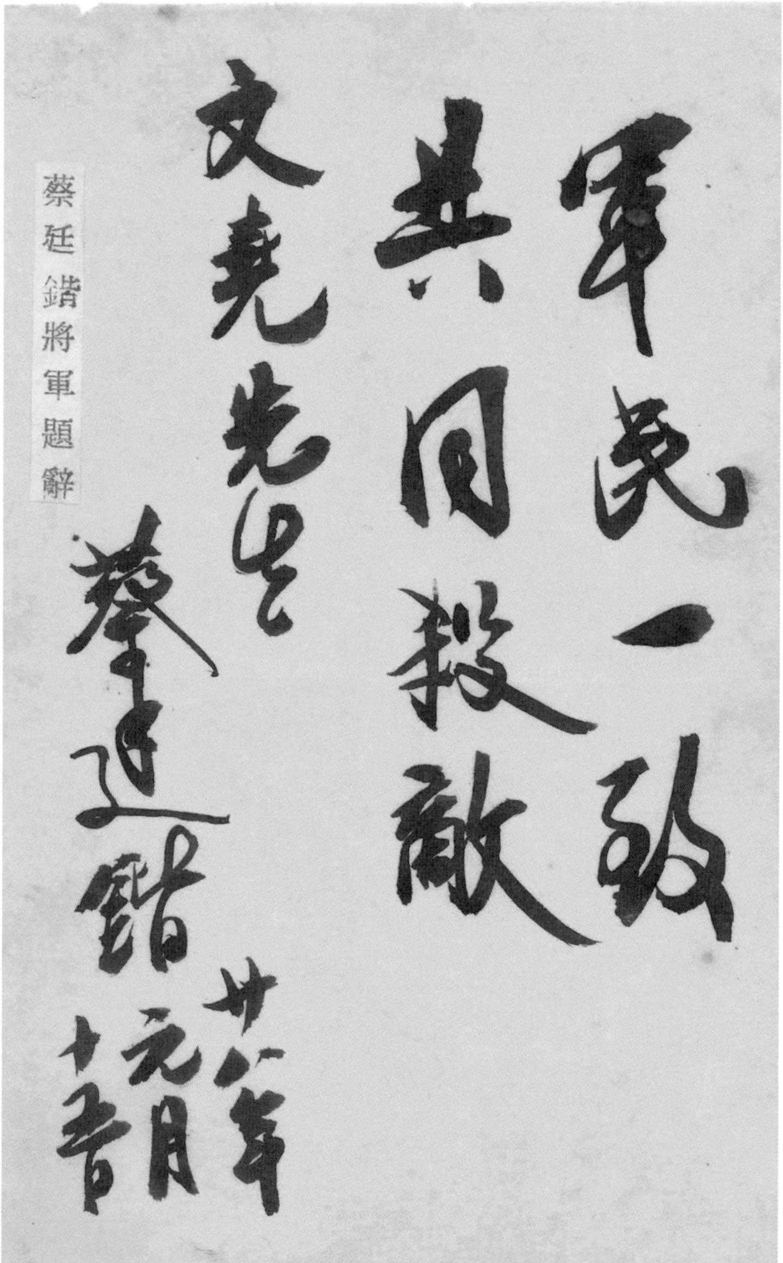
蔡廷鍇將軍題辭
軍民一致
共同殺敵
文堯先生
蔡廷鍇
廿八年
元月

後話。）桂林被稱「文化城」，這當中必有大力人士為之造就施為，而這些締造的袞袞諸公，當中就要數李濟深。

當時和逃難文化人聯繫的主要是李濟深、李任仁、陳邵先等元老人物。文化界有疑難總是找李濟深幫忙解決。像周恩來這次到桂林，李濟深就為周舉行了歡迎會。也與周同場出席「國際反侵略運動大會」並在會上講話。而周的統戰工作也是以李濟深為重點。李濟深甚至和何香凝一起領銜，為左派「文協」發起國旗籌金遊行，與柳亞子、田漢和一些地方知名人士走在隊前。李濟深在桂林確非「避秦」，而是在「狙秦」，他在運籌帷幄之餘，還和老百姓同呼吸。

接着一頁是蔡廷鍇將軍的題辭。這位百戰之身的將軍，在《題辭冊》上題「軍民一致共同殺敵」，雖然是「一致」「共同」微嫌重複，但將軍一語足見軍人本色。款署「廿八年元月十五日」。讓人緬想戎馬倥傯的將軍，其揮毫矢言殺敵，這是羊叔子般的裘帶雍容，當中就很有橫刀草檄、倚劍題詩的況味。

再又翻上一頁，那是黃琪翔將軍的題辭。

黃琪翔將軍（一八九八－一九七〇），廣東梅縣人。北伐任第四軍（「鐵軍」）軍長，他追隨鄧演達，後參加「閩變」，也參加「八一三」抗戰。一九四三年中國遠征軍建立，黃琪翔任副司令長官。一九四四年五月發動

蔡廷鍇

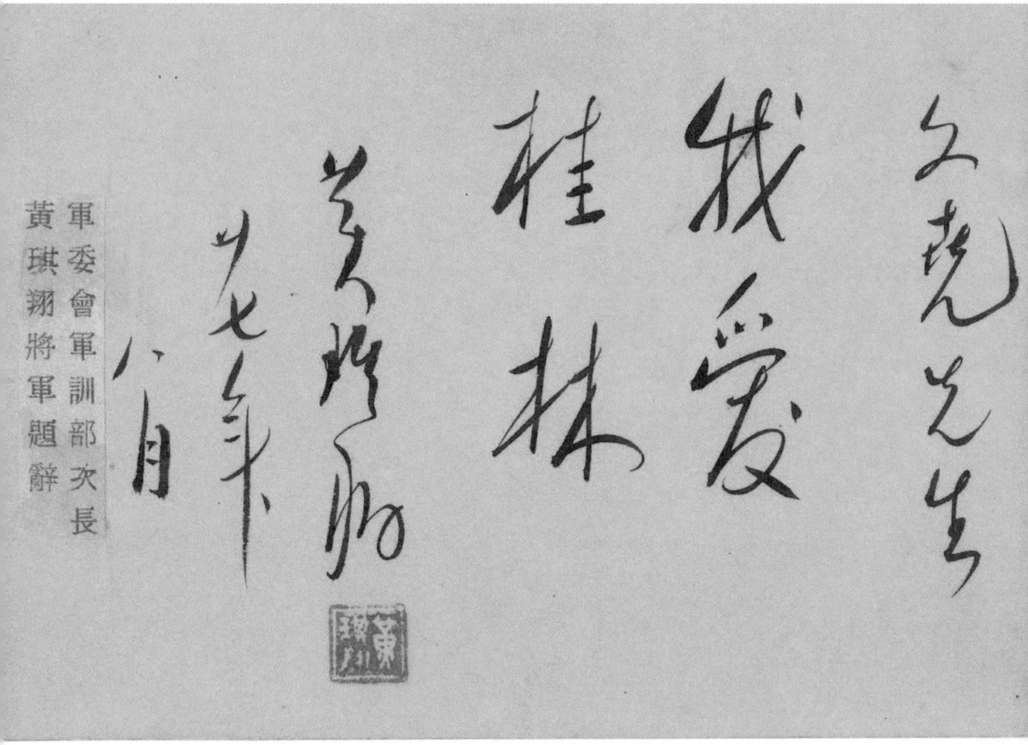

軍委會軍訓部次長
黃琪翔將軍題辭
文堯先生
我愛桂林
黃琪翔
廿七年八月

黃琪翔題辭

「滇西緬北戰役」，苦戰逾半年，殲日寇精兵五萬餘，收復失地兩萬四千平方公里。戰果震驚中外。後來榮獲「抗日戰爭勝利勳章」、中國最高的「青天白日勳章」以及美國最高的「自由勳章」。而戰爭結束，黃琪翔公開聲明：「從此退役，絕不參加內戰。」是真個解甲歸田。一九五七年被劃為右派，晚年躬逢文革，又飽受淩辱，天天被罰洗廁所，做苦役，要檢討、要請罪。終於侘傺以歿。讀宋人辛棄疾賀新涼詞：「將軍百戰身名裂，向河梁，回頭萬里，故人長絕！」彷彿為今日黃琪翔將軍作詠。

又再翻一頁，也是一位將軍題辭，那是陳銘樞將軍。題辭曰：

「歲歲南朝祀嶽神，石頑依舊寺容新。風雲絡繹移居者，莫道桃源可避秦。遊南嶽絕句之一。『認』誤寫『道』。文堯先生。陳銘樞。」

陳銘樞在軍中人稱「佛爺」，緣於一九二二年六月，陳曾離開粵軍第一師第四團，赴南京從歐陽竟無學佛。取法名「真如」（後來沿用）。題辭冊上的「石頑依舊寺容新」，淵淵見道心。所謂詩的大意是指「寺容」歷久翻新，那只是俗人的趨慕，其實並無功德可言，因為法性並不在此。而「石頑依舊」那倒是喻得法性的所在。以「寺容新」比對著「石依舊」，那就是現象和本質的比對，這就像法藏以鎮殿的金獅子為例，向武則天解喻：「獅子相虛，唯是真金。獅子不有，金體不無。」

此外，題辭冊的最後尚有張文元畫，畫題「駕長車踏破富士山缺」。也

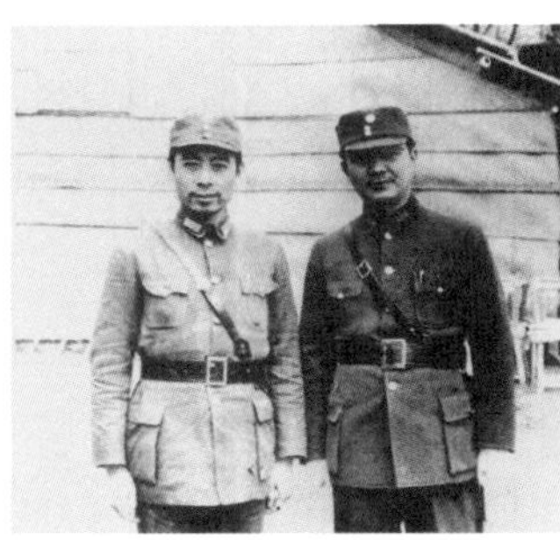

黃琪翔與周恩來，一九三七年

黃琪翔

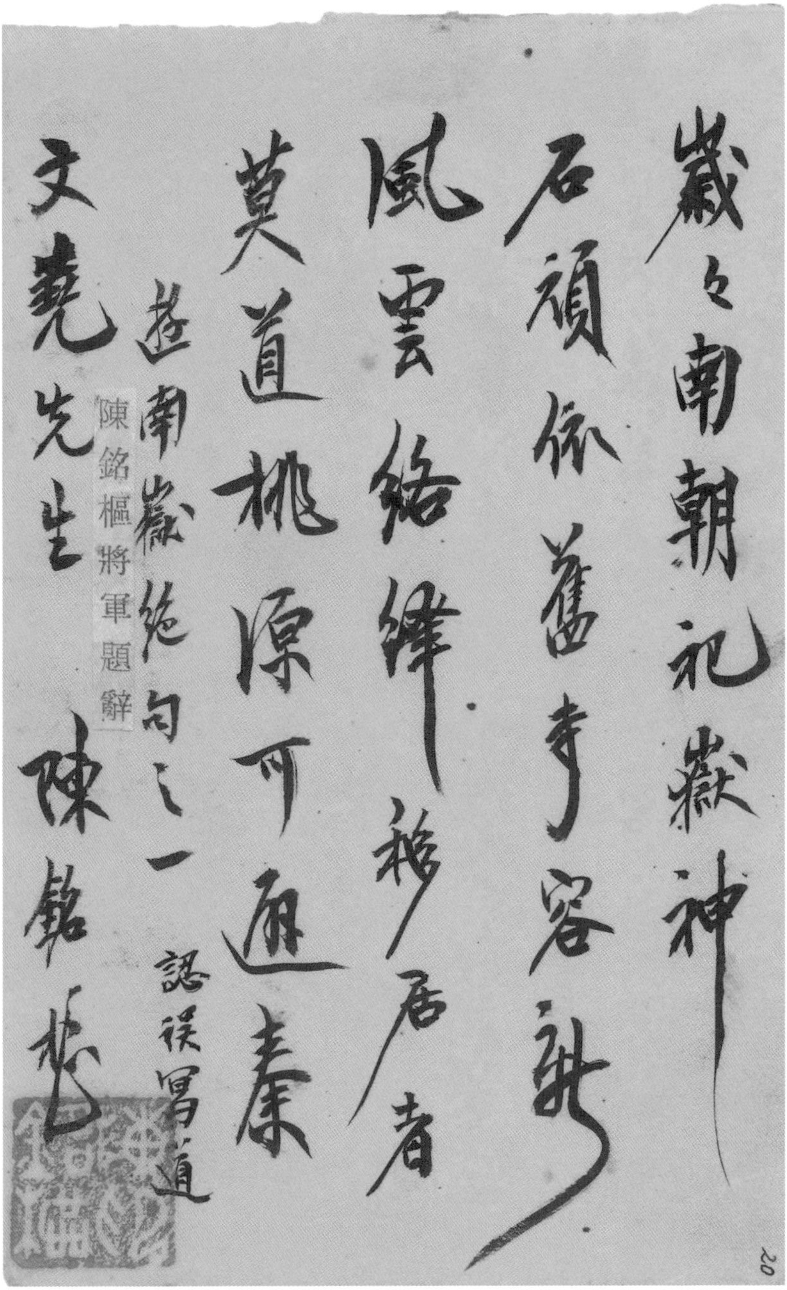
歲々南朝祀嶽神
石頭依舊寺容新
風雲絡繹移居者
莫道桃源可避秦
遊南嶽絕句之一　認誤寫道
文堯先生
陳銘樞
陳銘樞將軍題辭

陳銘樞題辭

有薩空了行書題辭：「貢獻力量於抗戰就是自救」，但以篇幅關係，在此不詳論列。而到此，《題辭冊》本身已可為我們引伸出問題。

首先，《題辭冊》可能是經過選擇性的汰留。因為冊主是「樂群社」經理，而「樂群社」實為桂系高層聚集的俱樂部，何以此《題辭冊》竟找不到一個真實的桂系人物題辭？說到此，也許旁人會用李濟深的題辭相質。李是廣西人，但不等於就是桂系。李和桂系人有淵源，深受桂系的尊重，長期桂系人士都以他馬首是瞻，但作為桂系重要人物的黃紹竑也公開說過，李任公不是桂系。其實李濟深一生功業都在於廣東，他以廣西人而能在粵軍中做事，當時也讓許多人驚訝。

說遠了，我只想從《題辭冊》上有桂系題辭與否，用以證明《題辭冊》是否因懼禍而有過汰留。

似乎《題辭冊》的汰留是把「福建人民政府」的重要官員題辭保存了下來。且讓歷史「倒帶」，在當日「閩變」大會上宣佈：李濟深是中華共和國人民革命政府的主席，也兼任最高法院和國衛局的主席。陳銘樞、蔡廷鍇、黃琪翔等十一人為國府委員。當日成立大會上，大會主席團主席就是黃琪翔。而上引的幾位重要人物，又恰是題辭冊上的題辭人。

湊巧吧？當年「閩變」的幾個主要人物的題辭都被留下來了。這事有趣，也有些苦澀。許多朋友見了這《題辭冊》都設想《題辭冊》主人在汰留

國共合作抗日時其雙方將領在漢口聚會。黃琪翔（左）與陳銘樞互搭膊頭，郭沫若居中，右手搭着張發奎，右端葉挺。一九三八年。

左：陳銘樞

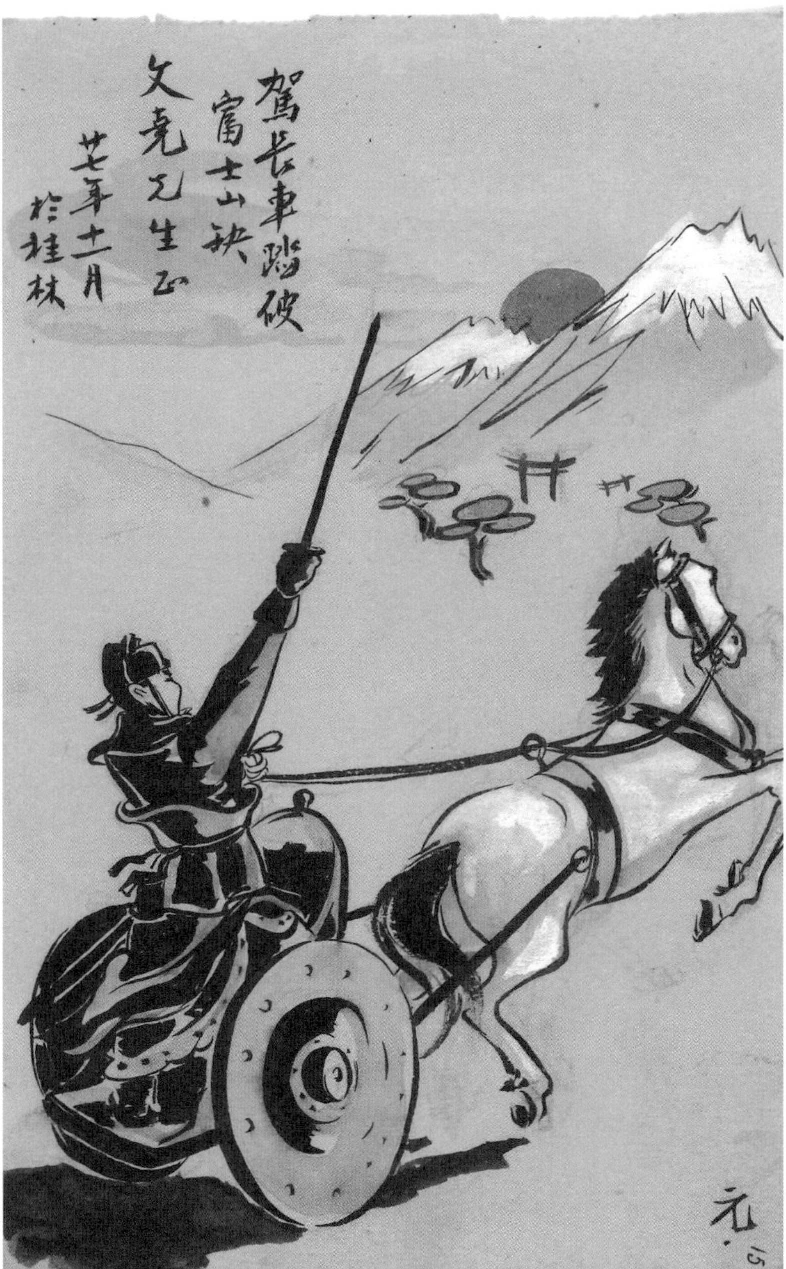

張文元畫「駕長車踏破富士山缺」

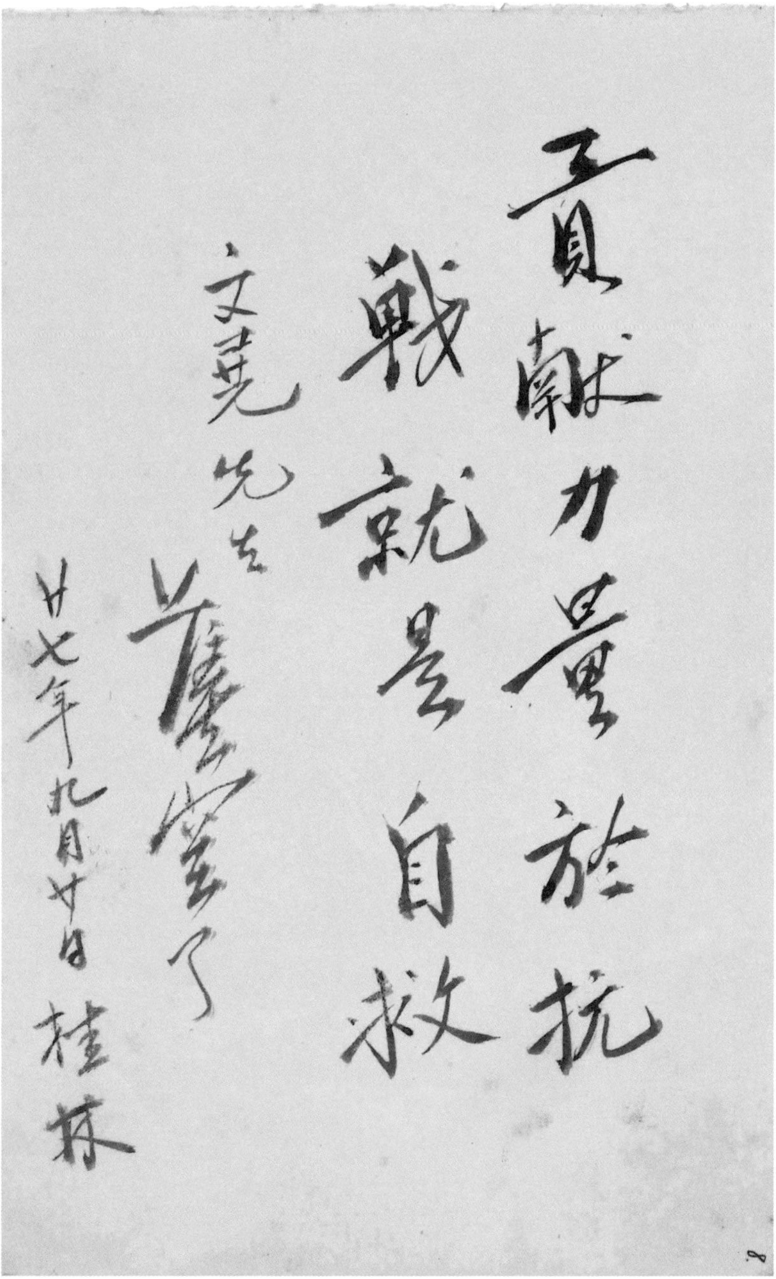
貢獻力量於抗
戰就是自救
文堯先生
薩空了
廿七年九月廿日 桂林

薩空了行書題辭

之間，可能對「閩變」有另一種的價值鍾愛。

其實，「閩變」是個尷尬的苦果，許些當事者後來回憶時都沒理直氣壯，都是乏勁。記得六十年代以理論和辯才見稱的胡秋原在和李敖筆戰時，李敖就揭胡秋原的「瘡疤」，說他曾是「閩變分子」。李敖說的是事實，胡秋原學問好，但急了，卻變成「好辯而不得已」的樣子，就是不能理直氣壯，而只能是招架之功。大概是臺灣在「戡亂」時期，「閩變」兩字仍有殺傷力。這殺傷力不是來自民間，因為「閩變」時臺灣人尚是日治，沒人懂呢！幸而臺灣警備司令部也不管這陳年老賬，胡秋原仍當他的立法委員。

可見，任何政治行動，總要有深厚的學說和實踐的證據作支持，否則難以「大聲疢惡」。這道理推置於蒐藏界亦然。

我曾見過當時十九路軍的參謀長黃強的回憶錄手稿（未出版），對於閩變有這樣的一段描述：

「成立人民政府，十九路軍全軍將士是莫明所以的。上層官長，我與戴孝悃（戴戟）反對最力。只是戴孝悃乃是本軍最高將領，明明表示反對此，可以搖動本軍的軍心。當局為彌縫計，引誘孝悃至福州，強任以人民政府委員，而我呢？解除參謀長後，迫令我住廈門就漳廈警備司令。到了人民政府成立後十日，有令凡在職軍人概要加入救國大聯盟，到了這時，我堅決表示反對。我才不肯盲從，乃免除警備司令調為廈門市市長……。」

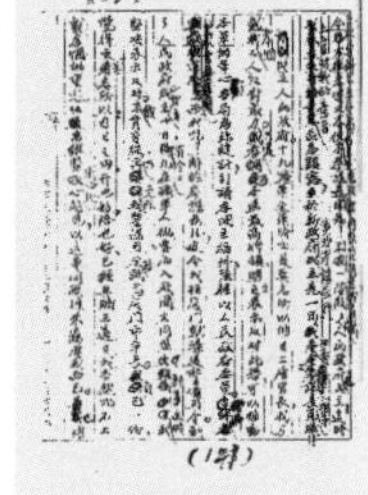

十九路軍參謀長黃強回憶錄手稿

可見，閩變的主事者的命令主義和神秘主義，不僅觀者會不以為然，連與事者也感到吃不消了。這位回憶稿的主人黃强，原是陳炯明秘書，後又成為十九路軍參謀長，對於「孫陳交惡」和「閩變」，都是他身世的遭逢，在回憶稿中，是有很多慨乎言之的説話。

對於中國共產黨而言，「閩變」也是一個尷尬的苦果。據《周恩來年譜》載，在事前和中共是有溝通的。年譜中就有一九三三年八月蔡廷鍇秘密派遣代表吳明（陳公培）到延平前線與紅軍聯絡的事。同年九月二十二日，周恩來也曾致電項英、彭德懷、滕代遠，建議派袁國平到福建西芹地區同吳明面談，以便瞭解蔣光鼐、蔡廷鍇的真實意圖。但直至「閩變」在一九三三年十一月二十日發生了，成立中華共和國人民革命政府，公開宣佈與蔣介石破裂。但王明的關門主義卻不予援手，反而在同年十二月五日中共的臨時中央發出《為福建事變告全國民眾書》，批評福建人民革命政府成立後，「並沒有任何真正反帝與反軍閥官僚豪紳地主的實際行動」，因此斷定「它不會同任何國民黨的反革命政府有甚麼區別」。更斷言「中間的道路是沒有的，一切想在革命與反革命中間找取第三條出路的分子，必然遭到慘酷的失敗，而變為反革命進攻革命的輔助工具」。

王明的關門主義，令「閩變」變得雪上加霜，也讓中共在這事情上失去道德高地。而最近一些資料也顯示出：共產國際也拒絕了由何香凝為十九路

「閩變」一九三三年十一月二十日

軍搭線的談判要求。

以上，說出「閩變」的內涵可議和難處頗多，「閩變」事件只能是喚起同情，而並非能普遍令人愉悅的話題，所以在藏家而言，以「閩變」為汰留對象的可能就相對地少了。

我想：如果不以「閩變」作為蒐藏的劃線，那倒可以以「反蔣」作劃線。事實上從周恩來、李濟深、蔡廷鍇、黃琪翔以至陳銘樞，都是旗幟鮮明地反蔣。但如果只是從理念上說這條「反蔣」的暗線，總不如從實踐中的人事脈絡上來加以說明。那就得出一個《題辭冊》上沒出現的人，但他和上述的每一個題辭人都可以說是氣類相感，理念相連。這個人就是鄧演達。

鄧演達（一八九五—一九三一）是廣東惠陽人，他籌辦黃埔軍校，參加討陳和北伐，北伐後以反蔣介石為職志、宣導中間路線、創立中國國民黨臨時行動委員會（中國農工民主黨前身），即「第三黨」。於一九三一年十一月廿九日遭密令槍殺於南京紫金山麓。

且先簡說鄧演達和冊上幾個題辭人的關係：

按：李濟深、鄧演達、陳銘樞、蔡廷鍇、黃琪翔都曾出粵軍第一師麾下。例外的是周恩來，周是由鄧演達在任職黃埔軍校期間，以邵元沖未克厥職，鄧曾多次要德國回來的軍校政治部副主任張申府推薦人材。張擬十人名單，為首是周恩來（周入共黨也是張介紹的）。鄧即委以重任。而李濟深是

鄧演達出席國民黨二屆三中全會與毛澤東（前右）惲代英（後左）彭澤民（前左）

一九二四年任黃埔軍校教練部主任，一九二六年任黃埔軍校副校長。與鄧在黃埔共事。一九二三年二月，孫中山下令整編粵軍，第一師擴建為第四軍，孫擢升鄧演達為旅長，他固辭，轉薦陳銘樞為旅長而自任團長，而蔡廷鍇與陳銘樞又是焦不離孟的老搭檔。黃琪翔是一九三〇年八月九日在上海法租界召開「中國國民黨臨時行動委員會」。與會有十個省的代表，包括黃琪翔、章伯鈞等三十餘人。會議由鄧演達主持，通過綱領，由鄧演達任中央幹部會總幹事。而黃終其一生都忠於鄧演達。

就這樣，鄧演達的人脈關係，將能為構成「反蔣」的理性長城，那就不止是《題辭冊》曾否汰留的追溯，而是要讓我們能從更高的歷史觀點去理解這冊頁的內涵。

（二〇一五年八月一日　鄧演達誕生雙甲子紀念日）

鄧演達

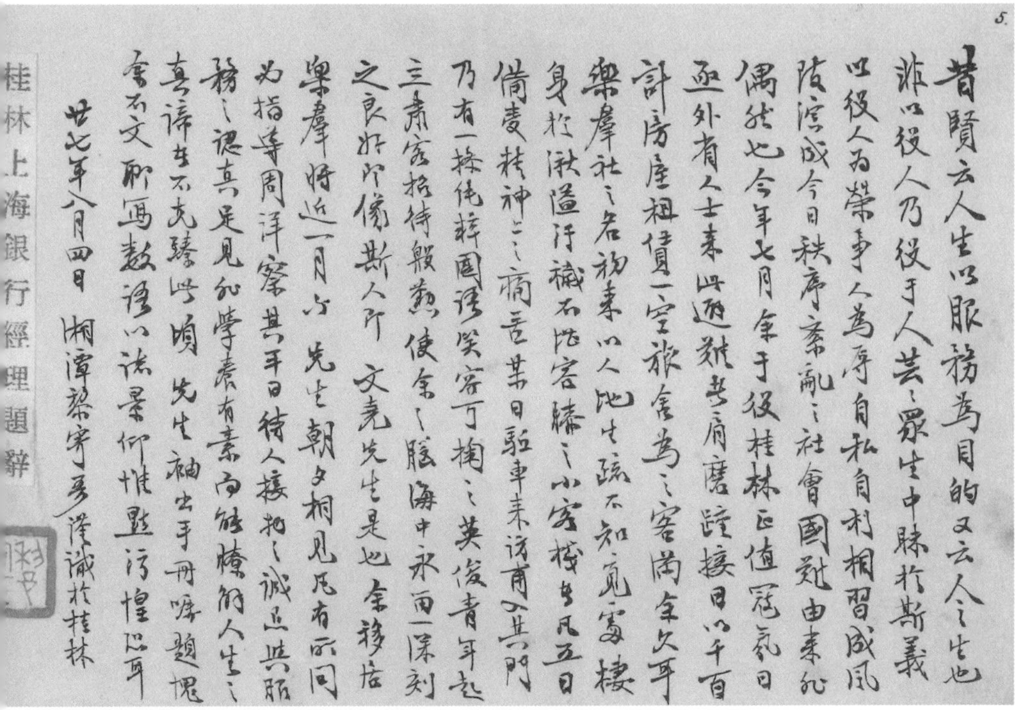

5.

昔賢云人生以服務為目的又云人之生也非以役人乃役于人芸芸眾生中昧於斯義以役人為榮事人為辱自私自利相習成風陵遲成今日秩序紊亂之社會國難由來非偶然也今年七月余于役桂林正值寇氛日亟外省人士來此避難者肩摩踵接日以千百計房屋租賃一室旅舍為之客滿余久耳樂羣社之名初來以人地生疏不知覓寓棲身於湫隘汙穢不堪容膝之小客棧者凡五日備受精神上之痛苦某日驅車來訪甫入其門乃有一操純粹國語笑容可掬之英俊青年起立肅客招待殷勤使余之腦海中永留一深刻之良好印像斯人即 文堯先生是也余移居樂羣將近一月與 先生朝夕相見凡有所問必指導周詳察其平日待人接物之誠與其服務之認真足見所學養有素而能體驗人生之真諦者不克臻此頃 先生袖出手冊囑題愧無文聊寫數語以誌景仰惟覽汗惶恐耳

廿七年八月四日 湘潭黎寄吾謹識於桂林

桂林上海銀行經理題辭

黎寄吾行書題辭

倖存的「抗戰壁報」及與事者

這張「壁報」，題為「大家看報」，是民國廿七年（一九三八年）十月五日第二十七期，由「第八集團軍——戰地服務隊」編製。先要說明這「第八集團軍——戰地服務隊」是何種團體。

「第八集團軍」全稱「國民革命軍第八集團軍」，建於一九三七年八月中，首任總司令為張發奎。一九三八年初該集團軍轉為軍事委員會直轄兵團，而該集團軍的「戰地服務隊」，則是國共合作產物，是張發奎駐浦東時，請郭沫若幫忙籌建的政工隊伍。郭受張委托，並得周恩來指示，遂會同上海中共黨組劉曉、潘漢年、錢亦石、夏衍等，動員組織一批文化界人士和熱血青年，到第八集團軍總司令部建立「戰地服務隊」，首任隊長是周恩來推薦的錢亦石，時維一九三七年九月廿五日。「戰地服務隊」的宗旨是「動員戰區民眾，實行軍民聯合抗戰」，而任務在於「宣傳調查，溝通軍民意志」。（見杜國庠《憶錢隊長亦石》）

楊治明參加戰地服務隊戎裝照，一九三八年

左：國民政府軍事委員會委員長蔣中正任命張發奎為第八集團軍總司令

國民革命軍第八集團軍首任總司令張發奎

錢亦石是早年共產黨員（一九二四年四月由董必武、陳潭秋介紹入黨），其所率之文化人包括杜國庠、何家槐、林默涵、左洪濤、柳倩、劉田夫、孫慎、唐瑜、沈振黃、楊應彬、鄭黎亞、沈丹風、郭弼昌、楊治明等等。整隊人大都是共產黨員，有不少更是剛從國民黨監獄中釋放的。一九三七年十月十二日，據周恩來指示，中共在「戰地服務隊」建立特別支部，書記是左洪濤，直屬長江局領導。在「同仇禦侮」的大時代中，這是國民黨部隊中唯一由共產黨領導的宣傳隊。這「戰地服務隊」隨第八集團軍沿浙、贛、粵、桂進發，從事抗日宣傳。

張發奎並非黃埔出身，不是老蔣嫡系，他明知「戰地服務隊」的班底是共產黨。張在回憶錄中說，錢亦石曾「坦誠告訴我，他是共產黨員」，而且聲明：「在戰地服務隊我將主要聘用共產黨員」。錢還問張「是否害怕使用中共黨員」。張「清楚地告訴他，我不怕。」更說：「我不在乎，我們現在共赴國難。」

現存的這張「壁報」就是由「戰地服務隊」三位隊員在湖北陽新編製。由郭弼昌與楊治明合力手寫，插畫則為隊中美術股的沈振黃所作。也是說：在這文盲居多的窮鄉僻壤，以粗劣的白報紙，手寫筆劃，製作出一份「壁報」，而與事者三位，都是共產黨人。

我珍視這一文物。

戰地服務隊隊長錢亦石

第八集團軍戰地服務隊參加淞滬會戰後在江山休整，前左五張發奎，左七代隊長杜國庠，中左五第一任支部書記左洪濤，後左五第二任支部書記劉田夫，後左三楊應彬。

首先，在意義上它是國共合作同仇禦侮的時代見證。我常閒中靜對，想像那戰火紛披殺伐有聲的年代。更何況，「壁報」背後牽繫的人和事，都足令人為之感喟、唏噓！

「壁報」能在數十年的戰火紛飛中倖存下來，是件大大難事。試問，普天之下，能有多少經過戰火洗禮而巋然倖存的「政治壁報」？更何況是「文化名人」所手寫的！別看那紙敗色頹，這當中會感受到一股「時窮節乃見」的凜然之氣。

無獨有偶，錢化佛也是「壁報」藏家，鄭逸梅在《藝林散葉》（第一一〇九則）曾說到他：

「抗戰時，上海淪為孤島，凡敵偽所出告示，錢化佛都一一揭取，揭取必於昏夜，防人發覺也。先以水濕潤，然後以輕捷之手法為之，尤以雨夜為宜。直至抗戰勝利，先後具有系統，共一百數十幅，悉歸公家保存。當時其冒險行徑，並家人不之知，蓋知則必加阻攔，不能達其目的矣。」

上述引文，說明揭存「壁報」之難，但我這「壁報」卻是很「陽光」和「正面」的，和錢氏並無二致。

據該壁報的主編楊治明先生回憶：

「新牆報張貼時，我們便把舊牆報揭下，珍惜得很。本文刊出的一張，就是難得的戰地珍品！」

戰地服務隊代隊長杜國庠

事隔四十多年後，楊先生將此「難得的戰地珍品」壁報圖像刊諸書上，筆者雖與楊治明先生稔熟，曾在他指導下共過事，卻從未探問過他對此「珍品」的「珍惜」，達到何種的程度？

直到十多年前，楊治明先生在九龍商務印書館作個人書畫展，當時全場矚目的是這楊公編製的「壁報」，惟這展品屬非賣品，觀眾欲購無從。只有我仗着是楊公的「舊部」，幾度大膽相求，纔承蒙楊公割愛。佛家言有「愛別離苦」，我從楊先生的表情上看到了！

從此，這「壁報」進駐寒齋。閒中開篋檢讀，為之神往。

楊先生說過，「新牆報張貼時，我們便把舊牆報揭下」，「揭下」之後，卻並非由楊先生收藏，楊在其所著《雜誌．畫報編輯與設計》（南粵出版社一九八六年七月版）上回憶說：「本書珍貴史料『大家看報』承北京沈丹風、郭以實見寄，重見四十多年前的戰地壁報，得見郭弼昌的字跡、沈振黃兄的戰地漫畫，他們都已犧牲在戰爭年代，空留遺作感後人了！」

提及的郭弼昌，生平資料極少，在《特支十年》末章「中共特支成員簡況表」有謂：「郭弼昌：男，一九三八年六月參加戰地服務隊，後任張發奎長官部的連指導員、附員，一九四〇年夏撤出。一九三九年在戰地服務隊入黨，一九四五年病故。」

楊治明的憶述，說明「壁報」原是沈丹風收藏「壁報」在沈丹風手上再

楊治明在九龍商務印書館書畫展與筆者合影，二〇〇四年

大家看報

27

廿七年十月五日

第八集團軍戰地服務隊編

◎軍民合作◎

各位父老兄弟姊妹：殺人放火的日本鬼子快要打到我們的頭上来了！

我們是中國人，住的是中國土，能不能讓日本鬼子隨便佔去呢？不能！我們的姊妹兄弟能不能讓日本鬼子隨便姦淫殺死呢？不能！我們生在這里，長在這里，誰要搶去一尺半寸土地，我們就跟他拚！

大家起来想辦法吧，保衛自己，保衛國家！

軍隊是幫老百姓打仗的，是為我們拚命的，我們應該幫助他們，應該同他們合作，燒茶水，挑担子，領路，挖戰壕……都是我們出力幫忙的方法，我們盡力的做去，然後打勝仗才有辦法，大家才有好日子過。

注意清潔 保重身体

天氣還很熱，蚊子多得很，
蒼蠅到處飛，實在不衛生，
飛到食物上，吃了就生病，
牛屎和狗糞，氣味臭薰薰，
看到不乾淨，聞了要頭暈，
不管男和女，身体最要緊，
若要不生病，就得講衛生，
渣滓莫亂倒，房屋掃乾淨，
莫吃冷東西，不要蒼蠅停，
處處講清潔，永久不害病。

躲飛機的方法

日本飛機太可惡，專門炸我老百姓，
房子被他燒個光，家人炸死更可憐，
大家要學躲避法，以後性命保得穩，
第一當心白衣服，飛機來時就收進，
第二莫要隨便跑，尋找地方快躲隱，
第三忌諱指頭看，說話不可太大聲，
飛機炸彈丟下時，睡倒地下不出聲，
人人照着這樣做，鬼子炸彈等於零。

軍民合作歌

我們都是中國人，不分軍隊老百姓，
人民幫助軍隊，軍隊愛護人民，
相親相愛，萬眾一心，
我們軍民合作，打倒強盜小日本，
我們抗戰到底，趕走強盜享太平。

“放小腳”

我說姑娘你那大姑娘太愚蠢，腳板本是天生就，何必包得像顆針？走路不方便，做事也不行，包得像個[illegible]樓子，出門不好見客人，再說時代已趕新，哪個男兒漢還要你尖尖腳兒小伶仃？！更何況鬼子快要打到大門口，男女都要去當兵？大姑娘唯大姑娘，勸你趕快把腳放，勸你趕快打東洋！

老百姓吳昇厚愛國的新聞

鬼子佔了我們的地方，總要吃虧的，不信且往下看，山西河津縣有個農民叫吳昇厚，被鬼子拉去叫他回來當漢奸，探聽我軍消息，吳昇厚假裝答應，立刻跑到我軍陣地，報告長官，并且說道：我不當亡國奴，我帶你們去殺日本鬼子，軍隊便跟着他去，結果殺死很多日本鬼子，吳昇厚自己也去丟了一顆手溜彈，炸死兩個鬼子哩！這事被別處的鬼子們曉得了，因此懷恨在心，便到處找尋吳昇厚的家庭，可憐後来他家中八口都被鬼子捉到，一個個慘死在這群野獸的刀下了！

同胞們！你們忍受得下這種悽慘嗎？

我們要聯合起來為這許多冤枉死去的同胞復仇，打走不講人道的日本兵！

請識字的人
唸給不識字的人聽，
講給不識字的人聽。

「大家看報」民國廿七年十月五日，第八集團軍戰地服務隊編

轉贈給楊治明，這在一九八六年楊著的《雜誌·畫報編輯與設計》中首作披露，開始讓人知道有《大家看報》壁報的存在。其後，楊先生再公開展出，「壁報」為全場矚目，而壁報當中插畫「抗日軍人休息站」又成了矚目點中之最。後來，嘉興黨史辦公室編《沈振黃》一書，復將該《抗日軍人休息站》圖放大轉載。近年，寒齋又將原件遠借武漢參展，這後續的一切，都是濫觴於此。

且回說插圖作者沈振黃烈士。

在《大家看報》壁報上的插圖名「抗日軍人休息站」，畫的是兩位受傷軍人受老百姓的熱愛，題中所稱「抗日軍人」，是有意籠統地涵蓋指稱國共雙方的抗日軍人。沈振黃在其流星一耀的人生，留下的遺墨，就只有這「抗日軍人休息站」。此所以在八十年代末中共嘉興市委黨史辦公室編集《沈振黃》一書時，曾作概嘆：「遺憾的是，由於三、四十年代的歷史環境所致，沈振黃大批宣傳抗日的漫畫及一些著作等沒有能很好保存下來，無法徵集編輯進這一本小冊子。」

從畫風而言，沈振黃很受豐子愷的影響。沈振黃死後，在重慶的追悼會上豐子愷是副主祭，似乎兩人的關係不止於私淑，可能亦師亦友吧？可惜這推想暫無證明。

以下概述其生平大略：

戰地服務隊在湖北宋埠至浠水途中的小鎮貼標語，一九三八年十一月十三日。左：沈振黃《戰地服務隊一週紀念畫冊》描繪隊員寫標語：「打倒日本強盜」。

沈振黃（一九一二—一九四四）原名沈耀中，乳名粹官（他的畫作有署一「粹」字），浙江嘉興人。

其父親沈辛嘉曾赴日本習軍事，入同盟會，參加辛亥革命。抗戰間拒當漢奸被打至殘。他生三女三男，振黃為長子，二子耀華，一九三八年赴延安抗日軍政大學學習，後為新四軍四師彭雪楓之司令部作戰參謀，一九四四年犧牲，時二十七歲。（據二〇〇五年九月十四日沈丹風致楊治明函）

沈振黃原在上海中法工學院專攻機械專業，九一八事變即離校參加抗日救國宣傳工作。曾為開明書店《中學生》雜誌畫封面得獎，因探索木刻版畫之道而與魯迅通信結緣。（見《魯迅書信》一九三四年十月二十四日）魯迅逝世時，沈振黃趕去上海萬國殯儀館哀悼，並拍攝魯迅遺容和出殯照片，刊諸上海報刊。

一九三七年十二月經夏衍介紹，參加第八集團軍戰地服務隊，任美術股股長。次年開赴武漢，繼往廣東惠陽，一九四〇年抵廣西柳州。所到之處沈振黃爬梯在牆壁上畫抗日漫畫。一九三九年秋，在廣東曲江入黨，屬南方局領導的特支成員。一九四四年六月，田漢、邵荃麟在桂林成立文抗隊，沈振黃亦是其中一員。

一九四四年十一月，負責護送文化界人士疏散轉移。十一月二十五日，日軍逼近柳州，沈振黃和兩位戰友護送妻兒等人員最後撤離。當時車已滿

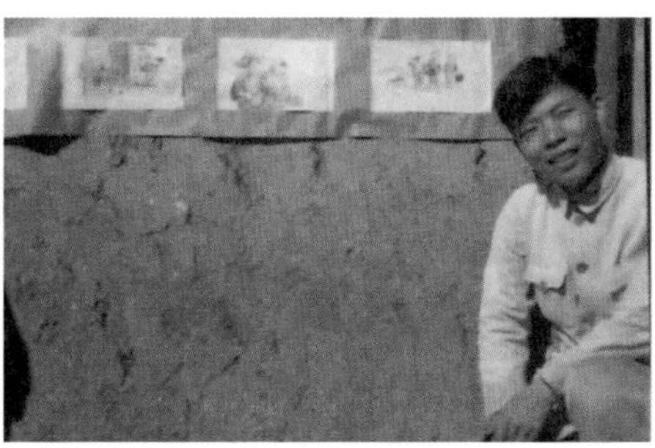

楊治明貼牆報，一九三八年

員，半路有老婦要求上車，沈讓出座位，自己爬上車頂。但當汽車急馳拐彎時，沈從車頂摔下斃命。時年三十有二。其遺體由演劇隊田漢等友好運到獨山薄葬在公路邊。夫人朱曼琪哀慟而致早產。

一九四五年四月一日九時，重慶文化界人士在夫子池忠義堂舉辦追悼會，柳亞子、沈鈞儒、茅盾、郭沫若、夏衍、金仲華、范壽康、豐子愷等二百餘人參加。沈鈞儒主祭，復題輓聯：「小己生命輕一擲，服務精神足千秋。」郭沫若在開追悼會前題輓聯：「民主前途欲明還暗，我兄高義雖死猶生。」其後《新華日報》刊登宋雲彬、夏衍、王亞平、徐遲、馬蹄疾、孫源等悼念文章。

一九五〇年，中共中央華東局追封沈振黃為革命烈士。

好友對他的記憶都是正面的。只是時人描述英雄，總是有太多相同的詞語和一樣的臉譜，我較喜歡一些人性化的評說。以下選錄兩則評語。

夏衍在《悼振黃》說：

「他的死，在旁人看來是壯烈，是太可慘。可是在他，也許並不覺得這樣吧。因為，從他參加社會活動以來，在人生的旅途中，他也是一直地『把自己的座位讓給別人』，而甘心情願地自己爬在既不舒服而又危險的車頂上的。」

「在許許多多激昂慷慨的人群中，他沒有給我不平常的印象。抗戰開始，他要我把他介紹給錢亦石先生領導的戰地服務隊，他的態度是平靜到一點點『慷慨

沈振黃烈士

從軍』的痕跡都沒有的。」

徐遲的回憶是：

「我記得他滿面陰雲，說話聲音也低沉：『我還是回香港去，他們在香港過得好舒服，我不說物質生活，我說精神生活上，讓我回香港去吧？』這時我聽到他妹妹數了他一頓，『你這是逃兵的行為！』」「他的妹妹卻猛烈地打擊他，辛辣地奚落他，無情地批判他，『你不要我們X戰區政工隊了嗎？還有你看，他，你好意思離開他，一個人逃向香港去。』這樣相持了很久，我們上路了，他跟着，忽然他的動搖了的心情又堅定了。」（徐遲《為紀念沈振黃而寫》一九四四年十二月）

在此，徐遲所說的「妹妹」該是上文所說的沈丹風，亦即是以「壁報」寄贈楊治明的人。她當時也參加了戰地服務隊（後來改稱「第四戰區政工隊」），她活到八十八歲，本文的一些資料就是得自她和楊治明的通信。

（二〇一五年五月十三日）

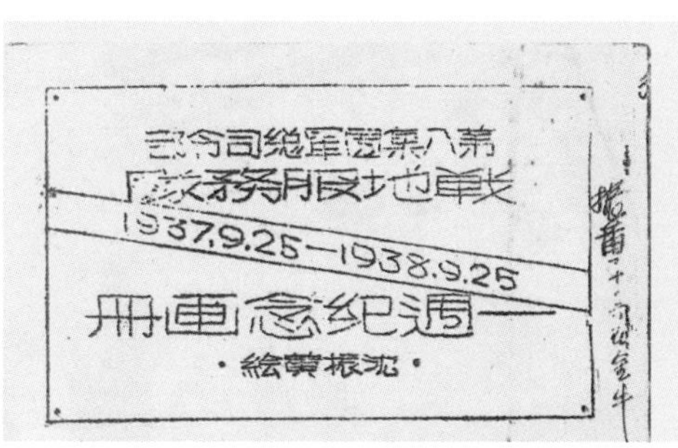

沈振黃繪《第八集團軍總司令部戰地服務隊一週紀念畫冊》

上：「大家看報」中的「抗日軍人休息站」
下：沈振黃《戰地服務隊一週紀念畫冊》描繪「軍民休息站」。

懷古凜英風

——東縱「五人照」故事

前言

我在《舊日風雲》二集《記香江潛龍潘靜安》一文中，提及一九四一年十二月日軍侵佔香港時，大批因黨爭而走避香港的文化人，成了日軍誘降和拘捕的對象。為此，當時中共中央曾向南方工委指示，令地下黨和游擊隊必須盡一切力量保護該等人士安全撤離香港。即是在敵人眼皮下開展了一場「大搶救」。

拙文末尾曾轉引一張東江縱隊「五人照」圖片，圖片中人物的說明沿襲舊說，依次是：「黃作梅、劉黑仔、曾生（司令）、林展、尹林平（政委）」。

沒想到的是，月前收到香港地方志辦公室劉蜀永先生微信云：「許先生：劉黑仔生前從未留下過照片。合照中說有他是誤傳。已有人考證過。」

克爾中尉於一九四四年三月十八日在土洋村後面的山坡前為東江縱隊戰士拍照。左起：黃作梅、周伯明、曾生、林展、饒彰風。

另外，北京活字文化李學軍女士也轉傳來讀者的信息云：「……照片介紹五位人物有兩位名字有誤，其中劉黑仔實為周伯明，尹林平實為饒彰風。本人是東縱港九獨立大隊老戰士後人。謝謝！」

事關重大，我趕緊翻查資料，比較研究，特撰本文再作説明，用作對劉蜀永先生及李學軍女士的匡正的接受和回謝。只是本文的釋説人物不限圖中正確的五人，而是把誤入的兩人也一併敘説，即是七人了。

理由是：幾年來的誤認和誤傳，令「誤讀」已成了「集體記憶」，特別是劉黑仔這國難英雄，其事蹟、其形象已深入人心。劉黑仔之所以沒有圖片存世，自有特殊原因和安全考慮。而他被「誤認」而入圖，正是出於後人對他的懷念和崇敬。古語云：「念茲在茲」，所以有「鑄金範石」的紀念行為。而目前「誤認」行為的本身，又何嘗不是精神上的一次「鑄金範石」？

所以，解説「五人照」，還得補上另兩位曾被誤認的英雄。這才更完美。他們都是國難英雄，無論李戴張冠，抑是張冠李戴，都是同一頁的東縱英雄譜。就像黃花岡上黨人碑，也有名姓不可考的。（可考的只七十二位）。天安門前英雄紀念碑不具姓名，但意義更濃重，更凝聚了。鑒於此，自可對着「五人照」作七人評説。這已是集體記憶。

美國飛行員是「五人照」的拍攝者

這誤讀的「五人照」是由一個美國飛行員拍攝的。而拍攝的一三五相機又是東江縱隊的司令員曾生的。先說這飛行員的故事。

一九四四年二月十一日清晨，駐桂林機場的美國十四航空隊中美空軍混合團，奉命以十二架B–25轟炸機，由二十架P–40戰鬥機護航，飛往香港九龍啟德機場進行轟炸，在香港上空與日機激戰，其間美國航空隊一級中尉唐納德·克爾（Donald W. Kerr 1914–1977）的P–40戰鷹被側擊，油箱起火，克爾跳傘逃生，降落在機場北面新界觀音山。日軍搜索圍捕，而克爾幸為游擊隊小鬼李石發現，協助藏匿。令日軍花了過千兵力，「梳篦式」、「鐵壁合圍」、「穿梭掃蕩」等都徒勞無功。而東縱更為牽制日軍，令其停止搜索而撤回市區，於是來了一招「圍魏救趙」。由劉黑仔率短槍隊夜襲啟德機場，又爆破窩打老道亞皆老街四號鐵路橋，讓九龍市區大亂。終於護送克爾穿越封鎖線，安全轉移到坪山土洋村東縱司令部，再由曾生安排護送到桂林基地。克爾脱險後給東江縱隊的感謝信，曾刊登在一九四四年六月十一日東縱楊奇編的《前進報》第六十二期第五版。這一期還刊有採訪稿，克爾讚揚劉黑仔為「神勇的同志」，稱「黑仔是我再生的爸爸」。克爾更寫日記，記錄由一九四四年二月十一日至三月九日的驚險。

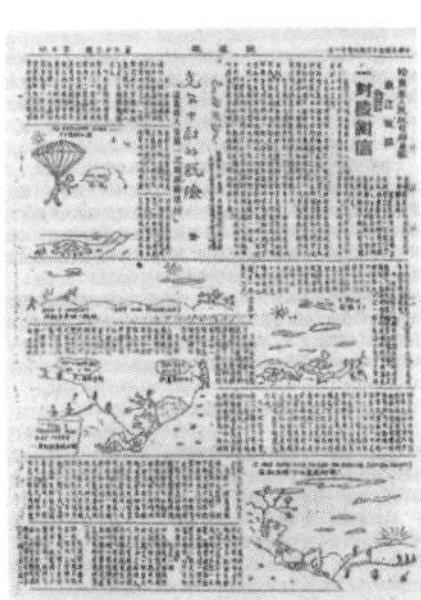

《前進報》第六十二期（一九四四年六月十一日）刊登營救克爾中尉脱險的消息和克爾致東縱謝函、自繪脱險經過漫畫等

克爾日記之外，還有給妻子的家信。在三月十八日給妻子維達的信中，提到在東縱司令部見到曾生和一部相機的事。

克爾說：「前面提到的將軍來了，我們談了很久，並一起用餐。他帶來一個女翻譯和一個廚子。他在那兒吃的時候，食物也豐富多了——又有香蕉、很多雞、木瓜和菠蘿。他是個看上去年輕的傢伙、說話風趣而又周到。他告訴了我許多關於中國和中國人的事兒。一些令人驚奇的事兒，還有當地戰況的有趣故事。他給了我許多要交給不同人的信件，還給了我一份他手下繪製的精美地圖，展示出我曾經在這周圍的旅程。他帶來一部非常好的照相機——我希望上午稍後的時間，我可以拍一些照片。啊呀，如果需要，他們甚麼都可以造得出來。」

克爾中尉

信中提到的將軍是曾生司令員，女翻譯是林展，而廚子是饒彰風。大概是饒的廚藝高，所以被克爾戲稱廚子。

要緊的是曾生給克爾帶來一部一三五照相機。克爾中尉參軍前曾當過攝影師，他得到相機，如俠士得寶刀，當天在葵涌鎮土洋村東江縱隊司令部附近，拍攝了多張照片。記錄了當年東縱活動的影像，當中就包括這張「五人照」。

誤讀的經過

「五人照」就是用東縱司令曾生的相機，由美國空軍中尉克爾拍攝出來的。數十年後由克爾的兒子戴維在整理父親遺物時發現。而照片到了中國之後不久，「誤讀」開始。

據《羊城晚報》記者稱，「二〇〇九年清明節前夕，克爾之子戴維、笛克兄弟遵照父親遺囑攜妻到大鵬拜祭劉黑仔，事後到北京會見劉黑仔的弟弟劉錦才（現名劉才，東縱老戰士，已離休，現居北京），索取劉黑仔生前相片，未果。」

又云：「戴維回國後整理父親克爾的遺物，於二〇一一年十一月底將整理出來的一些照片寄給曾任東江縱隊政委的尹林平的女兒尹小平，照片隨後在東縱老戰士中傳閱，後輾轉傳到劉才手中。」

東縱老戰士們希望能從當年克爾拍攝的照片中，尋覓出劉黑仔的影像。但是，「由於年代久遠，許多老同志都難以清楚回憶起劉黑仔的樣子，包括劉黑仔的弟弟劉才。」

結果有人認為這張五人照中第二人疑似劉黑仔。「據劉才說，第一個認出劉黑仔的人是黃作材（照片中左起第一人黃作梅的弟弟，黃作梅和黃作材均是東縱老戰士，黃作材現居香港），後經劉才等人仔細辨認，確認照片中左起第二人為劉黑仔。」（《抗日英雄劉黑仔照片現身疑為護送美國飛行員時所拍》，《羊城晚報》二〇一二年二月十四日）疑似劉黑仔照片被發現，傳媒廣為報導。

此外更有陳敬堂《香港抗戰英雄譜》（香港中華書局二〇一四年版）也有

關於這張照片的解說：

「二〇一三年初，港九大隊老戰士黃作材送給我數張克爾中尉拍攝的照片，……其中一張內有他的兄長黃作梅等五個人的照片，已經分辨出從左起第一位是他兄長，第二位是劉黑仔，然後是曾生、林展和尹林平。雖然曾與劉黑仔相處幾個月的黃作材認出照片中位左數第二位就是劉黑仔，但是，有些看過這張照片的老戰士說不是劉黑仔，是周伯明。由於尚健在知情的老戰士最小年過八十五，視力衰退，很難確認照片人物，有些人根本未見過劉黑仔本人，所以看過照片的人雖然很多，但有權威下結論的卻很少！

幸而，各人聯絡到住在北京劉黑仔（劉錦進）的親弟劉錦才，及住在大鵬的劉黑仔同鄉和老鄰居羅育燦，他兩人確認照片當中左數第二人就是劉黑仔。」

（頁一四一—一四二）

紛紜眾說，就是此圖被誤讀的開始。

關於「五人照」的澄清

約莫二〇〇九年，克爾中尉的次子戴維帶來了其父親的蒙難日記，委託東縱後代翻譯出版，以資紀念。東縱後代先請香港科技大學李海明翻譯（蛇口韓邦凱改譯），並組織團隊，花了六年多時間，整理註釋（這些註釋，其重要性不下於日記本文），由東縱政委尹林平的千金尹素明（東江縱隊歷史研究會會長）總其成。二〇一五年六月，由香港科技大學華南研究中心出版。書名為《克爾日記——香港淪陷時期東江縱隊營救美軍飛行員紀實》。其頁九十五、頁二八四都刊用此照，其說明文字為：「克爾中尉於一九四四年三月十八日在土洋村後面的山坡前為東江縱隊戰士拍照（從左至右，依次為黃作梅、周伯明、曾生、林展、饒彰風）」。

圖片說明中以左五尹林平更易為饒彰風，左二劉黑仔更易為周伯明。而頁一三六劉黑仔的註釋說：「遺憾的是至今都未找到一張他的照片。」該書編者亦即否定左二位置是劉黑仔的舊說。主持該書的尹林平女兒尹素明，否認右立者為尹林平，而確認是饒彰風了。

圖中諸人簡述

黃作梅

先從左面第一位黃作梅說起。克爾日記中提到的Raymond Wong，就是黃作梅。黃作梅一九一六年二月十三日生於香港新界上水，有九兄弟姐妹。皇仁書院畢業後，先後在政府物料管理處和皇家海軍船塢任職。一九三六年參加「怒潮」讀書會，搞抗日活動，因而被港英逮捕，獲釋後繼續組織讀書

黃作梅一九四四年

會、「中華聖教總會歌咏班」，教唱抗日歌曲。香港淪陷前，黃被選為香港華人文員協會主席。一九四一年入黨（介紹人譚庭楝、梁益勤、洪熾榮）。香港淪陷後參加東縱，任港九大隊國際工作小組組長。直接參與營救國際友人和盟軍戰俘。一九四四年十月東縱與駐華美軍司令部合作，成立情報部聯絡處，黃任聯絡員兼翻譯。戰後獲英皇授MBE勳章。一九四九年八月任香港新華分社社長。一九五五年四月十一日，黃作梅奉派參加萬隆會議，所乘克什米爾公主號飛機為國民黨特工安放的定時炸彈爆破，全機僅三人生還，黃作梅犧牲。據生還者透露，飛機墮燬前，黃作梅等幾位還忙於燒毀機密文件，臨危不懼。

被誤為劉黑仔的周伯明

左邊第二人，被誤認為是劉黑仔，其實是周伯明。周很低調，知道他名字的人不多，名聲遠不如劉黑仔響亮。周伯明（一九一八－一九九八），原名周益郎，廣東大埔縣三河鎮江城村人。一九三六年十月在北平入黨。歷任中共南方工作委員會幹事，中共香港市委宣傳部長、組織部長。東江縱隊創始人之一（一九三八年惠寶人民抗日游擊總隊成立，曾生擔任隊長，周任政委）。克爾說的劉黑仔上司「頭號」（指東縱港九大隊大隊長蔡國樑）是周的老部下，是周介紹蔡入黨的。（黃雲鵬《高尚風範 無限敬仰》）。

周伯明的面型瘦削，該與劉黑仔相似，才會被誤認。周與劉面型相似之外，還更有一似，就都是槍法準，被稱神槍手。不同的是劉用駁殼短槍，周用的是長槍。歐初曾講他與周伯明一起戰鬥，親見周「手持步槍，施展百步穿楊的神技，彈不虛發，連斃數敵。」（見《留得聲名萬古香——紀念周伯明同志逝世一週年》）。而周的老部下邵國良也寫有《指揮員 神槍手》，文中也講及三次見周使用步槍，射擊精準的情況。

周不純粹是神槍手，還是善於指揮作戰的領導。歐初評價周伯明這位老戰友是「多謀善斷」和具有「堅強的戰鬥意志」。「他在東江、珠江兩個游擊戰場上作出多方面的決定性貢獻，人們稱讚他不僅立了功，而且建了殊勳，確實是非常恰當的。」

這張照片，相信周伯明本人生前未曾見到，因為他死後老戰友們給他編的《懷念周伯明同志》一書，收入不少照片，但沒有這張。

曾生（司令）

克爾在給妻子信中提到的將軍是東縱司令員曾生。曾生（一九一〇－一九九五），原名振聲，客家人（歸善坪山石灰陂）。父親是澳大利亞華僑曾庭杰，母親鍾玉珍是客家農村婦女，樸實而開明。曾生幼時曾在坪山和香港讀小學（超然學校）。一九二三年秋赴悉尼與父團聚，五年後返穗，

周伯明一九四九年

一九三三年七月入讀中山大學文學院教育系，時參加讀書會，復任中山大學平民夜校校長，致力學生抗日救亡運動。一九三六年一月被國民黨通緝，遂遁往香港，從事海員工人運動，九月回廣州中山大學復學，十月加入中共（廣州市工委書記王均予介紹）。旋任中共香港海員工委組織部長。一九三七年七月中山大學畢業，翌月移居香港，並在九龍彌敦道南京街創辦海華學校（自任校長），以之為基地，培養大批抗日骨幹，開展抗日救亡活動。

一九三八年十二月二日，在惠陽周田村成立惠寶人民抗日游擊總隊，任總隊長。一九三九年五月，惠寶人民抗日游擊總隊改稱第四戰區第三游擊縱隊新編大隊，任大隊長。一九四一年十二月，組織港九人民抗日游擊隊，任總隊長。兩年後，廣東人民抗日游擊隊東江縱隊成立，任司令員。曾生領導的東縱，打擊日、偽軍一千四百餘次，殲敵六千餘人，俘虜三千五百餘人，為抗戰作出貢獻。

文革間（一九六七年農曆新年前夕），曾生在廣州越秀賓館召開的市委會議中被秘密逮捕並押解北京，中央專案三辦「曾生專案組」三年之間審了問了三百多次，企圖將東縱與盟軍合作建立情報站的往事，用來證明曾生是帝國主義的特務，幸得周恩來幫忙，一九七四年七月十六日出獄。

曾生一九四四年

林展

左四林展（一九二〇-二〇〇三），廣東新會人。父親林景英（捷三）黃埔二期出身，參加北伐，因健康不佳退役，到香港教書。母親郭藝文在九龍城打鼓嶺道家中辦私塾。

林展生於香港，在庇理羅士女子中學畢業，後在聖心學校任體育教師。一九三九年入虹虹合唱團，參加抗日活動，一九四一年年七月入黨參軍。林展精通中英日三種語言，是東縱港九獨立大隊國際工作小組主要成員，負責情報和翻譯。「林展利用教會的關係與香港的牧師取得聯絡，將教會發展到匯豐銀行及香港輔政司，一直聯絡到赤柱英軍監獄裏面去。」「我們還幫助英軍服務團建立電台，建立情報網，互相支援。」（陳達明《港九大隊概況》，刊《回顧港九大隊》頁五）拍攝此照片時的林展是東縱司令部政治部敵工科科長兼統戰工作翻譯。勝利後入北平軍調執行部第八（廣州）執行小組擔任中共首席代表方方的談判翻譯。解放後任葉劍英英文秘書。

林展一九四四年

饒彰風

左五饒彰風（一九一三-一九七〇）原名饒高評，化名嚴蒲特。廣東省大埔縣人，一九一三年五月廿五日生。一九三六年八月入黨（張直心介紹）後，奉派香港到「全國救國會華南區總部」任秘書，實為中共南方臨時工作委員會秘書。攝此照片時，饒為東江縱隊司令部秘書長，是曾生、尹林平的得力助手。

勝利後赴香港，出任東江縱隊香港辦事處主任，香港新華通訊社社長，香港《華商報》復刊負責人，在華商報的工作重點是協助方方、尹林平、連貫搞統戰。一九四八年，饒奉周恩來令，親自組織安排在香港的民主黨派領袖和社會賢達，如李濟深、沈鈞儒、蔡廷鍇、郭沫若、章伯鈞、柳亞子、馬寅初等近千人，分二十次秘密北上，以配合中共籌建新政協，為新中國開國大業「埋班」。同時，饒彰風還領導「兩航起義」、「靈甫」號、「重慶」號軍艦起義、招商局起義……等一系列重大事件。對中共貢獻殊深。

解放後饒彰風在廣東仍然主管統戰工作。饒彰風的人品、操守、才學、能力、經驗，允稱一流，是中共的忠誠骨幹。但在反右整風和反地方主義運動中被貶斥，到了文革更遭滅頂之災。

饒彰風，一九四四年

被誤認入圖的尹林平

尹林平（一九〇八—一九八四）原名尹先嵩，曾用名尹利東、林平。江西省興國縣人。貧農出身（父親尹成玉，母親楊琳秀）。一九二七年參加赤衛隊，一九三〇年參加紅軍，一九三一年入黨。是廈門臨時工委書記。抗戰奉調廣東，任中共中央南方工作委員會委員兼軍事部長。一九三八年廣州淪陷後，任東江特委書記，與曾生建立游擊隊抗日。一九四一年底香港淪陷，尹林平指揮游擊隊，保護文化人撤往大後方。同時籌建港九游擊大隊，打擊日偽，破壞日軍將香港作為支持太平洋戰爭後勤基地的部署。勝利後，為東縱北撤山東事，出力甚大。解放戰爭時期，他是中共中央香港分局副書記（方方任書記），廣東區黨委書記，粵贛湘邊區縱隊成立，他兼司令員和政治委員。解放後任中南軍政委員、廣東軍區副政委、交通廳長等，主要任務築路，建立全省公路主要幹線，成績超卓。五十年代初由軍職轉民政，一九五五年出任中共中央華南分局常委兼廣東省副省長。先後主管過組織、交通、農業、公安。文革倒霉，一九六七年四月被捕監禁，迄一九七三年底出獄。四人幫倒臺後復出，任廣東省委書記、省政協主席，主管統戰工作，平反大批冤假錯案，深得民心。

被誤認入圖的劉黑仔

「五人照」焦點是劉黑仔。黑仔本名劉錦進，一九一九年生於廣東省寶安縣大鵬鎮東北村，父是海員，後來務農。生子女五人，劉錦進居中，因黝黑，得「黑仔」綽號。他一九三九年上半年入黨，從事地下工作，同年底參加曾生領導的東江縱隊，為港九獨立大隊短槍隊隊長。黑仔喜用「鮑魚嘜」廿響快掣駁殼，槍法特準，有「神槍手」之譽，日軍曾重金懸賞緝捕。

這位抗日英雄，生前從未留下過照片，據云是「經東江縱隊批準不用留影的隊員。」（東江縱隊粵贛湘邊縱隊研究會蔡偉強語。《羊城晚報》二〇一二年二月十四日）

抗戰勝利翌年，國共重慶談判，其中有東縱北撤山東煙台的協定。但國民黨軍隊仍時有襲擊東縱部隊。劉黑仔的短槍隊隨東縱指揮部留在南雄、始興等地戰鬥，牽制敵人。但敵人設計，誘劉黑仔帶領十多人去南雄和江西交界的界址圩，調解一件民事糾紛，因而中伏，被國民黨粵北南雄縣大隊襲擊，先是短槍隊政委蘇光當場犧牲，劉黑仔戰鬥至下午二時左右，大腿中彈昏迷，雖被搶救，但當時醫療條件差，傷口感染破傷風菌，第三天上午抬往指揮部途中犧牲。時為一九四六年五月初。遺體就地埋葬，是江西省全南縣正合鄉鶴子坑村，迄一九八七年三月遷葬大鵬。

尹林平一九四七年

有勞想像

劉黑仔廿七歲犧牲，而且不留身後影，我們只能在故國山川和舊戰場中，「懷古凜英風」去想像他的風采了。幸而克爾中尉日記中有幾處描寫，為我們保留了可信的形象。

克爾中尉是在一九四四年二月十九日夜間，由東縱小鬼交通員帶到一間長型的中國式屋子，在盡頭一間小房，初次見到劉黑仔。他在日記中這樣描述：

「一個皮膚黝黑、正咧嘴而笑的瘦弱青年。……叫『黑仔』的隊長不會講英語，就叫詹伙生（詹雲飛一九二四－二〇一〇）當他的翻譯。我不怎樣理會這個極瘦、但很熱情的傢伙。他年約十八歲，穿著一身黑衣，蓄著長黑髮，一張臉非常黝黑。他態度傲慢又愛自誇，總是在引人注意，我不由得檢視他全副軍備——一把上等的、塗過油的槍，一枚日製手榴彈、一條日本軍官腰帶、一枝英國製自來水筆，還有我先前給潤田的防水火柴盒。嗯，有些東西肯定是兜過圈子才轉到這兒的。翻譯解釋說『黑仔』是個綽號，意思是『Black Boy』，並且說他是個勇敢的青年，走到那裏都受人敬仰。嘿，依我來看，雖然他用的是銀色煙嘴和象牙筷子，也不算是個怎樣的角色。」（頁六十二）

三月上旬克爾中尉與東縱英文翻譯譚天（佛朗西斯Francis，原名譚思勉，一九一六－一九八五）又提到劉黑仔。

「……嗯，跟我說說黑仔這個人吧？——他是做甚麼的？甚麼使他那麼精力充沛呢？」

「黑仔？他呀真是我們的一員猛將！大家都叫他黑仔，連日本人也這麼叫他，因為他行動迅速，沒有人看得見。很多次他進城去，拿敵人的東西。他掏槍的速度那叫一個快，跟在美國電影看到的一樣！你見過他那支上等的槍吧！是從一個日本的高級軍官那兒奪來的。射擊嘛——他能擊中飛行中的鳥雀。有一次，他正在城裏朋友家的一間小房裏，然後有很多日本兵從四面八方來了。帶頭的人破門而入，黑仔便射！射！射！一邊還能跑，回到家竟毫髮不傷，從不害怕。誰要是拿下黑仔，日軍有重賞。」

「真是條漢子——他確實對我也很好呢。他患了挺嚴重的瘧疾，是嗎？」

「是非常嚴重，非常厲害啊，有時他會抱病幾天。很多次從外面回來都染上瘧疾。在這裏，我們很多人都患瘧疾，沒甚麼辦法啊。」

「肯定棘手、沒有金雞納霜之類的——我曾想把我帶的這些銀翼勛章送給黑仔，當作禮品，可他不肯接受。」

這位克爾中尉很懂文字刻劃，劉黑仔的形象給描寫得活靈活現。

試讀：「一個皮膚黝黑、正咧嘴而笑的瘦弱青年。」

又：「我不怎樣理會這個極瘦、但很熱情的傢伙。他年約十八歲，穿著一身黑衣，蓄著長黑髮，一張臉非常黝黑。他態度傲慢又愛自誇，總是在引人注意，」

這段讀來很像《史記》「游俠列傳」中所說的郭解，「狀貌不及中人，言語不足採者。然天下無賢與不肖，知與不知，皆慕其聲，言俠者皆引以為名。」事實上，劉黑仔是很具俠氣的人，他輕生死，重然諾，不求名，能急人所急，這都是俠氣的表現。但他比古代的俠士更多出一種「紀律性」。

東縱營救了克爾中尉之後，也陸續拯救盟軍飛行員。克爾回到桂林空軍基地後，曾向陳納德將軍報告他遇險和被救的經歷。這促成了在華美軍司令部和東縱的合作。據知戰時由東縱向駐華美軍司令部提供許多高質量的情報，黃作梅就曾在《我們與美國的合作》（刊《華商報》一九四六年三月廿八日）一文，詳列其中二十筆細目。試舉其中一事。

一九四五年三月九日，美海軍甘茲上尉一行到達東江，請求東縱協助在日軍控制的海域探測水深，意在尋覓「東方的『諾曼第灘頭』」登陸。後來因為東縱提供了突然消失的日軍精銳「波雷部隊」的動向，盟軍才改變計劃。

原來日軍偵知盟軍準備在中國東南沿海登陸，大本營命其精銳部隊「波雷兵團」秘密趕往華南沿海布防。南下行程關閉電台，晝伏夜行，所以美軍無法偵知此兵團所在和動向。東縱情報人員為探此情報花了大氣力，也犧牲了隊員（如情報組長鄭重），終於偵知波雷兵團已到惠陽淡水，正修築工事迎戰。

盟軍因為東縱提供了這些準確的情報，立即修訂戰略，改為直接進攻日本本土。這個策略影響極大，它改變了第二次世界大戰亞太地區戰局的結束方式和結束時間。

又再說一事：

國共重慶談判時，國民黨否認廣東有中共的武裝部隊存在，周恩來則電令東縱政委尹林平秘密飛赴重慶，召開記者招待會，介紹了東縱抗日的成績、盟軍對東縱情報工作的嘉獎，和盟軍飛行員克爾等的感謝信，終令國民黨承認廣東有中共武裝部隊（東江縱隊）的存在。因之，才有東縱北撤山東煙台的協定。可見，東縱英雄的所為，息息關乎抗戰的總體。

（二〇一七年八月十五日）

關於《沈崇自白》

沈峻

前兩天，上海《東方早報》石劍峰發來沈峻噩耗（二〇一四年十二月十六日沈峻在北京病逝），不勝驚悼。

沈峻是丁聰的夫人，被尊為「家長」，一干友好都以「家長」稱之。她是六十八年前「沈崇事件」的主角，解放後改名「沈峻」，此後，她從不承認其為沈崇真身。所以數十年來，沈崇的下落眾説紛紜。即使至交，都不敢開口作問。聞廣東有資深名記者曾想追問沈崇一案情況，最終也是無法開口，鎩羽而歸。

但「無言」，卻會引起更多的猜論。

這些評論總體認為「沈崇事件」是共黨策劃的一起陰謀，是以美人計色誘美國大兵而製造的反美反國民黨政府的運動。甚至抗戰名將孫元良將軍也是信口雌黃，公開稱此案為共黨美人計。

即使謠言不止於智者，但沈女士就是不闢謠，數十年來，就是「失語」。

筆者因有收藏癖好，數年前有緣覓得「沈崇事件」文獻，有沈崇以受害人身份親筆記錄案發經過之自白，暨北京大學致該案代表律師趙鳳喈之函件等文獻。為此，筆者很想找當事人沈崇，當面問個明白。

兩年前的初夏，筆者托沈峻閨蜜董秀玉（前北京三聯書店老總）相約，邀得「家長」餐聚。席間她將此一事件和盤托出，此一濛濛要案，立時如撥開雲霧般清晰透天，因得以撰述《沈崇自白》一文，竣稿後並呈請「家長」審定。此文「家長」本不同意發表，後來通過董總（董秀玉）奉上網絡上不盡不實的文字，「家長」說，她不管了，那就由董總看着辦，後來「家長」又訂正拙文幾處。董總覆筆者：「我想此稿是可發了」。於是另一位也是姓董的老總董橋兄安排在二〇一二年八月十二日《蘋果日報》發表。嗣後林道群兄輯集拙文若干，編為《舊日風雲》一書出版，《沈崇自白》亦有收載入集。

石劍峰先生發來短訊要求轉載拙文《沈崇自白》，並承告以內地網絡上早已上傳。網絡上曾有人對這篇文字批評，謂筆者「有立場」。而我卻想回應這說話的人：正因你持有立場，纔會看見人家的一切都是立場。但，像廿年前那種不論事實，卻要先問姓資還是姓社？那時代思維已經過去了。

（二〇一四年十二月廿二日）

《知堂回想錄》的故事

周作人

羅孚說過，「《知堂回想錄》是周作人一生中最後的一部著作」。此書由完稿到連載再到出版，中間頗多波折，後來終得在港出版，其間羅孚及曹聚仁都居功至偉。但羅孚卻謙讓以為功屬曹氏，說：「周作人晚年的一些著譯能在香港發表、出書，都是曹聚仁之功。曹聚仁一九五七年第一次到北京進行采訪工作，訪問了周作人，表示可以通過他，把周作人的文章拿到香港發表。這以後，周作人就開始寄稿給他，由他向一些報刊推薦。」

羅孚還指出：《知堂回想錄》是曹聚仁建議的。「有一次曹聚仁談起他這個想法」，羅孚認為「這是個好主意，可以在香港《新晚報》的副刊上連載。」於是曹聚仁寫信給周作人。羅更提到：「在周作人看來，這是《新晚報》向他拉稿，儘管也可以這樣說，但說得準確些，拉稿的其實是曹聚仁，因為立意和寫信的都是他。」（見羅孚《回想〈知堂回想錄〉》）

曹、羅都是慧眼的伯樂。世有伯樂，然後有千里馬。曹聚仁和周作人是舊交，世人所共知，且不說了，羅孚是五十年代隨朱省齋陪訪周作人，始與周作人有一面之雅。但羅氏對周作人的傾慕，早產生於少年時。他喜歡周氏兄弟的文章和書法，曾自稱是「雙崇拜」。

有了伯樂，也有了千里馬，但還要有時勢。可惜，時勢乖合，往往令人無奈。

《知堂回想錄》一書是由一九六〇年十二月開筆，直至一九六二年十一月脱稿，再到《新晚報》刊登時，已是一九六四年的八月了。羅孚後來說：「是我還有顧慮，怕回憶錄的文章是陽春白雪，不為一般讀者接受；另一個原因是想周氏對敵偽時期的歷史是如何措辭。是後來見周氏能闕而不談，這才釋然於心。」

即使是如此惴惴然的小心謹慎，但《回想錄》在連載一個月之後，仍給腰斬了。羅孚的交代只是：「我是奉命行事。」有放話：「這個時候還去大登周作人的作品，這是為甚麼？」那只得腰斬，是別無選擇了。

內情局外人難盡悉，只知曹聚仁信中曾安慰周作人：「聚仁因為和京中最高層有往來，還可以做得主，所以要把這件事弄完成來。聚仁也和先生一樣，走『老莊』的路子，假使沒有把握，決不亂揁木梢的。可奈這兩年身體太差了，不能回京看看，也不能出遠門。有些話，等我當面說給您吧！」

（一九六五年十二月八日）

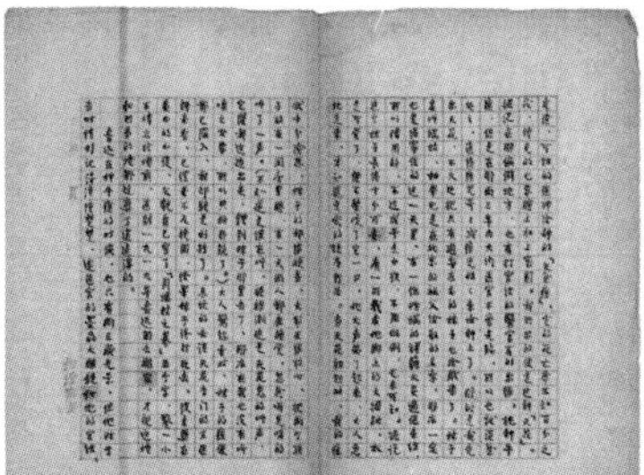

《知堂回想錄》手稿

其實，曹聚仁是以虛言誑老者，此時的曹氏已是「不能回京」了。事緣曹氏所編《現代中國劇曲影藝集成》，因不肯銷毀書中二三十年代藍蘋在滬、寧影劇界活動資料，因而犯諱。周恩來要保護曹，乃警誡他非得北京許可，不要回國。（見曹藝《現代東方一但丁——陪伴先兄南行記事》）

形勢令知堂老人無奈，曹聚仁也為羅孚解釋「腰斬」之事，說：「對羅兄不要錯怪，因為他也只能執行京中的政策，不能自己作主的。」更說：「他（羅孚）是黨員，我並不是，我是同路人。」並叮囑：「我這封信，先生看明白了就算了，不必和別人談及。」（一九六六年十一月廿五日）

其實，《知堂回想錄》被腰斬之後，羅孚仍未放棄，初擬轉在一九六六年羅參與創辦的《海光文藝》上擇要刊載，但文革風暴波及香港，《海光文藝》也夭折了。更遺憾的是，未幾，知堂老人也在折磨中死去。

後來，經曹聚仁說項，《知堂回想錄》得在新加坡《南洋商報》副刊《商餘》上發表，於是連載九個月，那已是知堂老人逝去的第二個年頭了。

曹氏又安排《南洋商報》將稿酬直接匯至三育圖書文具公司，用以解決該書的排版及印刷費用，乃令該書能在一九七〇年五月出版。曹氏在回想錄的「校讀小記」中坦言：「這部《知堂回想錄》，先後碰到了種種挫折，終於和世人相見了。此稿付印時，知堂老人尚在人世，而今老人逝世已三年餘，能夠印行問世，我也可慰故人於地下了。」

曹聚仁大病後，六十年代

其實，此時的曹聚仁正處於貧病交迫的淒涼晚境，以病弱之軀，親負校對之責，「伏案校對，腹痛如割」。書出版後兩年，曹氏也在澳門病逝了。

再說此書出版後，也有些波折。因書前編置有周作人的幾封信，其中一封犯了當時的忌諱。羅氏勸曹氏刪去，免招麻煩。所以書雖出版了，卻莫名其妙的要「收回」，要撕毀犯忌的信頁，重裝封面，出版社也換成曹氏「聽濤出版社」的名義。

曹氏在校讀小記中說：

「此刻看了全書，我相信大家一定會承認這麼好的回憶錄，如若埋沒了不與世人相見，我怎麼對得住千百年後的社會文化界？可惜，那位對老人作主觀批評的人，已不及見這本書了。我呢，只求心之所安，替老人出了版，知我罪我，我都不管了。」

曹氏雖非中共黨員，但自承是同路人。他仍為此書的出版，向《大公報》的費彝民、羅孚報備。

「彝民、承勳二兄：關於《知堂回想錄》的刊行，我個人負完全責任，如有錯誤，我個人願受任何處分，決無怨言。」「我並不居功，也不辭責。我先後校了三回，內容絕無反動之點，而且都是第一手史料，值得保留下來。」一字裏行間，隱約顯示出曹氏是在為羅孚開脫。

三育版《回想錄》雖得曹氏三校，但老眼昏花，仍多訛錯多。說到訛

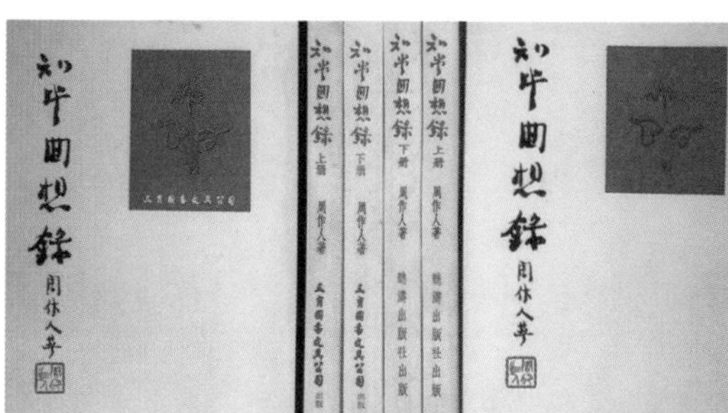

《知堂回想錄》三育圖書公司初版（左）和撕毀犯忌信頁重裝封面之聽濤出版社版（右）

錯，還有以下一個重要因素：

上世紀六十年代，香港報紙多用活版印刷，排字工人執字排版，都是五指黑墨，故有「黑手黨」之稱。當稿件發到字房，為求速度，往往一紙剪成幾條，由各工人分紙執字，供執字的原稿在校對之後，即使不「五馬分屍」，也已模糊難看了。

由於羅孚愛惜知堂手澤，於是不惜工本，請人錄副，用抄本發排。此事曹聚仁在致周作人信中也有透露：「非有人抄副本不行，羅兄要保留原稿的。抄副本得花一筆錢的。」（一九六六年十一月廿五日）因此之故，知堂手稿便能保存下來。

但抄錄同時也增加訛錯（這是三育版錯字多的一個原因）。在回想錄初版之後，曹聚仁便將整套原稿轉交羅孚保存，說：「兄可留作紀念，三五十年後，也許將是一份有價值的文物呢。」

羅孚費心費力保存的這大部《知堂回想錄》手稿，在北京軟禁十年之後，回港即檢出，托人帶到北京，捐獻給「中國現代文學館」。

在《知堂回想錄》成書半個世紀之後，牛津大學出版社出版該書，那是以知堂老人原稿重加校勘，並附錄一些過去不常見的文獻資料，對研究知堂老人生平謗譽事功，至關重要。

（本文是二〇一九年七月十三日應林道群先生之邀在尖沙咀商務印書館舉辦的牛津大學出版社新書分享會「《知堂回想錄》出版五十週年」上的發言稿）

《知堂回想錄》牛津大學出版社版

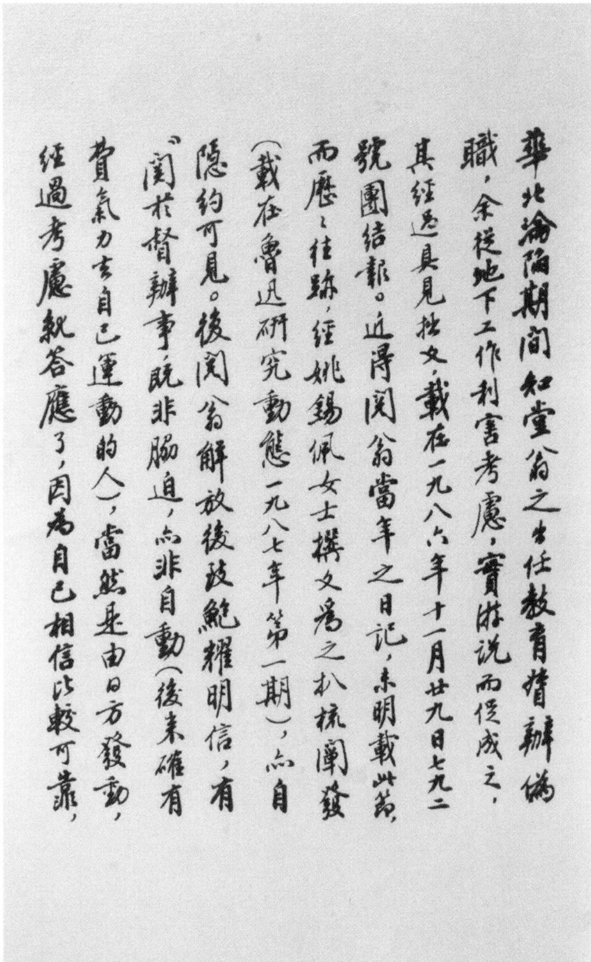

華北淪陷期間知堂翁之出任教育督辦偽職，余從地下工作利害考慮，實游說而促成之，其經過具見拙文，載在一九八六年十一月廿九日七九二號團結報。近得閱翁當年之日記，亦明載此節，而歷歷往跡，經姚錫佩女士撰文為之扒梳闡發（載在魯迅研究動態一九八七年第一期），亦自隱約可見。後閱翁解放後致鮑耀明信，有「關於督辦事既非脅迫，亦非自動（後來確有費氣力去自己運動的人），當然是由日方發動，經過考慮就答應了，因為自己相信比較可靠，

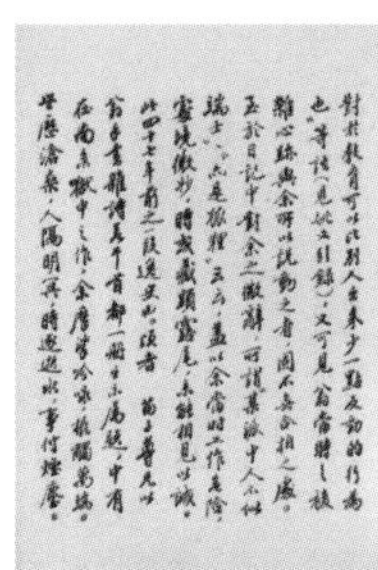

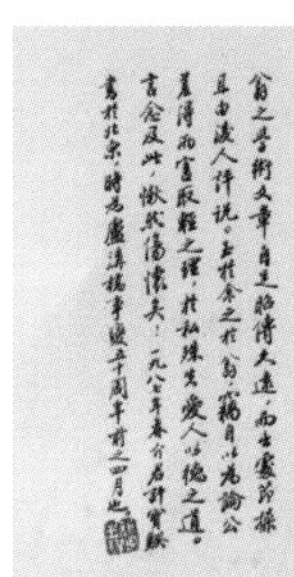

許寶騤跋《知堂詩稿冊》
一九八七年

記許寶騤爲周作人手書雜詩題跋

許寶騤

牛津大學出版社新近出版《知堂回想錄》，該書附錄有「許寶騤題周作人手書雜詩」的圖版。該原件已入上海圖書館特藏。侯門一入，讀者難得一見了。該題跋極具文獻意義，日前筆者《〈知堂回想錄〉的故事》一文曾稍作提及，惟限於篇幅，言興未盡。故重拈舊題，欲加披瀝。

初讀題跋

該題跋原件，筆者初見於十多年前。那次赴京往興華公寓謁訪安晚堂主黃苗子先生，談次間，苗公忽賜觀周作人手書雜詩冊，並叮囑要細讀冊後的題跋。此前我也稍聞周作人「任偽職」的論爭，所以讀來有所會心。讀畢奉回，不討論、不問難，只相視頷笑，蓋苗公年德俱尊，笑而不論，該比「聞所聞而來，見所見而去」的古人更省事吧。

初讀許跋，頗覺其重點不在於《詩冊》，而是「借題發揮」。但「發揮」又未得痛快淋漓，大抵中心有抑塞難言處。魯迅曾說：「很怪他為甚麼只有寥寥的幾行，剛開頭卻又煞了尾。」（見《為了忘卻的記念》）今讀許氏的跋文，又何嘗不是。

許氏跋文不長，謹錄如下：

「華北淪陷期間知堂翁之出任教育督辦偽職，余從地下工作利害考慮，實遊說而促成之，其經過具見拙文，載在一九八六年十一月廿九日七九二號《團結報》。近得閱翁當年之日記，未明載此節，而歷歷往跡，經姚錫佩女士撰文為之抉梳闡發（載在《魯迅研究動態》一九八七年第一期），亦自隱約可見。後閱翁解放後致鮑耀明信，有『關於督辦事，既非脅迫，亦非自動（後來確有費氣力去自己運動的人），當然是由日方發動，經過考慮就答應了，因為自己相信比較可靠，對於教育可以比別人出來少一點反動的行為也』等語（見姚文引錄），又可見翁當時之複雜心跡與余所以動之者，固不無合拍之處。至於日記中對余之微辭，所謂『某派中人不似端士』、『亦是狐狸』云云，蓋以余當時工作危險，處境微妙，時或藏頭露尾，未能相見以誠。此四十七年前之一段逸史也。頃者苗子尊兄以翁手書雜詩若干首都一冊出示屬題，中有在南京獄中之作，余摩挲吟詠，棖觸萬端。世歷滄桑，人隔明冥，時逐逝水，事付煙塵。翁之學術文章自足昭傳久遠，而出處節操且由後人評說。至於余之於翁，竊自以

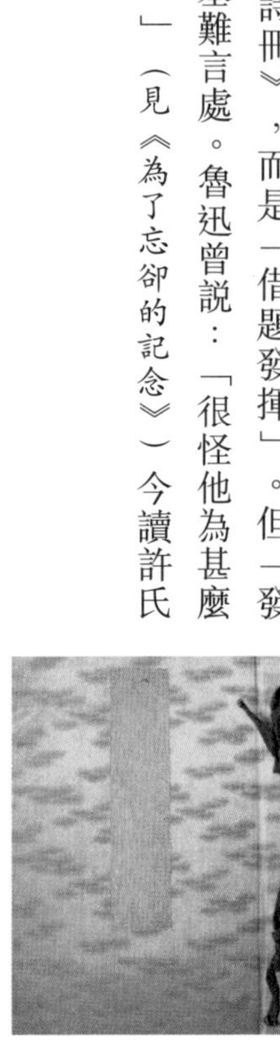

《知堂詩稿冊》封面

為論公差得兩害取輕之理，於私殊失愛人以德之道。言念及此，愀然傷懷矣！一九八七年春介君許寶騤書於北京，時為盧溝橋事變五十週年前之四月也。」

這跋文開始，許氏就自承當年曾負責遊說周作人出任教育督辦偽職的，結語幾句，是自慚促人「火中取栗」的意味，所以心中有「我不殺伯仁，伯仁由我而死」的歉疚。這是為前人「表襮」之心。正合傳統「友道」中的「死友」之義。

許氏此題跋很概括，許多可說的事和細節都省略了，但對社會各種批評沒有心懷耿耿。

因此前，一九八六年八月，南京師範大學的內部刊物《文教資料》第四期刊出一組「關於周作人的一些史料」，其中沈鵬年等記錄整理《訪許寶騤同志紀要》最為矚目，文中許氏強調周作人對出任偽職，初有猶豫，後聽到「這是共產黨方面的意思，便不再堅持了。」此引語不知是否許寶騤原話，或是口述記錄不準確，但卻因之而引發爭議。同年十一月，北京魯迅博物館舉辦了「敵偽時期周作人思想、創作研討會」。許寶騤在會上發言，明確指出：「我向周作人遊說時，並未說出黨的關係。」但許氏又暗示：「若沒有他（指中共北平特委書記王定南）的同意，我是不會進行這項活動的。這算不算黨組織的決定？我不清楚。」

地下工作礙於人事、環境和守則，往往有難言之處，何況是四十多年前

黃苗子題《知堂詩稿》一九八七年

的舊事，更又何況許寶騤只是啣命而往，數十年後作口述歷史之訪問紀錄，自然不能如數學程式那樣準確了。

「訪許寶騤同志紀要」觸惹起文壇的一輪風雨，許氏座談會上曾就「採訪」有關問題有所澄清。而在該座談會之後，沈鵬年即作了絕地反擊。

「一自高唐賦成後，楚天雲雨至今疑」。這場風雨歇後，似乎誰也沒能說服誰，蓋文獻不足徵，而居間與事老輩多已凋謝，自然難有絕對的答案。於是許氏的發言文章陸續在《團結報》《魯迅研究動態》等報刊登載之後，又藉苗公所藏周作人手書雜詩冊上題跋，順便一吐積愫了。

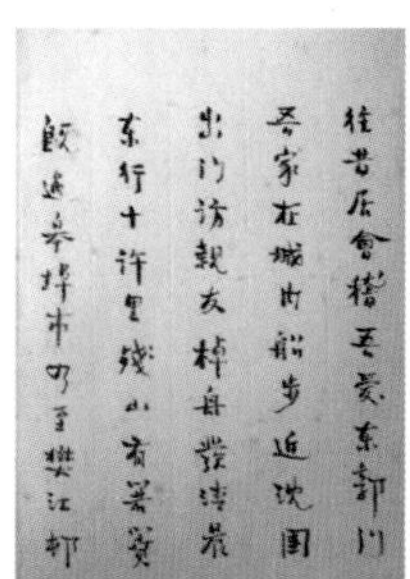

周作人為黃苗子書雜詩冊首頁，一九五六年

周作人的表曝和心情

一九二三年朱光潛評周作人《雨天的書》說：「除著《雨天的書》這本短文集找不出更恰當的名目了。」「這本書的特點，第一是清，第二是冷，第三是簡潔。」

舒蕪對周作人也有很深的了解，舒說「周作人的冷，首先是一種心情上的冷，人生態度上的冷。就是對於各種『熱』的否定：既否定舊的奔兢熱中，也否定新的時髦熱鬧，更否定一切熱情、熱血、熱淚、熱戀……，但凡沾得上一個『熱』字的，大概都在否定之列。」

舒蕪從書名作論列，如《苦茶隨筆》《苦竹雜記》《藥堂語錄》《藥味集》《苦口甘口》《藥堂雜文》等，認為都有一種清、冷、苦，悲憫和與世相隔。更說到「他這種似乎無端的抱歉，就是一種悲憫的心情，寥寥幾筆便使人好像嘗了一口苦茶，久久地忘不了。」

舒蕪是周的知音，把周氏風格特式說得很透了。

但，周氏更喜歡「表襮」，這是朱光潛、舒蕪所未說的。周氏的「表襮」力量寄於日記、書信和申辯的文件中，也同樣喜歡穿穴於清、冷、苦、悲憫等表現手法上。如周氏自己所說：「無論是稱讚或罵，都很可感，因為這比默殺好得多。」（見《周作人晚年手札一百封》）和「默殺」相對的，也正是「表襮」。

到了共和建國之初，周對前途是有憧憬的，也曾有所表襮。據周豐一保存的資料，一九五一年二月周作人上書毛澤東，以未得覆音，更把上書錄示周揚，有謂：

「現在關於半公半私的事，又寫了一封信給毛主席，已經直接送去，抄了一封信稿，附上請你一看。不但因為你是文化部門的主持者，實在還是因為我相信你是肯看而且理解這信的人……我的意思是不願在人民政府之下被說成是『通謀敵國、反抗本國』的人。以前在國民黨時代，是非顛倒全是一塌糊塗，所以也就算了，但是現今相信政府最講情理，自己的事可被瞭解，有如溺水的人望

周作人為黃苗子書南京獄中雜詩五首跋

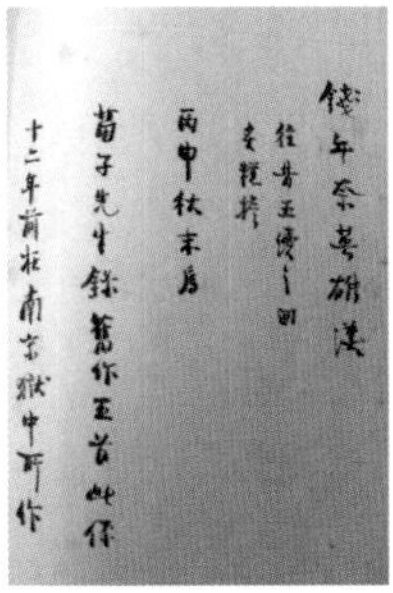

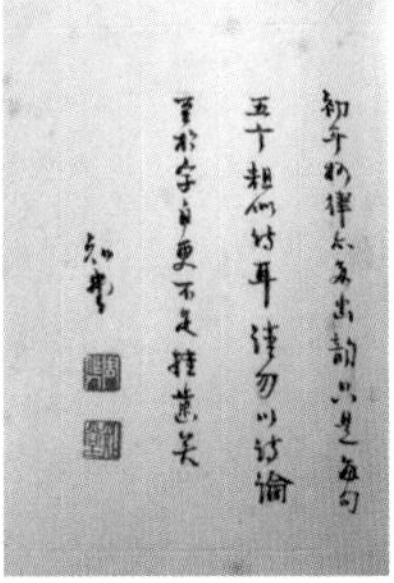

見了救生船，不免又有了希望。」

這是表襮，不算是心存非份。敢於表襮者必有自以為是的理據，過去毛、周（作人）原曾相識，別後亦有過存問。所以那「半公半私的事」，當是指「任偽職」和「初心」吧。但在新時代，一個是開國之君，一個是待罪之人，縱有「舊誼」，但「夥頤」「沉沉」的話，又豈能亂說？

「天意高難問」，周作人錄副寄周揚附信中有說，「相信你是肯看而且理解這信的人」。似乎，這是在說此間正有着「不肯看」或「不肯理解」的人。

處境即是理由，周作人以此感念他的蔣夢麟校長。在蔣夢麟過世時，周給鮑耀明信中說：「只是個人對於他的印象卻是不壞的，因為他還講信用，也就是還不勢利，即如他以校長資格從雲南打電報，叫我照管北大校產，勝利後給我出證明。」又說：「雖本是他的責任，但是在別人卻早已賴掉了。他卻沒有這樣幹，覺得還有古道可取。」

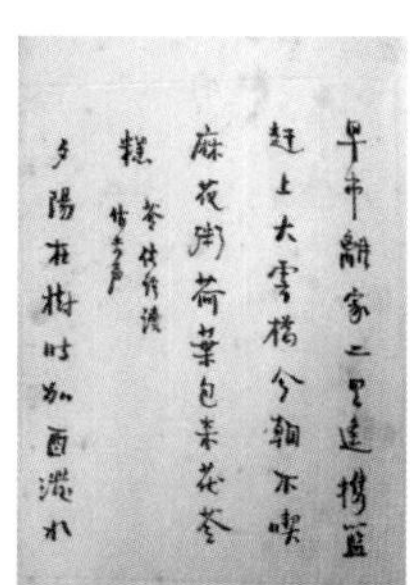

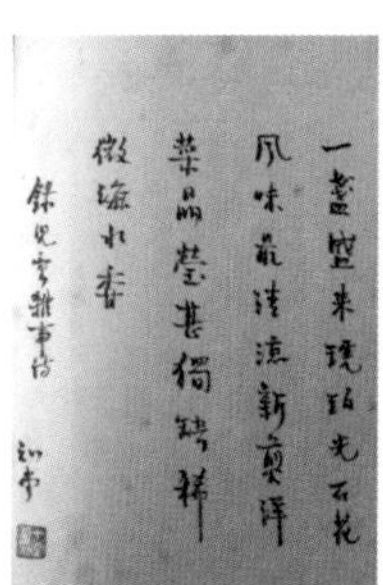

周作人為黃苗子書兒童雜事詩七首

周作人心中自有他的感恩尺度。但周上書毛的文本未見公布，內容無人能知。筆者相信，這信或有助於理解這場文壇爭論的答案。

「天意憐幽草，人間重晚晴」

不過，周作人似乎是錯怪了。據唐弢《關於周作人》一文中說：「大概是一九五〇年吧，中央召開全國文物工作會議，我從華東來到北京。文物局長鄭振鐸，還有文化部長沈雁冰等，剛從政務院總理周恩來那裏拿到一封周作人給他的信，信很長，將近六千字，是周作人的親筆。總理交給文學研究會幾位同人擬具意見，我從西諦（鄭振鐸）那裏得見此信。信的開端沒有抬頭，只寫『××先生』，信末則說，『本來也想寫信給毛先生，因為知道他事情太忙，不便去驚動，所以便請先生代表了』。寫信的日子是『民國三十八年七月四日』，署名『周作人』。（筆者按：牛津版《知堂回想錄》附錄此信）按此計算，這封信送出之前，大概有過一段躊躇反復的不算很短的時間。我不知道文學研究會幾位老同人當年擬具了甚麼意見，卻從周總理那裏，聽到毛澤東主席看完書信後說的幾句話。毛主席說：『文化漢奸嘛，又沒有殺人放火。現在懂古希臘文的人不多了，養起來，讓他做翻譯工作，以後出版。』大概這就是人民文學出版社每月支兩百元（以後改為四百元）的依據。」（《魯迅研究動態》第六十一期，一九八七年五月）

如果唐弢之說屬實，那麼眼前事，周氏的表襮也該知所止了。主席的話，能從更大處想，這當中也有「從權」的意思。此事相類於《湖湘近現代文獻家通考》頁一八五所載的：「王震曾言及，毛澤東在世時談起葉德輝，以為若不殺，留其性命，則於學術研究更有利。」法外憐才，該是主席愛才的美談，但「文化漢奸」既經御口親封的，又怎翻案呢？

唐弢，八十年代

舒蕪該是「曾經此苦」

在座談會上，對周作人深有研究的舒蕪應邀出席，會上有發言問難。題為《歷史本來是清楚的——關於周作人出任華北教育督辦偽職的問題》，舒蕪對《文教資料》所描寫的周作人提出了三大疑點：

前兩疑點是不成問題的問題，且不論。而第三點是：

「最大的一個反證是，周作人如果當時明知要他出任偽督辦『是共產黨方面的意思』，為甚麼後來歷次辯解中從未舉出這最有利的一條呢？如果說解放前南京的法庭上他不便舉出，解放後為甚麼還不舉出呢？……只要舉出當初要他出任偽督辦『是共產黨方面的意思』這一條來，那就不僅是溺水的人登上了救生船，而且是地下工作的功臣得到了承認……甚麼救命稻草都撈，偏偏忘記一舉手便能攀上的一部水上直升機呢？他那麼渴望在人民政府之下『自己的事可被了解』，為甚麼自己最大的一件事偏偏不向人民政府陳訴呢？」

筆者謹按：舒蕪是問到要害。但由舒蕪來問，卻似乎是反諷。因為舒老也是「曾經此苦」的過來人。若反問：當年「胡風信件」的真相，何以舒老又不把「自己最大的一件事偏偏不向人民政府陳訴呢？」卻要隔多年才抖出來？

舒老學問好，當知孟子的「不為」和「不能為」的分別。直接的說，那年代是沒有說真話的氛圍。試想，在解放初，那「批武訓」「土改」「三反」「五反」「鎮反」「肅反」「批梁漱溟」「批胡適」「反胡風」「批俞平伯」等等，嚴肅問題都令整個社會忙不過來，人們「避嫌」還來不及，誰肯為一個「保釋漢奸」而頂風逆潮論事？到一九五七年，情況更惡劣了，民主黨派從中央到各城市領導人，幾無一倖免地成了「右派」，許寶騤也沒有例外，已是待罪之身，自己也沒有發言權，更遑論為「文化漢奸」表襮呢？

反右期間，有問如果魯迅在世會是如何？答案是：「要麼被關在牢裏繼續寫他的，要麼一句話也不說。」（見黃宗英《我親聆毛澤東與羅稷南對話》，《炎黃春秋》二〇〇二年第十二期）

可以設想，作為哥哥的魯迅尚且要「閉嘴」，那麼作為弟弟的周作人，那「翻案」還堪聞問嗎？到了「文革」年代，冤假錯案更是製作方殷，那時聽真話也要勇氣，更何況是說真話的呢。

所以真話只能在「撥亂返正」後，許氏纔能在自己主持的《團結報》上發表《周作人出任華北教育督辦偽職的經過》，又再藉為黃苗子所藏周作人手書雜詩冊題跋，借它之酒，再澆自己塊壘。於是白紙黑字的題跋，便成為該段歷史的證言，得與《周作人手書雜詩冊》並存於世。

（二〇一九年八月廿一日）

舒蕪，二〇〇二年

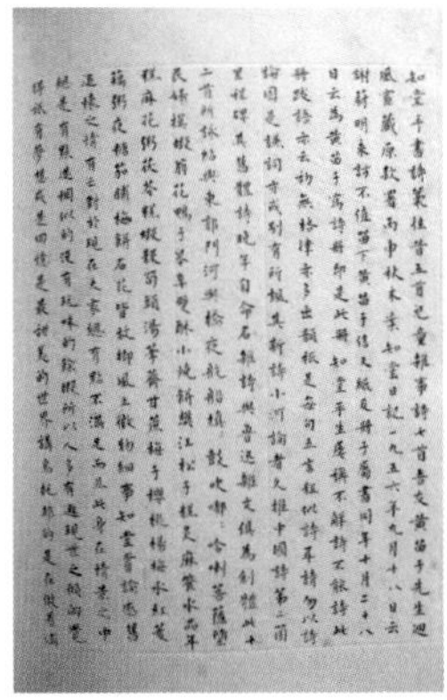

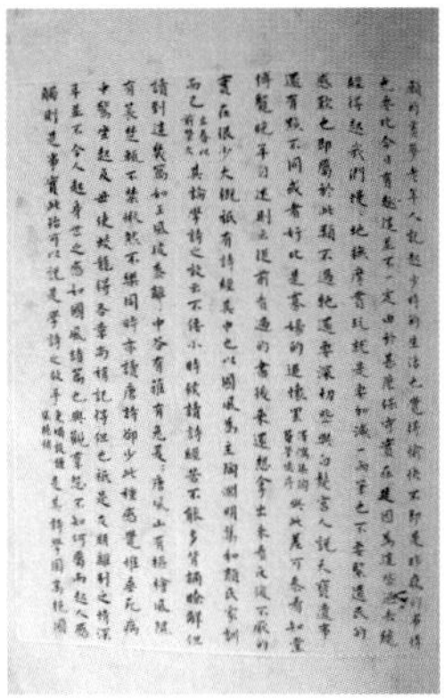

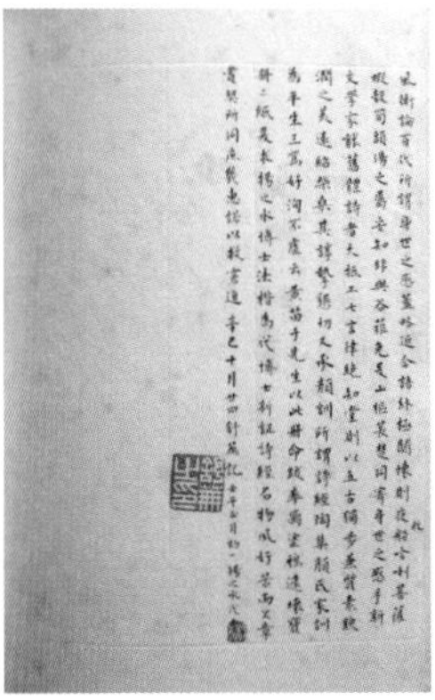

舒蕪跋《知堂詩稿》

記陶行知致張一渠手札

陶行知先生木刻像，梅健鷹刻

陶行知致張一渠手札，共兩通三葉。首通署名「何日平」，次通署名陶行知，紙尾附有張一渠題識。

首通云：

「一渠先生：承約餐敘，至為感激。但因兩星期前上海各大學同人約弟於今晚七時開討論會，無法前來領教。弟有話與先生暢談，改日再趨前會商。敬祝康健！何日平二一，六，七。」

紙尾有受函人張一渠的題識云：

「先生姓名多更易，民二十一以政見關係，被國府通緝，化名何日平，此函足資印證。嗣通緝令取消，仍用陶知行原姓名。迨民二十四，更名行知，寓先行後知之意。張一渠記。」下鈐朱文方印「張一渠」。

按：受信人張一渠，又名錫類，浙江餘姚人。紹興第五中學讀書時受教於周作人，浙江公立法政專門學校畢業，曾任龍游縣政府科長、餘姚縣參

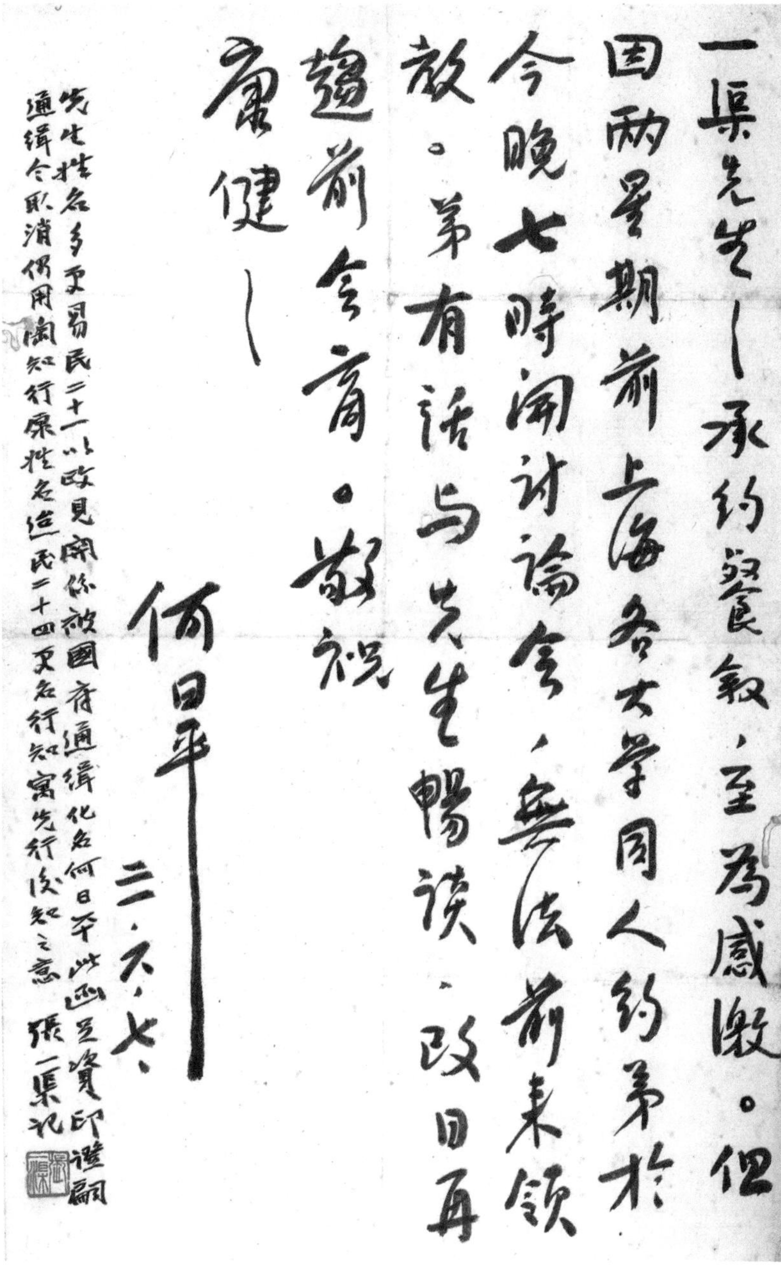

一渠先生：承約餐敘，至為感激。但因兩星期前上海各大學同人約弟於今晚七時開討論會，無法前來領教。弟有話與先生暢談，改日再趨前奉商。敬祝
康健！

何日平
二、六、七、

先生姓名多更易，民二十一以政見關係被國府通緝，化名何日平。此函足資印證。嗣通緝令取消，仍用陶知行原姓名。迨民二十四更名行知，寓先行後知之意。張一渠記

何日平（陶行知）致張一渠手札，一九三二年

議、上海市參議員，一九三〇年二月與石芝坤合資創辦兒童書局。張氏能畫善文（筆名徐晉、余再新等），雅好吟詠（有《三不拜草堂詩鈔》）。曾與陶行知、丁柱中合作出版《兒童科學百科叢書》；又得陳鶴琴之助，出版小學課本及讀物，因業務擴展（出版兒童讀物教育書籍達千種），一九三五年加入官僚資本，由潘公展任董事長，以此解放後兒童書局由軍管接收。

政權交替前，張一渠攜眷赴穗，旋轉香港，曾訪其時在港的樓適夷（兒童書局同事，中共地下黨人）。樓力勸張勿去臺灣。結果張氏雖然沒去臺灣，卻留港觀望。一九五一年，電影《武訓傳》遭批判，並及陶行知與陳鶴琴。物傷其類，張氏只好滯留香港了。張氏曾在友聯系統的《兒童樂園》創刊號上發表《自由歌》（由張超英配畫），詩的風格也像陶行知：

「圖畫辭典裏，甚麼字都有。最美麗的字，就是『自由』。
甚麼叫自由，大家來研究。想一想！
小朋友。籠裏鳥兒叫，網裏魚兒跳，叫不停，跳不休，自由不自由？再想想！
小朋友。鳥兒空中飛，魚兒水中游，來悠悠，去悠悠，自由不自由？」

這可謂詩以見志，張氏流落海隅，繼續其兒童教育的理念，曾參與《兒童樂園》、《兒童之友》、《好孩子》等雜誌的編務。直至一九五八年四月病逝，享年六十有四。

第二通內云：

《兒童樂園》創刊號一九五三年。左：張一渠在《兒童樂園》創刊號上發表《自由歌》（張超英配畫）

「一渠先生：這幾天窮得要命。您前說天馬書局（記不清）要我的小品文自選集，現在送來。預支版稅壹佰陸拾元。如能今天領得，請交小桃帶下為盼。此事請費神代我親自跑一趟，如拿得穩，就請您墊一筆款更快。許多人等着吃飯，一舉手之勞，勝造十級浮屠。敬祝康健。陶行知，二四，五，五。」

陶氏下署「行知」，是兩字合成一字的花押，看來倒似是個「知行合一」了。

按：一般涉及告貸函件，多會叮囑「閱後付丙」或「付火」。但陶氏胸次淡蕩，不拘小節，沒有這些扭擰作態的叮囑。遂令當日的窘迫，今日仍能見於紙上。此帖六十年代曾為莊嚴先生所藏，後歸寒齋，在檢讀傳誦之間，輒戲呼為「乞墊帖」。這是想類比於前人不忌諱地以「乞米」為帖名。近人黃裳評《乞米帖》謂：「予觀魯公（顏真卿）《乞米帖》，知其不以貧賤為愧，故能守道，雖犯難不可屈。剛正之氣，發於誠心，與其字型無異也。」（見《溪山集》）今陶行知雖經濟窘迫，但帖中表現是俯仰無愧故亦無所隱。這正是一種君子安貧的氣度。

陶氏熱心鄉村教育，極力提倡「武訓精神」。宋慶齡說陶氏是「萬世師表」；毛澤東說他是「偉大的人民教育家」；郭沫若說「古有孔夫子，今有陶行知」；董必武說「敬愛陶夫子，當今一聖人」。但這些恭維都指向教育方面的努力，似乎忽略了陶行知是「教育家」的同時也是個出色的「政治家」。

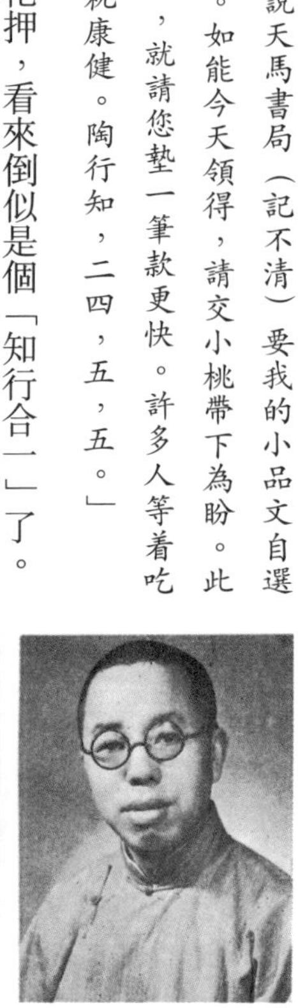

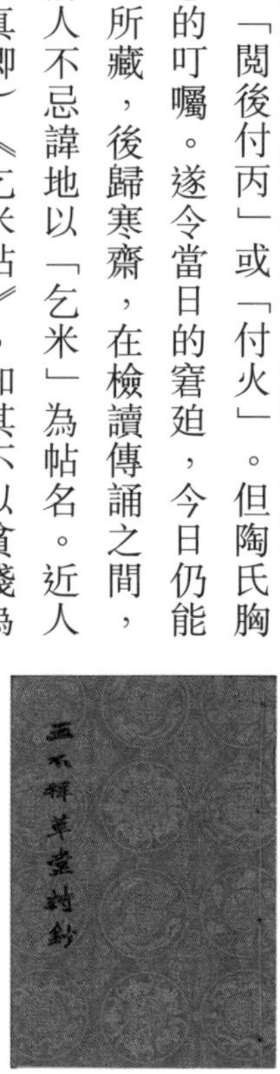

張一渠。

左：《三不拜草堂詩鈔》

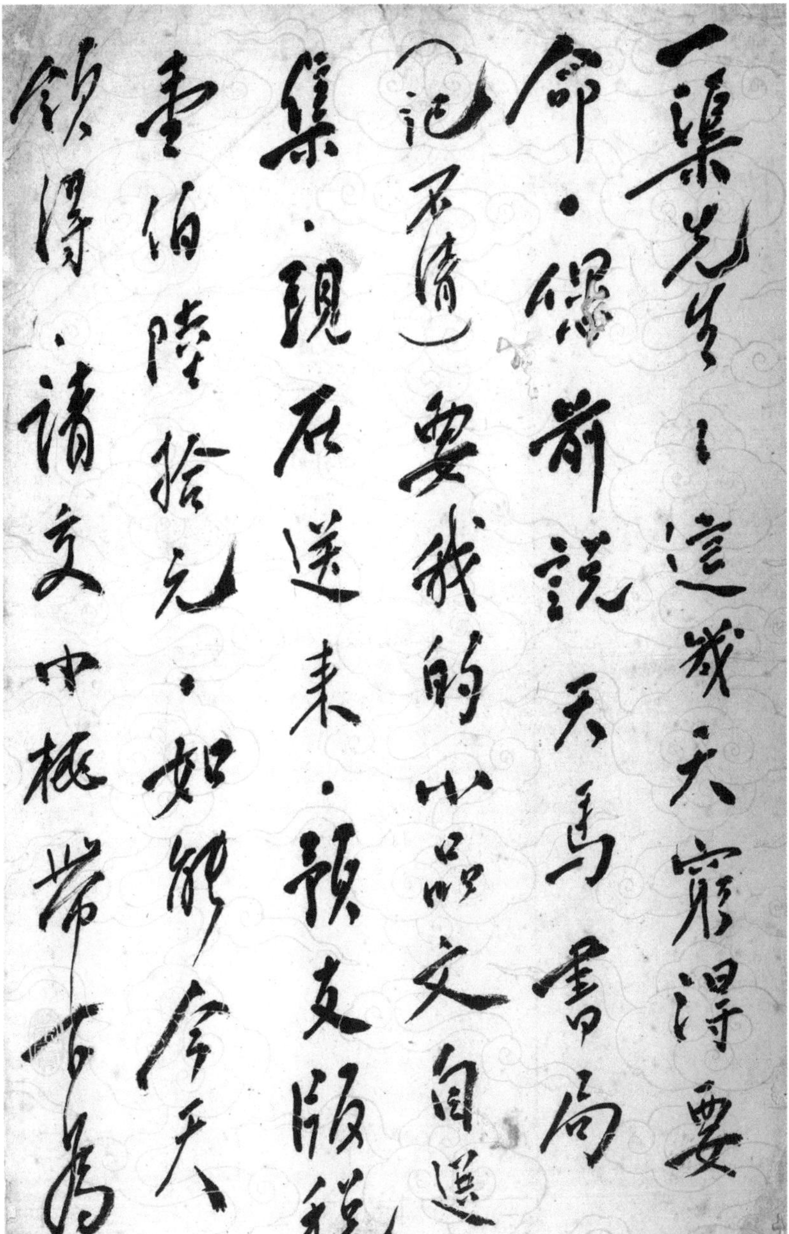

一渠先生：這幾天窮得要命。[illegible]前說天馬書局（記不清）要我的小品文自選集。現在送來。預支版稅壹佰陸拾元。如能今天領得。請交中樞帶下為

陶行知致張一渠手札 一九三五年

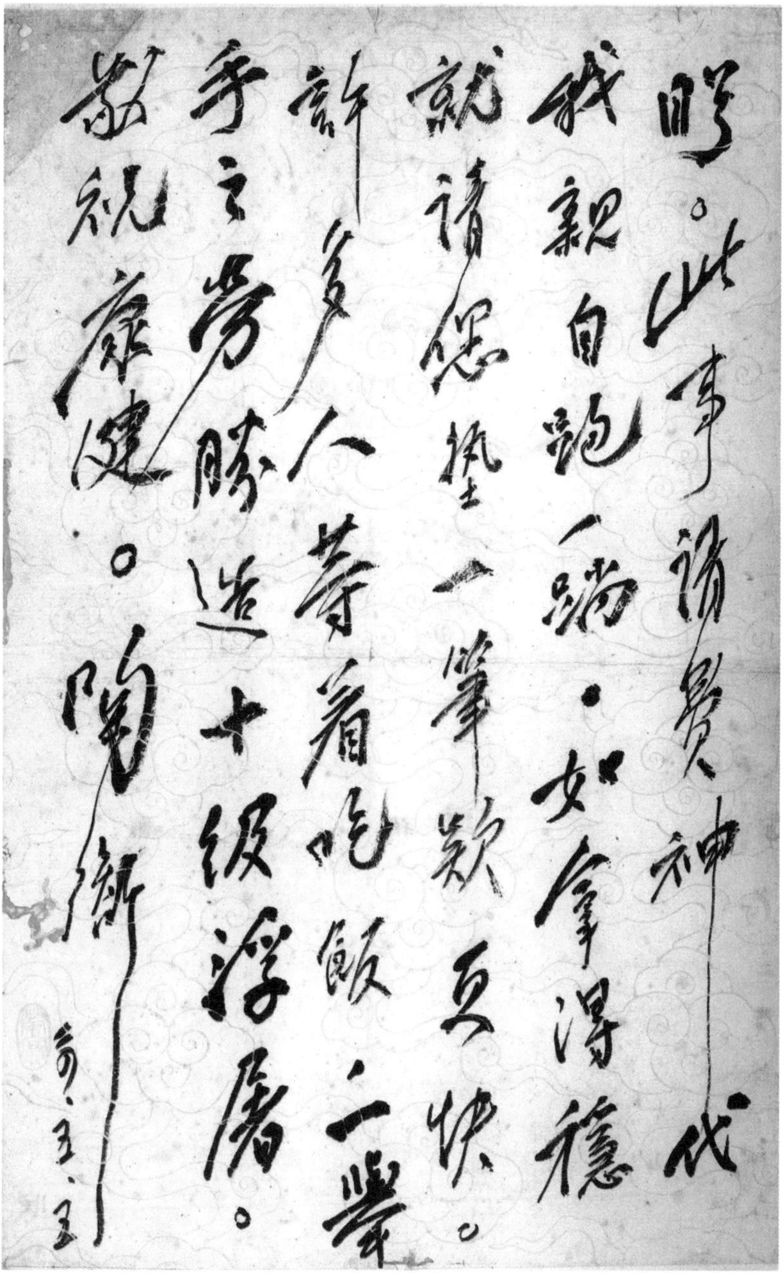

時。此事請費神代我親自跑一趟。如拿得穩就請總撥一筆款，更快。許多人等着吃飯。一舉手之勞勝造十級浮屠。敬祝康健。陶行

廿四、五、五

陶行知致張一渠手札一九三五年

陶氏對政治的留意，是自小已然的。遠在一九一三年，陶行知在金陵大學的畢業論文題目就是《共和精義》。一九一四年，陶行知赴美國留學，先入伊利諾大學攻讀「市政學」，次年獲「政治學」碩士學位。可以說，政治纔是陶行知的本行。但人們總以教育家視之。

從陶氏辦《農民旬刊》，提倡「生活教育」，以及一九二七年在南京鄉間辦曉莊師範，其實都和政治相纏繞，是教育和政治的結合。

在上世紀三十年代，陶行知從加入「救國會」到併入「民盟」這些政治團體，他在北張（申府）南沈（鈞儒）之間，也絕對是「指點江山」的重要人物。從曉莊師範被封、學生被殺、自己被通緝，到在《申報》撰文闖禍，這一切都是政治事件，能說陶夫子只是「教育家」而不是「政治家」嗎？

到了一九五一年電影《武訓傳》遭批判，提倡「武訓精神」的陶行知，當然成了中心箭垛。《人民日報》發表楊耳《陶行知先生表揚「武訓精神」有積極意義嗎》，上綱上線，將陶行知認作政治人來清算。明顯要否定陶行知這位留美學生的教育思想，還殃及陳鶴琴。到一九五七年「反右」時，陶行知政治上棲托的「民主同盟」從中央到各地的主要人物幾無所倖免。到文革時，陶氏眾多弟子也幾身經劫難。幸好，到八十年代陶氏總算平反了。

陶氏是建國初期首個在政治運動中被錯誤批判的人物，而這「墊支帖」本身，就是一則故事。

（二〇一九年六月廿七日）

陶行知

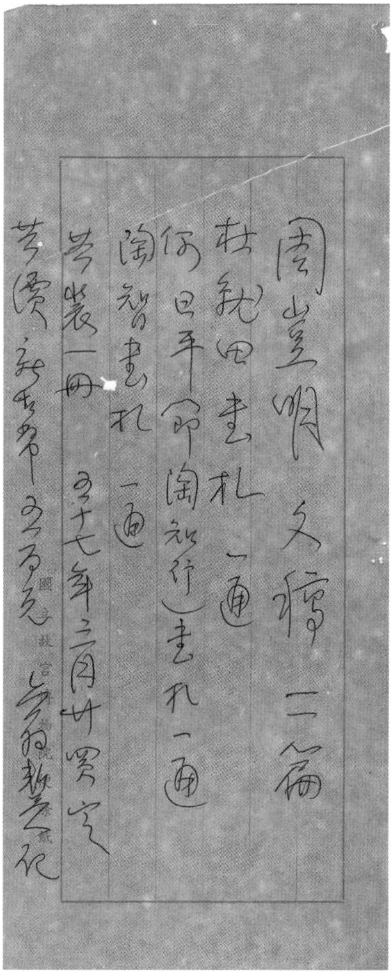
周豈明文稿 二篇
杜鈞田書札 一通
何日平（即陶知行）書札一通
陶知行書札 一通
共裝一冊 五十七年三月廿買定
共價新台幣五百元 六翁敬記
國立故宮博物院稿紙

陶行知致張一渠手札兩通三葉
六十年代曾為莊嚴先生所藏，
莊氏自記幾件書札文稿共價新
臺幣五百元，一九六八年三月
廿日買定。

胡小石的師道和友道

——跋胡小石為陳彬龢的「留題」

胡小石一九三六年

近百年前，曾熙（農髯）曾為胡小石撰寫「鬻書直例」云：

「阿梅（清道人）有弟子胡小石名光煒……其為人孤峻絕物，苟非所與必面唾之，雖白刃在前不顧也。及觀其事師敬友則循循然有古人風。……己未一月。衡陽曾農髯熙。」

在此，曾農髯把兩種極端矛盾的性格都集中胡小石身上。

這種用畸行以作宣傳，是古已有之的事。像馮諼彈鋏、子昂碎琴等都是用反常的事作噱頭。令人錯愕之餘，卻又讓人喜聞樂見。但像曾熙說的「非所與必面唾之」，這說法只能是指惡少流氓的行徑，自然會讓人討厭的。是「譁眾」了，卻不能「取寵」。

胡小石少擅古文辭，是清道人門生，亦曾從陳三立受詩。據云陳三立曾稱譽胡氏「仰追劉賓客，為七百年來罕見」。後來曾昭燏在《南京大學教授

曾熙

胡先生墓志》中謂胡小石「潛心陶謝與工部特深，又酷好謝翱，所作絕句，直追中晚唐。」這均可說明胡是位詩人，而作為詩人的基本特點就是鍊句、鍊字。要字斟句酌。

那麼作為詩人的胡小石對字句的敏感，對此不會不覺察。但令人意外是胡氏卻默默承受下來。這當中有胡氏對師輩的優容和尊重，更有可理解的苦心，但外面看來卻像《禮記》所說：「長者賜，少者、賤者不敢辭。」

胡氏的尊師重道是一貫的，南京大學的周勛初教授曾是胡小石學生，他在《學林漫錄》有回憶說：

「小石師的這種氣質，在人倫師友的交往上也反映出來，他早年受梅庵先生培植，師恩永志不忘，即使在閒談之時，每當提及先師，亦必莊肅動容。每當梅庵先生忌辰，則必素食一日，以示悼念。……有一次我曾隨便問他：先生的書藝和梅庵先生相比又當何如？小石師立即惶悚地說：『先生書通各體，我只能得其一端而已。』這不單是自謙，也是他尊師感情的自然流露。」

上引的一段話，正可牽出李梅庵、胡小石、周勛初等三代人的師承關係和當中的師道尊嚴。因曾熙的措詞不慎，令胡氏默受而不辭，深深顯示出胡氏對師輩的優容和尊重。

此外，尚有一事可見胡氏的人品。

清道人

胡小石有一紙「留題」，見於陳彬龢友朋紀念冊，「留題」上有七行三十九字，云：

「『當其運思，身與天地俱忘。』此昔人論晞髮詩語也。治學用心，實有此境。彬龢兄來索書，因偶及之。光煒。」下鈐朱文方印「胡」。

「留題」的關鍵語是「當其運思，身與天地俱忘」，這十字是昔人論詩的說法。胡小石截用了在本處，卻又未加銓釋。

但「留題」的受者陳彬龢並非詩人。常說「詩向會人吟」，那麼胡小石的「琴」是在對「誰」彈呢？孔子說「不可與言而與之言，失言」。據此，胡小石似乎是「失言」了？

胡小石遇事恭謹，豈是容易「失言」的人？是否胡氏在執筆記憶上出誤？

這說法也不成立，因為胡小石記憶能力是出奇地超逾常人。據周勛初有過這樣描述：

「先生的記憶力是這樣的驚人。……記得有一堂課講查辭彙出處。小石師介紹到《佩文韻府》，並打開原書讓同學一一傳觀，那時先生年事已高，目力不濟，對商務印書館影印的這本書上的小字看不清楚，於是就叫學生朗誦條文，但一當學生讀到某詩句或某文句時，先生立即背誦出這首詩或前後整段文字，這使大家大為驚訝。」

胡小石四十年代

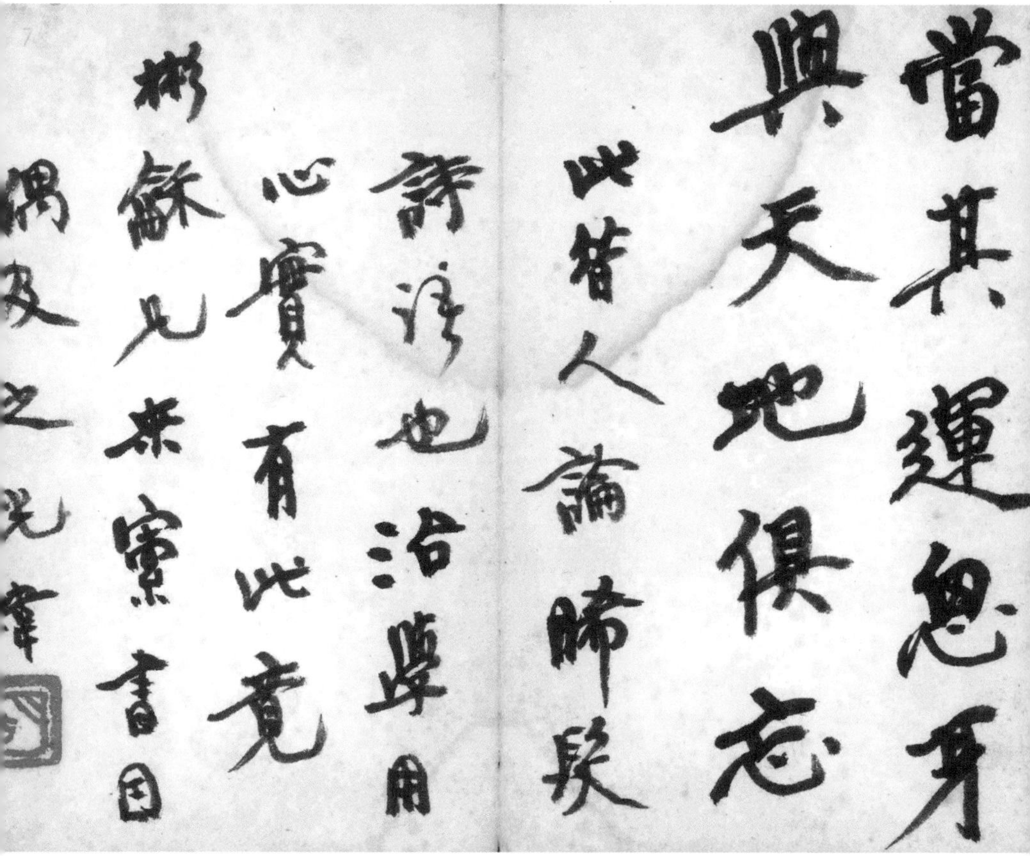

胡小石為陳彬龢留題

如果胡小石記憶上不會出誤，只好從初始句意再尋解。那「當其運思，身與天地俱忘」，其境界和莊子「至人無己」及「坐忘」的大意相通。這種話語，卻能從陳彬龢的身上找到了對應。

據《紀念冊》次序前後的時間推算，胡氏留題當在一九二八年十一月左右。其時陳彬龢正在冒起，意興風發。陳氏曾對胡山源說過他的生活態度：「在上海，只有向前衝，別人才會看得起你；如果你只想老老實實過日子，那就非乾枯不可。向前衝，自會有出路。」又說：「我是沒有明天的！我只有今天！」（胡山源《文壇管窺》頁六十六）這就大有伍子胥所謂：「吾日暮途遠，吾故倒行而逆施之。」

胡小石是在勸喻和規諷。胡小石陳彬龢兩人早年曾同居一室而亦師亦友，但不同的氣質和際遇，卻做成了距離。陳氏為人縱橫捭闔、波譎雲詭，常踞政治風浪之尖。夠得上是華歆、申屠蟠的一類人物。而胡小石則「孤峻絕物」，潛心學術，自然也就成了「或為遼東帽」的管寧了。於是「留題」上的話就不作「詩語」和「詩境」來解釋，而是有針對性的在向陳彬龢作諫，希望他能冷靜盱衡，勿再以心為形役了。

於是說出「身與天地俱忘」去破除陳的「只有今天」的心理。這紙上留題算是「微而諷」了。

胡、陳的相交，據陳氏所記是在一九一七年八月。其時陳剛出道，是在上海哈同花園倉聖明智大學小學部當男學部初小一年級的國文教員。初出茅廬的陳彬龢，才十八九歲，在講壇上雖然面對的是小朋友，但因學問根柢不足，感到很吃力。而且所教的《孝經》，是前所未讀。「聽到上課鈴，心頭卜卜的跳，不知如何支撐下去。」萬幸的是救星出現了，這就是胡小石。胡經乃師清道人之介到倉聖明智大學，任中學部的國文教員，胡長陳九歲，二人同住一室。胡每循循善導，為之解答疑難，這些事都詳記於陳彬龢的《我的年青時代》。說到這裏，也足以證明陳彬龢雖是一往無前的，但還是能感恩懷舊而又有大度，要不然，又怎肯記下當年的餽事。

據高伯雨回憶，當年《大華》雜誌在存亡絕續之際，陳彬龢曾慨允幫忙，但卒以心有餘而力不足，未能始終其事，其古道熱腸是可概見。

合觀兩事，可知胡小石不僅是尊師而能有所委曲，在友道之間也能出以苦心。倘與《鬻書直例》相比，兩者之間，更覺毫厘千里。

（二〇二〇年一月五日）

陳彬龢二十年代

閒話張伯駒

張伯駒

「傻公子」的無獨有偶

近代「傻公子」該有兩個。一是早為公認的吳興劉承幹，他一生心力都在蒐羅文獻和印書。「傻公子」三字，始見於魯迅給楊霽雲信中，那是敬意的「調侃」。到一九五一年，這「傻公子」更致函浙江圖書館，要捐贈整個嘉業藏書樓的藏書（一萬二千多種十一萬三千多冊）、連房產、設備、更包括嘉業堂四周的空地。這次主動捐獻，為國家搶救了大量文物。因其時土改高潮，「傻公子」已失去控制嘉業堂藏書樓的能力。面對一些政策以外的極端「民粹」，那只有要求政府介入接收。事因分田分地是有政策可循，但善本秘籍要分到農家卻是沒規定的事。「傻公子」動發先機提出「捐獻」，令嘉業堂藏書能保存下來，此舉有遠見，「傻公子」並不傻。

世事無獨有偶，近代另一「傻公子」是張伯駒。張氏關心文物和搶救文物，這和劉承幹並無二致，但張氏沒得「魯迅式」的調侃，反而老友鄧之誠為之發狠說了一句：「此人將來必以窮死！」

這話見於《鄧之誠文史札記》中，是鄧氏在聽到高名凱當天（一九五七年二月十七日）說到張伯駒捐了一批字畫給市政協，博得了市政協一百二十元獎勵。鄧氏乃在日記中記下這話。

按：當時文物是不能轉賣的。只有捐給公家，再由公家予以獎金。這是潛規則。但問題是：「市政協」這類機關只是「諮詢」機構，不是文物專業的機構，它不具備保護和管理文物的專業能力。顯然，「潛規則」下張伯駒是「入錯房」了。這類事情又易生腐敗，倘若今日有人追問，怕該單位也難作回答。即使不產生腐敗，但不專業的處理，也同樣是一種災難。這類焚琴折桂的事，也曾發生在張伯駒身上。

據吳小如《京劇老生流派綜說》一文，當中說過：一九三六年余叔岩「陪

> 張伯駒在福壽堂（原址在今金魚胡同西口，東風市場北門斜對面）演過一次。那一次張伯駒演諸葛亮，票友白君演司馬懿；除余叔岩演王平外，還有楊小樓的馬謖，王鳳卿的趙雲，程繼仙的馬岱。僅四將出場起霸，已被當時人譽為『此曲只應天上有』。張氏當場曾請人把演出實況攝成電影。解放以後，伯駒先生出於愛國熱忱，把這套影片獻給了國家，底片即存於北影倉庫。一九五八年以後，極左思潮已有所抬頭，北影當局在清倉時竟把這套影片當成廢品，與其他一些被視為無用之物的膠

儍公子劉承幹

片一把火燒掉。這樣，三十年代十分珍貴的一部京劇文獻資料，就如此輕易地灰飛煙滅了。」（見《學林漫錄》第四集頁一七四－一七五）

試想，捐獻於「北影」，總算是「對口」的文藝單位罷，儲於北影倉庫，也該穩當了，而其遭遇尚且如此。那麼不與「對口」的「市政協」，又如何能「善保」文物呢？鄧之誠先生扼腕説重了一句「此人將來必以窮死」！但不幸而言中的，是後來的張伯駒瀕危時，醫院是以級別不够而拒予「換房」的，這和「窮死」也差不了幾步。

不過，顧及大義的人，大義當前「雖千萬人吾其往矣！」當然不着重回報的。像兩傻公子是够得上「仗義忘身」「寵辱不驚」的。這是一種「執著」。世人往往把「執著」視為傻氣，而本文倒想一説張伯駒這「執著」的由來。

在中國歷史上，各個朝代往往有其獨特文化，如唐詩宋詞元曲等。清朝卻能集大成。而士人又喜歡「立言」，因為立言則是個人精神的宣示。為此「遊于藝」和「以文會友」都是「立言」者的實踐手段。所以，晚清民國的北京，其自立壇坫和結社在當時是不可勝數的。那時張伯駒以名公子身份涵養於上述的氛圍。他對於諸項文藝，比如文章、詩詞、曲藝、聯語、集句、詩鐘、燈謎、古琴、圍棋、書法、戲曲等都下功夫。他是博學多能，且被當時的氛圍影響。

張伯駒在叢碧山房庭院閒坐，三十年代

寒山社和稊園詩社

要說清末民初的北京文化氛圍，得先說「寒山社」。「寒山社」創於民國三年，但宣統初已有雛形存在，初始人數也達數十人。到民國二年的年底，由易實甫加盟方始正式定名為「寒山」，未幾樊樊山加盟，於是群推領袖。其實始終其事者是關賡麟，該社的宗旨是「以文會友」，從不考慮參與者的社會階層和政治面目。用關賡麟自己說的：

> 「著籍者四五百人。集必三四十箋為常，自前朝卿貳，疆吏翰詹，郎曹遺老、布衣武人，以至維新志士、革命偉人畢至。視之等夷，無有階級。」

正是這原因，寒山社課，數年之間發展到數百人。後來日本侵華，「寒山社」遷南京，復又遷重慶。

稍後有「稊園詩社」。人說「稊園詩社」「是寒山社的後身」，這話未必準確。理當是互補。「寒山社」以詩鐘為主，是即席「唱鐘」。而「稊園詩社」以詩鐘為輔。卻是定期交卷，這就方便了外地詩友，卻少了即席「唱鐘」的樂趣。後來更有清溪詩社（都是關賡麟主辦）、聊社（譚祖任主辦），連反對「詩鐘」的陳石遺也來北京另組詩社，而且「吾從眾」地做起「詩鐘」了。郭則澐則從天津來京搞「知寒軒」的雅集，雅集是專談掌故。這令北京由辛亥到解放的三十多年間，保持着一種舊文化的氛圍。而張伯駒

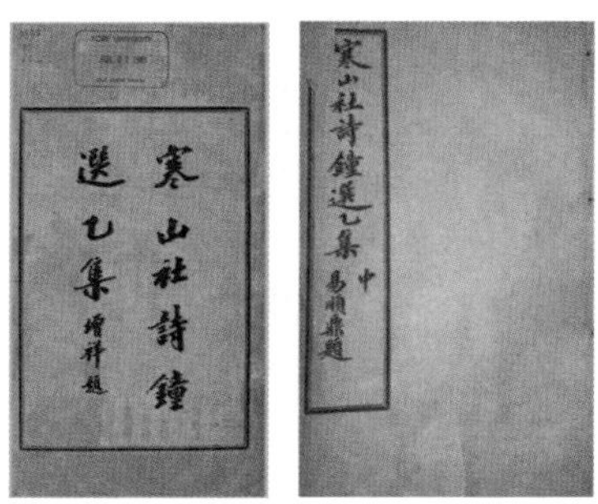

寒山社詩鐘選乙集一九一五年鉛印本

的青年、壯年、老年就是在這種氛圍中渡過。而日後張氏的「執著」，正顯示出他在上述氛圍所涵泳的文化精神。

張伯駒與詩鐘

張伯駒生於戊戌（一八九八），在「寒山社」成立時（一九一四），他只十七歲，論年紀當然不會在該時期能縱橫壇坫。但以名公子的身份而追隨諸公，其親謦欬，隨杖履，是一件自然而然的事。薰陶影響，造成張伯駒日後的「風尚」和「執著」，那是可理解的一種淵源。

其時寒山社中視張伯駒為「小友」的大有其人，而且後來都變成「老友」了。像許寶蘅、夏仁虎、陳海梅、黃公渚等都和張伯駒相稔，當年陳海梅就對張伯駒以「同年」相稱，為的是陳海梅是戊戌科的會元（鄉榜首名），而張伯駒則生於戊戌年，因而陳氏戲稱為「同年」，實則陳海梅生於一八五五年，比張伯駒長四十三歲。附說一句，陳海梅的兒子陳培錕也是戊戌那年登科。這「父子同科」是當時佳話，玩笑引伸，陳海梅兒子陳培錕和張伯駒也自然是份屬「同年」了。

辛亥到解放的三十多年。舊文學的壇坫中活動的都同是這班老人。國之大老，在故紙堆中的孤懷遁世，卻是舊文化的精英遺緒。當然，歷史的東西

寒山社詩鐘選乙集題詞

需要人去堅持和保護時，執行者自然被視為保守者。

在五十年代初，這些老人仍是「弦歌不絕」的。何以知之呢？我們且看《許寶蘅日記》記錄。這位許寶蘅，曾是民初國務院秘書、銓敘局長、稽勳局長，國民黨北伐後任遼寧省府秘書，共和建國後，是北京文史館館員。他的日記自一八七五年至一九六〇年，當中多紀錄像張伯駒這輩人的身影。且讀幾則：

一九五〇年六月三十日，十六日丙申：入肆吃點心，遇修直，略談數語。正剛寄來社題，一《六州歌頭——居庸關長城弔古》，一《金縷曲——庚寅詞集圖卷》。

一九五〇年七月十日，二十六日丙午：子受來。正剛寄示《金縷曲——題庚寅詞集圖》。

一九五〇年八月二十日，初七日丁亥：同治薌赴伯駒庚寅詞集之約，乘電車至前門，步至西河沿，集者十八人，肴饌甚豐，九時散歸。《六州歌頭——居庸關長城弔古》作者二十人，余所取前三名為寇夢碧、關穎人、徐蛻庵，夢碧名泰逢，年三十三，在天津設有夢碧詞社。《金縷曲》作者十七人，余所取前三名為黃君坦、張叢碧、關穎人。

一九五〇年八月二十九日，十六日丙申：李響泉（竣之）來，以各家題君子館專詩曲見示。孫正剛來，示庚寅詞集第三集題見示，一《人月圓》（庚寅中秋

稊園詩社假承澤園舉辦重三禊集，前排左三張伯駒，左四潘素

禊園初集）」，一《清平樂》（落葉），饋酒二瓶，又以摹寫枝巢《讀清真詞札記》及娟淨、公渚兩跋卷乞題。校閱《夢窗詞》。與娟淨弈。四時半同娟淨乘汽車赴關穎人咫社詞集，集者十六人，九時歸。

一九五〇年九月一日，十九日己亥：譜《人月圓》、《清平樂》各一首，題《庚寅詞集圖》卷首。又為高玉生寫扇。與娟淨弈。

一九五〇年九月廿四日，十三日壬戌：三時到中山公園庚寅詞集，晤葉遐庵，二十餘年不見矣，八時歸。與娟淨弈。

一九五一年三月廿九日，二十二日戊辰：晴。接咫社及庚寅詞集聯合通知，三月三日約於承澤園修禊。和九來弈。

可以看到：「詩鐘、修禊、題圖、校閱、社題、弔古」這類關鍵詞，正是張伯駒這班老人生活中的關鍵詞。但稍後，極左思潮抬頭，諸事都定於一尊，來自舊社會的自由主義舊知識分子要面對新題目了。像關賡麟在辛亥後組織了「寒山詩鐘社」、「稊園詩社」和「清溪詩社」，在解放之初還油印函件四出徵詩，這和時代脈搏就不大協調，於是有朋友出言勸阻了。而張伯駒呢，他也曾組織了「庚寅詞社」（即「展春詞社」）（庚寅是一九五〇年），未幾，也自動結束了。原因未知，可能像關賡麟一樣，有善心者勸阻吧？不過，「執著」是張伯駒的本性。繼之反右未幾，張伯駒于役遼寧。由於「山高皇帝遠」，張氏做了兩件「執著」的事。

關賡麟穎人

春遊瑣談

第一件是在那環境中編成了《春遊瑣談》，這分明是一種「執著」。該書有他本人的序，但很簡略。序如下：

「昔，余得隋展子虔《遊春圖》，因名所居園為展春園，自號春遊主人。乃晚歲于役長春，始知『春遊』之號，固不止《遊春圖》也。先後余而來者有于君思泊、羅君繼祖、阮君威伯、裘君伯弓、單君慶麟、惲君公孚，皆春遊中人也。舊雨新雨，相見並歡。爰集議每週一會，談笑之外，無論金石、書畫、考證、詞章、掌故、軼聞、風俗、遊覽，各隨書一則，錄之於冊，則積日成書。他年或有聚散，回覓鴻跡，如更面睹。此非惟為一時趣事，不亦多後人之聞知乎。壬寅春中州張伯駒序。」

序寫得很感人，但張伯駒的集稿辦法很可能是受當年郭則澐編《知寒軒談薈》的影響，郭氏在其序言也說到：

「與同人約月兩集，集必夜談，感於時變，乃以『知寒』名社，且次其所談，萃錄之為之《知寒軒談薈》。集者，傅藏園前輩、李響泉大令、夏枝巢、恩詠春、傅娟淨、陳蒓衷四同年，及黃賓虹、許辛盦、陶鮚厂、黃君緯、柯燕舲、姜韡齋、楊蓼庵諸君子，戚懿黃霜腴、隴葊昆仲。曰『談薈』者，不以代斷，不以類分，遍掇群言，綜歸一冶，筆之者龍顧山人也。」

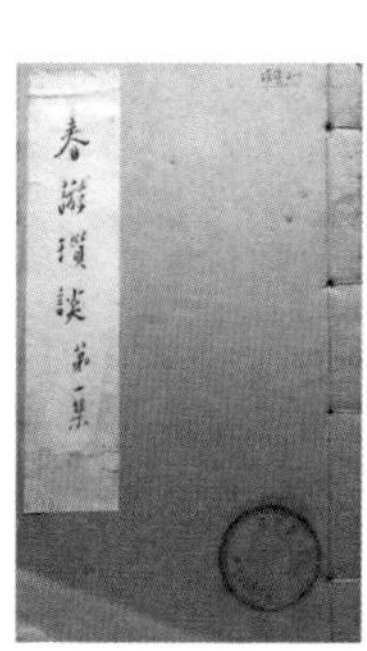

春游瑣談第一集

張伯駒編著《春遊瑣談》一九八四年中州古籍出版社初版封面題字于省吾

而羅繼祖在《楓窗三錄》有《〈平復帖〉〈遊春圖〉未流出國外》，文中所說亦足為佐證云：

「陸機《平復帖》、展子虔《遊春圖》，為吾國藝苑瑰寶之僅存者，皆藏項城張叢碧先生伯駒許。叢老極珍視之，既以平復名堂，又以展春名園，復自號春遊主人。叢碧出身貴胄而寢饋文史，工詩翰，精鑒別，風雅好事。其夫人潘素擅寫山水，叢老亦偶作蘭竹，殊清曠不俗，與詞並美。解放後，充故宮博物專門委員，一九五七年錯劃右派，由陳毅同志薦任吉林省博物館副館長。時于思泊先生省吾與予輩皆在吉林大學歷史系任教，于為舊雨，予輩則新知，每晤必縱談文史書畫，兼涉朝章國故戲劇，娓娓忘倦，叢老且督每人寫札記，由其手繕匯為《春遊瑣談》，以『文革』中止。今中州古籍出版社已為版行。其《平復》以四萬元得之溥心畬儒；《遊春》以黃金二百二十兩得之玉池山房馬巨川，以價巨，至斥鬻房產以濟之，均見其《春遊瑣談》自記。吾國書畫劇跡藏之私家者，清末民初多經估儈手以重價流入東西洋，如水赴壑。《瑣談．北京清末以後之書畫收藏家》一文，記其梗概，不過十之二三，藏者又皆及身而止。聚散雲煙，其留有記錄者，南方惟龐氏虛齋，北方惟完顏氏三虞堂、汪氏麓雲樓、關氏三秋閣已耳。惟叢碧獨以保存國粹為職志，及身已慨然化私為公，不僅《平復》、《春遊》兩劇跡先後捐獻故宮博物院，即其《叢碧書畫錄》中物，亦多數捐公。叢老論清末民初之藏家『為制外邦之剽奪，功罪各

張伯駒（右四）與于省吾（右一）童第周（右二）等在長春，六十年代

半』。若叢老則有功無罪者。叢老蓋君子而兼才人也。」

七二鐘聲

第二件「執著」的事是「七二鐘聲」。出人意表是，在一九八二年，卻有一本《七二鐘聲》面世。這本是張牧石和兩個朋友在一九六八至一九七二年的地下「詩鐘」的創作，這在當時都是封、資、修的東西，這兩年輕朋友是「玩火」。但這事讓張伯駒見到了，居然張也見獵心喜，也要和青年人一起玩。後來匯成集。其時正值四人幫當權，要等到四人幫覆滅了，還再隔了六年，纔有人以油印本方式面世，以《七二鐘聲》為書名。《七二鐘聲》就是指一九七二年的「詩鐘」，設想當日張伯駒老頑童和兩年輕朋友一起在「玩火」時，可曾瞞着潘素？這事有熊德基在《學林漫錄》第九集的「漫談詩鐘」中談過，原文是：

> 「但在一九六八至一九七二年張牧石和兩個朋友卻借此遣悶，張伯駒見之也和作了若干首。他們一九八二年油印的《七二鐘聲》，分詠嵌字各體皆備，亦有佳句。特別是他們所作的各種『詩謎格』，限每句成一詩謎，如限詞牌名有『一騎紅塵妃子笑（荔枝香近），半廂涼月旅人愁（秋思）』，限書名的有『登蟾攀桂都成夢（花月痕），跨鶴纏腰等是空（揚州夢）』，均具匠心。」

文化部沈雁冰頒發與張伯駒潘素伉儷褒獎狀，表彰捐獻平復帖等劇跡八件，一九五六年

賞異垂青眸

張伯駒愛「詩鐘」，更愛詩鐘背後的人事掌故。他更曾錄一「詩鐘」聯示人。筆者藏有張伯駒行書他人的鐘聯，並旁加六行小字長跋。該聯曰：

「射虎斬蛟三害盡，
房謀杜斷兩心同。」

兩旁六行小楷題識是：

「張之洞督鄂時，宴客為詩鐘集，限蛟斷四唱。候補道蔡乃煌得是聯，張大激賞之，即致函袁世凱，言於慶親王奕劻，蔡獲任上海關道，蓋當時政局，奕劻、袁世凱張之洞為一系，瞿鴻禨、岑春萓、盛宣懷為一系。西太后以奕劻貪婪，領班大學士欲以瞿易之。一日，言於瞿。瞿歸家言於其夫人，復言於其侄女。侄女與英大使館有識者，洩之，遂為英大使所知。值西太后宴各國使節，英大使遽前問后，貴國有無易首揆事？后曰無之。乃大愕異，以只言於瞿，何以英大使知，聞於袁世凱，乃挽侍講學士惲毓鼎拜摺劾瞿，許以銀壹萬兩，外任河南布政使。惲遞摺後，西太后即予開去瞿鴻禨大學士缺，岑、盛亦皆罷官。但瞿尚有清望，一時物議沸騰。餽惲銀只給三千兩。奕劻亦未敢（發）河南布政使之命。蔡詩鐘三害盡，蓋指瞿、岑、盛；兩心同，蓋指袁、張。此亦詩鐘史中之一掌故也。（敢下落發字）中州張伯駒，時年八十。」

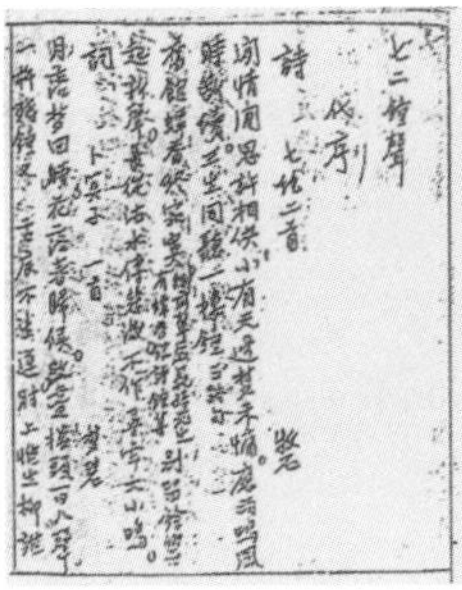

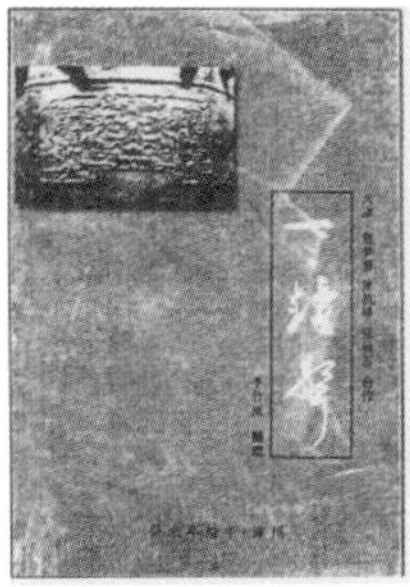

《七二鐘聲》

張伯駒行書詩鐘聯

末鈐印二：朱文葫蘆形印：「京兆」，白文方印：「平復堂印」。

可見，張氏不僅喜歡「詩鐘」，也更喜歡「詩鐘」背後的那些掌故。張氏喜歡的該是蔡乃煌的才智。但蔡當年是袁世凱紅員，而張氏又是袁世凱姻親，這當中說話是不能不有所顧忌了。經過了「關外徵用」和「失去戶籍」的八十衰翁，我們只能在張氏跋言中領略其未能盡言的微慕。但能為社會惜人材，復能為蔡乃煌說公道話的是陳三立。陳為蔡乃煌作傳時是這樣說的：

「君諱乃煌，字伯浩，姓蔡氏，廣東番禺人。少警敏，文藝捷給，補諸生，著聲儕伍間。舉光緒十七年順天鄉試，上禮部不第，納貲以道員分發湖南。時余父官巡撫，代之者俞公廉三，前後委君主礦務局、善後局，讞衡州、辰州教案，兩署督糧道，一切辦治。俞公薦君於朝，交軍機處存記，並加頭品頂戴。錫良公為湖南布政使，已重君，逮擢四川總督，奏調君自隨。歷充洋務、礦務、商務、軍裝、銅元諸局總辦，用勳勞請補建昌道，未之官。張文襄公求健吏，挈君入都，遷補郵傳部左參議，兼署右丞，未幾授蘇松太道……君胸臆疏豁，剛果敢任，用智計自憙。誦習羣史，能强記，尤慕效傳載俠烈之行，屢急人之難，傾身為盡力，多所拔濟。戊戌政變，詔捕文學士廷式。文方客長沙，陰晝策出之於境，遊海外乃免。其為治綜核名實，機權肆應，繁劇百端，揮斥有餘，不為撓困。施設既精能絕人，亦時操縱維大體。……然跅弛負氣，平視長官，鋒棱不少蔽掩。隸郵傳部，嘗面折所管部尚書，任蘇松太道，與巡撫若

張伯駒用印「京兆」葫蘆型朱文印、「平復堂印」白文方印

退居故總督有隙，輒傳牘抉摘其過失，至遇黨人遊客，益持繩檢立厓岸，以此嫉謗者衆，終坐怨家所中傷，不脫於禍。故凡與遊舊雅知君者，稱君有匡世之資，頗未能學道謙讓，全其才而究其用，莫不痛而惜之，而余亦其一人也。」

（陳三立《清故蘇松太道蔡君墓誌銘》）

陳三立此文把當年其父陳寶箴巡撫湖南時，對蔡乃煌予以賞拔的事都抖出來了。其實這也是當時的風氣使然，晚清時喜談新法和憲政，出過洋和懂點法政知識的人都吃香。像楊度、劉學詢、蔡乃煌便是例子。就像戰國時代的辯士能片言至卿相一樣。在光緒廿二年，是陳寶箴委任蔡乃煌為到省督辦礦務局的。陳三立在為蔡乃煌作傳時不僅不諱言這事，而且也不諱言蔡氏的性格特徵，如說：「然跅弛負氣，平視長官，鋒棱不少蔽掩。隸郵傳部，嘗面折所管部尚書，任蘇松太道，與巡撫若退居故總督有隙，輒傳牘抉摘其過失，至遇黨人遊客，益持繩檢立厓岸，」這幾句把蔡乃煌自立厓岸的獨立人格寫得活靈活現了。然而這就是蔡乃煌的真正致死之由。所以文章接着說：「以此嫉謗者衆，終坐怨家所中傷，不脫於禍。故凡與遊舊雅知君者，稱君有匡世之資，頗未能學道謙讓，全其才而究其用，莫不痛而惜之，而余亦其一人也。」這樣的「傳」，怎能說是「諛墓」呢？

蔡乃煌一直是受南方政府抹黑的。後來，有人指陳三立此文是受了蔡家二千元。這類說話等於說陳三立是在「諛墓」了。萋菲譖人，就連陳三立也

陳三立

一併污蔑了。但陳三立的高風亮節，又豈是「諛墓」的人？

我們細味其文，對蔡的批評亦不稍作客氣，這又豈是受金為文者所敢為之？蔡乃煌受賞識為湘礦總辦，吳樵、鄒代鈞都有微言，吳樵《與汪康年書》有謂：「湘局總辦近易蔡伯浩，其人聞極不妥，不知湘中何以用之？」（見《汪康年師友書札》）

而鄒代鈞《與汪康年書》則謂：「……蔡伯浩居然為敝局總辦，其人係槍手出身，頗滋物議，然明通機警，尚可任事，較勝喻庶三之蠢蠢也。」（《汪康年師友書札》冊三）

蔡氏生前，陳三立有贈詩：

「補官號作蠻夷長，玩世仍為江海行。白盡鬚髯償笑罵，依然肝膽見平生。滔天禍水誰能遏，繞夢冰山各自傾。豪氣未除沈痛久，只餘對酒百無成。」（陳三立《建昌兵備道蔡伯浩重來白下感時撫事題以貽之》）

讀此詩，可知陳三立和蔡乃煌是一知己朋友。

另：《文廷式年譜》一八九八年條下有：「秋冬，藉陳三立、蔡乃煌策劃之力，先生由其族兄煒、族嫂冒氏夫婦護送，潛行至漢口。」（《文廷式詩詞集》）

以上寥寥數語，可見蔡乃煌是有膽識，重情義的人。而陳三立和蔡乃煌是肝膽相照的朋友，早已惺惺相惜，何至於為兩千元而「諛墓」呢？

蔡乃煌

陳融《讀嶺南人絕句詩拾遺》有詩兩首是詠蔡氏的：

「杜牧平生濩落情，珠江絃管雜詩聲。小生不畏豪門客，爭得青樓薄倖名。」

「帝制功臣強自持，天涯風雨寸心悲。吟儔落落今何日，豹死留皮絕命詞。」

句末小字註曰：「蔡乃煌原名金相，字伯浩。番禺光緒舉人。為縣學生時與粵吏王存善爭一妓被革斥，借監名捷京兆。官至右丞出為滬道。辛亥後以禁煙特派員來粵謀洪憲帝制，為龍濟光所殺，有絕命辭。」但「豹死留皮絕命詞」句有今典可解，此可參讀沈瓊樓《龍濟光入粵前後》一文。文中謂：

「相傳蔡飲彈前一夕，還應龍部統領賀文彪之請，在東堤東坡酒樓波光帆影兩通廳開筵坐花。座中還有幾個文人和蔡作詩鐘，適東道主遲遲未到，數人遂聯作詩鐘以破岑寂。賀文彪綽號豆皮蘯，即取豆皮二字為鐘眼。雁足格第七唱。蔡即口點聯：子建人生悲煮豆，□□豹死尚留皮（下聯述者忘了前兩字）。詎翌日即飲彈陳屍東堤，竟成詩讖云。」

筆者按：沈氏所忘□□兩字，當是「彥章」，王彥章曾謂豹死留皮也。

龍濟光

關於蔡乃煌詩鐘

又：關於蔡乃煌「刺虎斬蛟」詩鐘，百年來幾乎是眾口一辭承認是蔡乃煌所作。不意這樁小事也居然出現雜音。在《世載堂雜憶》中有「蔡乃煌佳句邀特賞」一段，當中內容是有異於眾說的。錄如下：

「黎劭平澍曰：『刺虎斬蛟三害盡，房謀杜斷兩心同』聯，本為粵人蔡伯浩乃煌所作，外間均傳張之洞手筆。蔡與人言，亦堅承為張作，非己作，真善事大官者矣。蔡以廢員起復，在京候簡，正值善化瞿子玖鴻機斥出軍機大臣，與袁不合也。不久，張之洞宴袁世凱於邸，蔡陪坐。之洞喜詩鐘，宴後，拈『蛟斷』二字，蔡得句如上，羣流擱筆。蓋上聯隱指瞿之去，下聯則諛張、袁之協力；不數日，即擢江海關道云……伯浩於民國五年死於海珠善後會議之役，湯覺頓同時遇害。」

劉成禺善於描寫，行文能令讀者神移。但有時是多說了「事情」，卻少說了「事理」。像所說的「黎劭平澍」是何許人？《世載堂雜憶》集中有兩處披露。

這黎劭平是民初參、眾兩會議員，既是鄂省代表議員，又是黎元洪總統府諮議，又是總統的代表。「府院之爭」時，政敵有稱之為「府中四凶」，所指的是丁世嶧、哈漢章、金永炎、黎澍。但又是勾通南方政府的政客。孰料到，這位黎劭平卻又是精通近代掌故的專家。讀徐一士筆記《清季官場規矩實錄》有謂：

「關於拙稿前述户部趙爾巽、黎大鈞事，近接黎氏之公子劭平君（澍）由漢口來函，有所見示，並及其他。函云：『讀大著《隨筆》，博聞允治，甚佩。第

瞿鴻機一九一〇年

二十九期《周報》所載先京卿公與趙次珊尚書一則，誠為事實。惟名稱系北檔房領辦，非管理。按户部北檔房為全部重要文書總匯之所。凡重要交議奏案及事關數省者均屬之。原設領班，滿漢各三員，後因與軍機處領班名稱相同，改為領辦，即清語户部大拉密也。向由漢領辦主政，滿員大抵隨同畫諾而已（另有南檔房一處，只核內務府請款，皆為滿員）。先公癸未通籍，至乙巳外簡山東兗沂曹濟道，持正不阿。……』

（按：文長不盡錄，參《凌霄一士隨筆》一二七則）

張之洞，一九一〇年

話說回來，黎劭平所説「射虎、斬蛟」這「詩鐘」，蔡乃煌堅承為張之洞作，非己作，未説出根據。筆者猜測，可能是受了《高高軒筆記》的影響。《高高軒筆記》作者高友唐（一八八一—一九三四）原名維宗，遼寧鐵嶺人。《藝林散葉》謂：高友唐晚年居南京雙石鼓街，春日赴雨花臺觀放風箏，歸即中風逝世。又謂其「室名高高軒。清仕學館法政班畢業。歷任國民黨直隸支部總務幹事，漢口《楚報》主筆、總編輯，上海《民籲》、《民立》、《新聞》等報通訊員，江蘇江浦等縣縣知事，北京市政公所坐辦。」但現在《高高軒筆記》難以得見，唯有用劉成禺的《世載堂雜憶》頁五十四中那段文字：

「之洞入樞府，暇日課詩鐘，限『蛟斷』二字。張作『刺虎斬蛟三害盡，房謀杜斷兩心同』；頗有表示新黨已殲，與袁世凱共主政局之意。值予友高友唐由漢歸京，友唐居張之洞幕十餘年矣，張問外間對余有何議論？高曰：人皆謂岑西林不學無術，袁項城不學有術，老師則有學無術。之洞笑曰：項城不但有術，且多術矣；予則不但無術，且不能自謂有學。高曰：老成謀國，必有勝算，本從學問中來。房謀杜斷，當以老師為歸。之洞莞然。事載《高高軒筆記》中。」

倘若有重要實據，劉成禺何以不提出來以廣視聽？令我想起上世紀六十年代北京中華書局出版的《世載堂雜憶》，扉頁有董必武毛筆題詞，中有云「不無耳食之談、謬悠之説」等語。

蔡氏多才，國民黨要使南方政府合理化，就當然要把北方政府妖魔化。像蔡乃煌和鍾榮光，同時好友都有過少年不羈的時候。但日後結局判若雲泥。一個鍾榮光當上嶺南大學校長，一個禁煙督辦要慘死長堤。而且污水濁泥都傾瀉向他。子貢曰：「紂之不善，不如是之甚也。」

楊度之弟楊鈞，著有《草堂之靈》，其中「記畫孽」，説出一件蔡乃煌的「傳説」，文末尾一句「余常思」用以提出疑問。下引原文：

「蔡乃煌字伯浩，清末候補道中能員也。曾充湖南洋務局總辦，交遊既廣，嗜好尤多，金石書畫，飲食男女，皆其所好。洋務局之規模甚大，入款最巨，彼時錢商首領亦姓蔡，與之交易，存款至百餘萬。伯浩之跡，常於蔡氏錢店見之。蔡氏藏王石谷畫，伯浩欲得以貽慶王，屢與言之，蔡氏未允，祖先所遺，

袁世凱

不能捨也。伯浩銜之，思以威逼，乃令蔡氏限數句鐘悉交存款。款如是巨，何能交出？乃將蔡氏收押。人告蔡氏，謂呈王畫可免。蔡氏益憤，乃書條取畫，畫至獄門，急寸裂火之，雉經而死。余常思：石谷畫與蔡氏命孰輕孰重？本可兩全，竟以俱逝。人與人交，易生冤孽，人與畫亦有孽耶？此則非余所能知者。」

文章寫在國民黨完成北伐之後。該文掩抑自晦，卻能提出問題。楊鈞號白心，故晚號怕翁。此名足表示其心境了。又署白心草堂山人。

（二〇一九年三月四日）

惲毓鼎

有道多助的容庚

容庚三十年代

日前到廣州中山大學參加紀念容希白（庚）誕辰百二十週年學術研討會，會上細心聆聽容老諸弟子發言，深感哲人雖遠，但桃李成陰，教澤猶存。在此，我也把容老的點滴瑣事，綴集成文，用申我的敬意和追思。但以一篇小文去追述一個偉大學人，難免會有掛漏的。也只能如此，我求「盡心」而已。

首先，想以談容老的捐獻作為開始。因捐獻這事，是容老的學養識見和政治社會人生等觀念的一次大綜合行為，這是讓世人了解容老為人的切入點。

解放之初，社會雖窮，卻是人心振奮的年代。人們往往能帶點超越性去看事物。而「化私為公」卻是國人早已有之的教育，《禮運篇》就說「大道之行也，天下為公……貨惡其棄於地也，不必藏於己……」。當傳統的理念和社會主義的理想世界相合時，許多未經改造的知識分子也深受感化，主動化私為公，將珍藏捐獻。這些獻寶行動也代表了捐獻者對新政權、新國家的認同。這熱鬧的捐獻風當中，就有容老的份兒。

容老在一九五六年毅然捐出他所珍藏的一百五十多件青銅器，包括越王劍、昜鼎、曾大保盤等名品，當中「欒書缶」等歸北京中國歷史博物館（現為中國國家博物館），其餘大部分歸廣州博物館。這是一次驚人的捐獻，因為這都是國之重器。單說「欒書缶」，這是欒書祭祀時的盛酒器。此器腹外銘刻五行四十字，字皆錯金，是傳世最早的錯金銘文銅器。欒書是春秋時期晉國的大夫，是由晉成公四年至十八年這十四年間的掌權軍人。有名的戲曲「趙氏孤兒」許多情節雖然虛構，但歷史上真有其事，有人考證此案，結論是參與者和得益者就是欒書。據云此器出土於河南輝縣。容老自估人倪玉書手中以三千多元購入。

據張維持《著名考古學家容庚》一文透露，容老捐贈青銅器之後，廣州市市長朱光批給他獎金一萬一千元。為甚麼會是這個數目？我想朱市長是要表示獎金不足以言報，只能是報之以萬一的意思，這該是朱市長的風趣和幽默。但是到了文革，容老被冠以「反動學術權威」銜，被扣上「炒賣文物」的罪名，要容老退還一萬一千元「贓款」，時人謂「不知造反派怎樣計算出來？」這一萬一千，不多也不少，不就是十年前朱光發的獎金嗎。可是「造反派」沒有利息概念，加上物價指數上升，真要計較，二萬二也不止呢。

容老在批鬥會上退回一萬一千元「贓款」。到後來平反時，這筆款又完

欒書缶，容庚捐青銅器之一，現藏中國國家博物館

整的發還給他，但也沒有計十年的利息，雙方算是扯平了。

要說明的是，容老所捐不僅僅是「國之重器」，此中還是附帶上他的知識產權。

眾所周知，容老十五歲從四舅鄧爾雅治《說文》及刻印，這讓他在古文字學上紮穩根基。二十九歲北上時，以所著《金文編》請羅振玉教正。卅二歲被聘為古物鑒定委員會委員，編入古銅器鑒定小組，是最年輕的一位。四十一歲為考古學社執行委員。

容老自一九二五年起，徵得故宮博物院的同意，著手編纂好幾種青銅器圖錄並陸續出版，如《寶蘊樓彝器圖錄》二冊（一九二九），《武英殿彝器圖錄》二冊（一九三四），《頌齋吉金圖錄》一冊（一九三三）、續錄（一九三八），《海外吉金圖錄》三冊（一九三五），《善齋彝器圖錄》三冊（一九三六）。一九三三年以八年之力編成《商周彝器通考》二冊（一九四一）。所以，他捐獻出來的青銅器，更有他那份「認定」，這是無法以市場價值來論定的。

一九五六年那一次捐獻以後，容老意猶未盡，在同年底，容老再捐出他藏的殷虛出土甲骨和殷周青銅器一批與廣州師範專科學校。其時容老認定：捐獻個人藏品給博物館，能免兵燹賊劫，可以傳之永久，是一件正確而完美的事。

越王劍，容庚捐青銅器之一

在此，要插述一件事：就在容老捐獻珍藏三年之後（一九五九），香港太古洋行的楊銓先生也向廣州捐獻了一批文物（總數達五千五百多件），當時楊銓得到的政治禮遇頗高。市政府固然有褒獎，也有市長朱光為之題詞，更由副市長鍾明、統戰部羅培元主持在陳家祠舉行的《楊銓先生捐獻文物展覽》，同時又編印了《楊銓先生捐獻文物圖錄》。

楊銓先生的榮遇，固然是實至而名歸，但也歸功於他對政治的配合。因他身在香港，有統戰的需要和宣傳作用，所以有關部門都高調處理。以此楊銓還獲任為第三屆的省政協委員。（據《廣州文史資料》第三十八輯題為「盛德宜揚」，作者韓於西是參與這次捐獻的工作人員。）但九十年代李俠文先生見告筆者，謂楊銓先生想參與省政協工作，惟當時共產黨有政策底線，乃未能如願云云。在此姑兩說並存。

反觀容老，儘管他所捐的都是國之重寶，卻顯得冷清了一些。相比之下就顯得榮瘁不同了。

七十年代中，容老同門老友唐蘭時任故宮副院長，唐蘭曾代表故宮，要求容老捐獻所藏書畫給故宮。

這回容老學乖了，他不再是五十年代的理想主義者，不再對一切要求「無所謂」地樂於應命。他變得「有所謂」了，不過容老那「有所謂」的要求也是不成比例的微薄，他只要求辦個展覽會和出版一本圖錄。

蟠夔紋鼎容庚捐廣州博物館青銅器之一

現在這辦展覽、印圖錄，這要求相對於捐獻藏品，那真是豚蹄篝車，不過，故宮卻連這「豚蹄」也不肯付出就是不答應。（或者那時候不能為臭老九樹碑立傳吧）！於是容老只能是決絕的說：「放你的倉庫不如放在我的倉庫。」一不捐故宮了。

還是廣東運氣不錯，容老將其書畫藏品捐獻廣東。一九七七年起連續三年，容老將所藏千多件名家書畫，包括宋人《雲山圖》、元黃子久《雲山清溪圖》、明沈周《吳門十二景冊》、明戴進《溪山消夏長卷》等名蹟，分四次捐給廣州美術館。一九八〇年容老將萬冊藏書、金文拓本，包括明嘉靖版重刊宋刻《宣和博古圖》三十巨冊、光緒十四年日本銅版《西清古鑒》二十巨冊等一大批金石書畫善本古籍，捐獻中山大學圖書館。可是該完滿的事卻又不完滿了，是學校不當一回事，捐獻品放在地庫沒有整理。這應了《琵琶記》曲詞，「我本將心向明月，誰知明月照溝渠」。容老覺得沒意思，往後就更現實點，不捐了！

也許，書店業者有所風聞，乘虛而入，我當時就聽到上海古書行業派人找容老收購其藏書，續後是否成事則不得而知了，但就近的廣州古書業者則能成功挖出容老所藏古籍，其中包括不少叢帖，放在廣州北京路新華書店古籍部，一個為外賓而設的約百多呎的小區域販賣。容老弟子馬國權去古籍書店擬一觀，卻被書店的巫漢章書記拒之門外。當時筆者也曾在現場翻閱這些

文化部沈雁冰部長署名頒發與楊銓的褒獎狀，一九五九年

叢帖，那時雖然定價不太貴，也無力購置，大部分為日本人購去了。我嘗見日本書學專家西林昭一在那裏瀏覽。後來又聽日本書法家宇野雪村說，容老舊藏叢帖他也買了不少。

容老部分珍藏的碑帖古書，由是陸續流散。設使當日的中山大學主事者肯積極一點，容老這大批寶貝，還是會捐給學校的。這讓人想起日本京都大學人文科學研究所，能建立起以捐贈者命名的內藤文庫（內藤湖南捐）、狩野文庫（狩野直喜捐）等等，獨立編目，整整齊齊的排列在一塵不染的書架上，以便一代一代往下傳。但反觀我們這個號稱泱泱大國的學術單位管理層，充斥著無文化使命感、無作為的主管人，寧不令人失望？

容老是純粹的學人，他不談政治，據知只做過兩件和政治有關的事。

第一件是遠在一九三一年，燕京大學二百名廣東籍學生，在容庚的鼓動下，組成「燕京大學廣東同鄉學生救國會」，編纂了《九・一八事變記》，印行分送。而全校性的「燕京大學學生抗日救國委員會」聘容庚、鄭振鐸為顧問，容庚曾在燕大政治周會作演講，呼籲學生讀書不忘救國。並主編通俗刊物《火把》白話報，親自撰寫文章，喚起民眾。

另一次是一九五六年，有一次容老跟我聊天時說，他在二十多年前（五十年代）曾去香港，那是有工作的。所謂工作，就是政府要他做錢穆的工作。事緣於一九五六年，美國籌備在印度加爾各答舉行國際學術會議，錢穆

容庚在中山大學的頌齋藏書室翻閱叢帖，七十年代

被邀，將會出席作報告，也理所當然要攻擊中共。周恩來獲悉其事，囑中南局書記陶鑄派人向錢穆疏通。陶鑄將此重任交托容老。容老與錢穆是燕京大學老同事，又是老友，於是容老受命來港，勸說錢穆不要罵中共，錢穆也給了容老面子，接受勸告，但要求「中共不罵我，我就不罵中共」。而錢穆是能踐諾的人，在這個學術會議上沒罵中共，似乎以後雙方也就互不惡聲相向。至於文革中的亂套，那就不是周恩來、容庚所能控制了。

容老在政治上為國家做過好事，但政治卻沒放過對容老的吞噬。

一九六二年春容老率曾憲通、馬國權和張維持北上，搜集青銅器照片、拓本資料，為重訂《商周彝器通考》作前期準備。容老在京期間，曾訪鄧拓，觀其藏畫，談得投契。一九六五年，當吳晗的《海瑞罷官》，鄧拓、吳晗、廖沫沙的《三家村札記》受批評時，容老卻為朋友發聲，且不識時務地說這是「斷章取義」，搞「文字獄」。這些不合時宜的言論，招至第二年文革啟動的秋天，在校園被強迫戴高帽，敲鑼遊街。以後在批鬥會上，容老竟無有恐懼的說：「你們拉我去坐牢，我還未嘗過坐牢的滋味，你們把我槍斃吧！」

容老風骨稜稜，曾想過以死反抗。當妻子被押解回東莞時，容老萬念俱灰，要投珠江自盡。但死前去東山，想一見老友蕭雋英（客家人，時任廣東省高等教育局局長），經蕭勸解，由蕭致電學校領導，要學校派車護送容老回家。容老也知一死無益，自此便一死之外無它懼了！

錢穆，五十年代

其後，容老推車、掃地、拔草，甚至被「革命小將」鞭打，都能冷然面對了。

批林批孔，中山大學領導要容老表態。容老與馮友蘭老友，但取態迴異，容老在大會公然說：「孔子死了二千多年了，有甚麼可批呢？批孔不如批我吧。」容老說的是真心話，可是與中央的調子非常不一致，在一眾造反派看來，容老這些腑肺之言何止是「奇談怪論」，簡直反動透頂，要組織全市大批判。但省革委會卻指示：「在那裏放毒在那裏消毒」，實質限制在中山大學校內批判，縮細範圍。（八十年代初曾憲通兄見告）那時商承祚就曾直指中山大學黨委包庇容庚，更又質問為甚麼還不定容庚為「現行反革命」。（七十年代中馬公國權見告）商老和容老是同門，但同室可以操戈，他這欲置之死地的說話和郭沫若曾要求鎮壓胡風，都同樣令人齒冷！

近讀羅繼祖弟子蕭文立的《鰋庵侍聞摭憶》，當中有一段文字似可以視為商承祚仇視同門的心理因素的來源。錄之如下：

商承祚，一九八三年

「六三商錫永事

商錫永承祚與容頌齋庚均雪堂晚歲私淑弟子，商曾編訂已識之甲骨文字為字典。鰋翁言商之功底不如容庚，後來之成功靠自己努力。並謂商曾住羅家從學，與某女發生戀愛，後家中令歸娶妻，遂南歸。而此女已有孕往日本醫院生產，告院長其夫婿乃雪堂弟子。雪堂由是疏遠商不與近。」

該上段文字可知商錫永是因男女關係而被雪堂疏遠的。而商的仇視同門的心理，或起因於此歟？而容老嘴邊的口頭禪，是：「沒有羅振玉就沒有我容庚。」這言者無心，但在商承祚聽來則無名火起了。

但反觀，容老對商承祚卻是友好的。據所知，一九六一年香港商務印書館黃蔭普先生幫商父（商衍鎏）在香港印製《商衍鎏詩書畫集》，十六開一厚冊。印刷費是以商務印書館為商衍鎏在香港接件為人揮毫的筆潤作為兑折的。但差額尚欠約二千多元。當容老得知，即囑在港女兒容琬代為支付。女兒回函謂商老太爺有親戚在香港願代為支付。容老即責云：這是他的人情，不勞別人代付了，於此可想見其為人的忠厚。

但忠厚之餘，卻又倔強，只要認定，絕不委婉。是就是，非就非。

五十年代全國批判胡適思想，容老不隨大流，不盲從附和。時有學生寫的論文，題目是批判胡適資產階級反動學術觀點，容老跟這個學生說，「你知道胡適是誰嗎，胡適是我的老師，你寫的論文批判我的老師，你能畢業嗎？」在舉國批胡之時，此語真是一鳴驚人。

容老恩師羅振玉對近代中國學術發展貢獻極大。但解放後大陸對羅振玉的評價很負面，尤其末代皇帝溥儀《我的前半生》出版之後，行銷全國，書中對羅振玉的論述有失偏頗，所以社會大眾普遍對羅振玉的印象不佳。但容老不管這些，仍到處跟人說：「沒有羅振玉就沒有我容庚。」

商衍鎏

林彪出事後，容老在公開的會議上發言，引用《木蘭辭》末段「雄兔腳撲朔，雌兔眼迷離」句作喻，表示中央這些權鬥，局外人是搞不清的。他這些言論在當時卻是很出格的。

容老許多言論與大陸的主旋律不協調，每次運動一來，容老就變成被批判對像。文革間，中山大學造反派發動「革命群眾」批判「大壞蛋」容庚，其中一條罪名說容庚倒賣書畫，屬投機倒把，告到省革委會，省革委會批示謂容庚是靠他的專業知識行事，不能算投機倒把。這就似乎有一隻無形的手，暗中保護容老。可見，容老的人格、學問，在一些人的良知中，還是能起到作用。

雖然，暗中幫助容庚的人大多是無跡可尋的，如果「有跡可尋」，那在當時倒是一件很兇險的事情。但事後能確知的有一位是吳南生。吳老是中共中南局、廣東省委老領導。吳老復出後一直想為容老平反，但阻力很大。中山大學軍管會的領導不同意，說容庚太太是地主婆，態度惡劣，不同意平反。吳老曾說平反工作十分困難，既要開會討論，又要群眾通過，更主要是軍管會的人反對，儘管那些人還是吳老舊日的部屬呢。

一九七七年筆者赴穗，擬拜訪容老，容老卻去了參加他老友的追悼會，所以沒有見到。第二天才知道血吸蟲專家陳心陶逝世，容老與陳老友，那天就是去參加陳心陶追悼會。適逢吳南老當日也參加這個追悼會，見到容老，

羅振玉

遂抓住這一個機會，吩咐《南方日報》《廣州日報》記者，發的新聞稿中參加追悼會的名單，要把容老的名字列上去刊登出來。那個時期，名字公開見報等於平反。吳老此舉等於解放了容老。（二〇一四年十月八日吳南生述）

容老八十之時，記憶力衰退。古文字學會在長春召開，容老本不打算參加，但商老（承祚）說，商要帶研究生去，容老年紀大就不要去了。容老一聽，反而要去，真是包頂頸。容老弟子曾憲通兄好不容易才說服容老不去。容老後來跟我說，幸虧沒有去，原來要交文章的。容老其時腦筋遲鈍，寫字已有點艱難，每執筆忘字，我請他題《三代吉金文存釋文》，容老寫的「代」字多加一劃變成「伐」字，只得重寫。所以容老題字往往要曾憲通兄先寫出字樣，揮毫時不用記憶，有得參照，才不致於寫錯字。寫文章就更不容易了。所以一九七九年古文字學會第二屆年會在廣州召開，容老只能提交舊稿《頌齋書畫小記序》一篇。而廣州會晤諸老友，許多本來相熟，卻已無法記得老友名字。胡厚宣先生在《深切懷念容希白先生》一文提到：在廣州這次會議上，「容先生見了我，面孔很熟，但呼不出名字，幾十年知遇之交、師友之情，他全不記得了。他問我，『你貴姓』，我說我是誰，他說『噢噢噢，忘了』，明天又問，『你貴姓』，我說我是誰，他又說『噢噢噢』。」啟老（功）告訴我，容老見到他，很熟口面，啟老提示，我姓啟（早已棄用愛新覺羅姓氏），容老想一想道，哦，「契（契啟廣東話同音）

毛主席宴請血吸蟲專家陳心陶教授

弟」個「契」，相與哈哈大笑。周燕孫（祖謨）教授也跟我談及，容老見到他，很熟面口，也是忘了其姓名，容老道，大家心照不宣啦。周燕孫丈請容老賜墨寶，容老沒答應，燕孫丈跟我說時，雙手批批面頰，說很沒面子。容老後來連自己的女兒也不認得。女兒進屋，容老問：「同志，你找誰？」

（二〇一四年十一月四日）

容庚伉儷與筆者在廣州南苑酒家，一九七五年

高貞白的「聽雨樓」和《聽雨樓隨筆》

高貞白，五十年代

高貞白先生（一九〇六－一九九二）生於香港，謀食於香港，也死於香港，是地地道道的香港仔。他的生平事功，蘊含許多有趣的故事，年前，筆者撰有《掌故家高貞白》一書詳細道及。本文要說的，是他的「招牌」「聽雨樓」和他的出品《聽雨樓隨筆》的故事。

高貞白

高先生原名秉蔭，後名雨，字貞白。常用的筆名是：高伯雨、林熙、溫大雅、秦仲龢等，而以高伯雨一名最為人所熟知。高先生的書齋名不多，有：寒翠堂、米齋、薑齋、適廬，而以聽雨樓名為最著。

聽雨樓是齋名，文人的齋名，往往是虛空飄杳的，但也往往是有所寄託。以近人而言，梁鼎芬的齋名最多，趙撝叔的齋名最長，這就不一而足了。

據高先生自言：幼時在澄海鄉間大宅中有書齋的事，他說：「因為從小就對書齋培養了感情，後來懂得風雅了，自己雖無能力建一間書齋，但也築了不少空中樓閣的『書齋』，例如聽雨樓便是其中之一。聽雨樓是『建築』在香港清風街廿一號二樓的，倒也名副其實的樓，不過這種樓只是住宅，而非書齋的那種書樓也。」（《我的書齋》一九七九年三月五日《信報》「聽雨樓隨筆」）

聽雨

本來，樓名聽雨，是極為雅致的事，求之古人，先例也甚多的。大概文人都喜歡「聽雨」的意境吧。記得陸游用「聽雨」用得最多，《陸放翁集》中有三十多處的「聽雨」，但傳誦的只得「小樓一夜聽春雨，深巷明朝賣杏花」。再說，宋人蔣捷也是以「聽雨」著名。其《虞美人》云：「少年聽雨歌樓上，紅燭昏羅帳。壯年聽雨客舟中，江闊雲低、斷雁叫西風。而今聽雨僧廬下，鬢已星星也。悲歡離合總無情，一任階前、點滴到天明。」詞中透過「聽雨」，表現出少年、壯年、晚年三種階段的情懷，是傳誦至今的好詞妙句，但卻未必和高先生的「聽雨」相關。

福格的《聽雨叢談》是專談掌故的。也許該和高先生的《聽雨樓隨筆》有相關吧？但又都猜錯了。且一讀高先生自己坦言取名的經過：

高先生在一九七九年三月二日的信報《聽雨樓隨筆》專欄《第一樓「落

沈尹默為高貞白題「聽雨樓」匾額，一九六三年

成」》曾說到：一九四九年五月間，原上海《和平日報》總編輯楊彥岐約見面，在香港大酒店的二樓吃茶。楊彥岐說，「《香港時報》快要出版，他主編兩個副刊，需要很多文章，要我大力支持。我和他是兩代世好，那有不支持之理，何況又是生意上門呢。」三四天後，高約楊又在香港大酒店見面，交稿、談天。其間楊的同事劉以鬯也來了，劉也約高先生撰稿，而且是開個專欄，字數不限。高先生當時是爬格子一族，以此為生，立即應允。

聽雨樓

專欄要取個名堂。高先生絞腦汁苦思冥想。「飯後忽然瀟瀟夜雨起來，時在盛夏久旱，有些雨就覺得可喜。我驀然想起《古文觀止》有《喜雨亭記》，第一句『亭以雨名，志喜也』，何不用喜雨樓，但又立即認為不好。一會後，雨漸大下，滴篤有聲，靈感一來，遂名聽雨。我的第一個『聽雨樓』就是在一九四九年八月十二日『落成』的。」樓名有了，用甚麼筆名呢？「正在沉吟間，一眼望見牆上所掛的元人張雨的水墨風景畫，這個道士別號伯雨，不妨借來用用，於是在第一篇稿上題了『伯雨』兩字，從此久借不還了。」

這是「伯雨」這個筆名的來由。而提到的楊彥岐則是楊千里的公子，高先生和楊千里老友，和楊彥岐則兩代世誼。

高伯雨著《聽雨樓雜筆》由創墾出版社出版，一九五六年

此事，鄭逸梅先生在《藝林散葉》中第三九七條下有云：「高貞白喜聽雨聲，因名其作品曰《聽雨樓隨筆》。而壁間懸有張伯雨之山水立軸，乃以伯雨為別號。」

直到一九六三年，沈尹默以行書寫了個「聽雨樓」橫匾與高先生，高宅由清風街遷入希雲街時，便懸掛出來。正式令此「空中樓閣」有了標誌和招牌。

自一九四九年八月開始迄一九九二年初，「聽雨樓」的出品：晚清及民國史事掌故、香港社會文史掌故的文章，陸續見於香港、南洋的報刊而廣受讀者追捧。

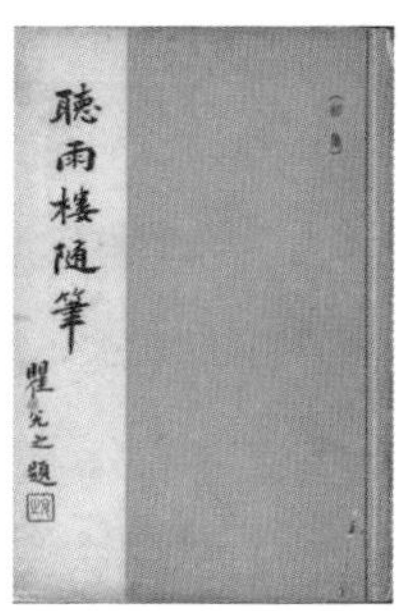

高伯雨著《聽雨樓隨筆》（初集）上海書局出版，一九六一年

三字驚心

一九六四年，章士釗來港，高先生偕朱省齋同往敘舊。章乃以詩二首相贈，詩云：

「三十年間一再逢，誰從鴻爪問西東。
眼中飛鳥原無動，墨辯新從一晤通。
三字驚心聽雨樓，樓中故實記源流。
數從杏閣終荷淨，夜半聲聲滴到秋。
　大著聽雨樓叢談後題。伯雨仁兄方家兩正。
甲辰秋，孤桐章士釗，時年八十有四。」

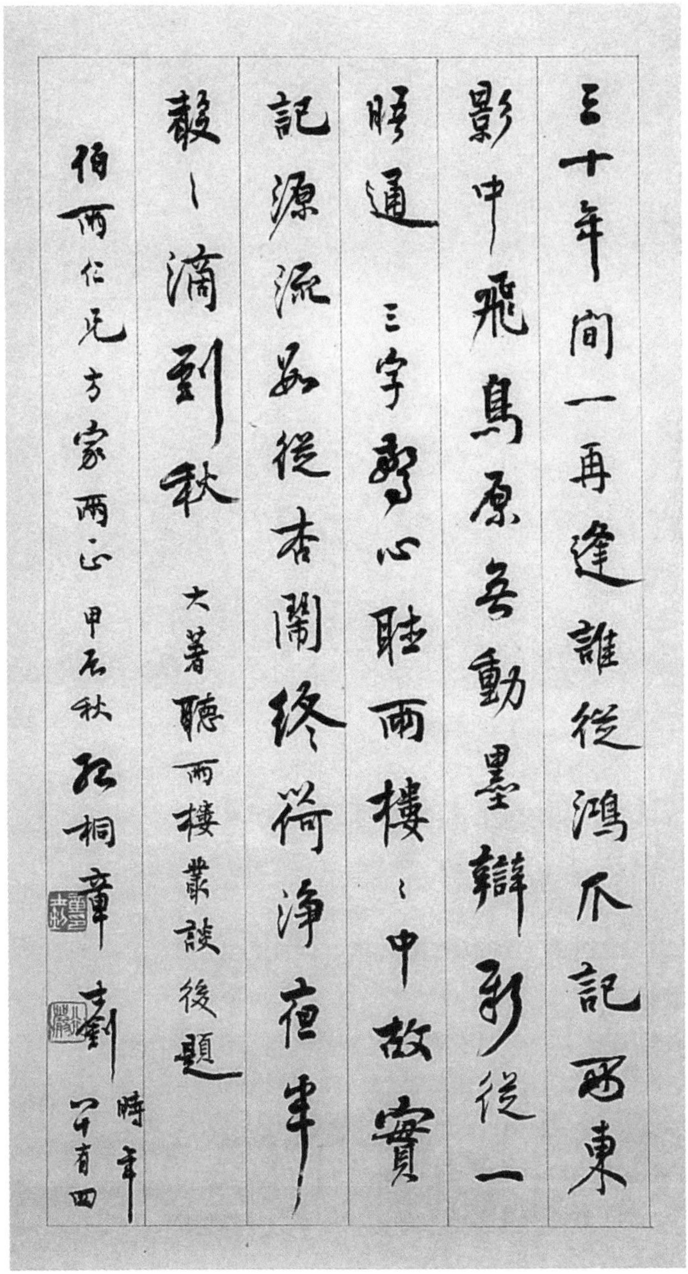
大著聽雨樓叢談後題
伯雨仁兄方家兩正
甲辰秋
孤桐章士釗
時年八十有四

章士釗在香港題贈高貞白詩軸，一九六四年

詩中有「三字驚心聽雨樓」句。「聽雨樓」有甚麼可驚呢？事隔十多年，高先生在《信報》專欄以題為「三十年間一再逢」的文章說到：「原來嚴世蕃（嚴嵩兒子）所居名聽雨樓，在北京城南的丞相胡同。嚴世蕃是一代大奸，而才學富贍，聽雨樓收藏的書籍字畫很多，《冰山錄》所載可見。我敢用這三個字來做『齋名』，也可說是膽大而令人驚心了。」

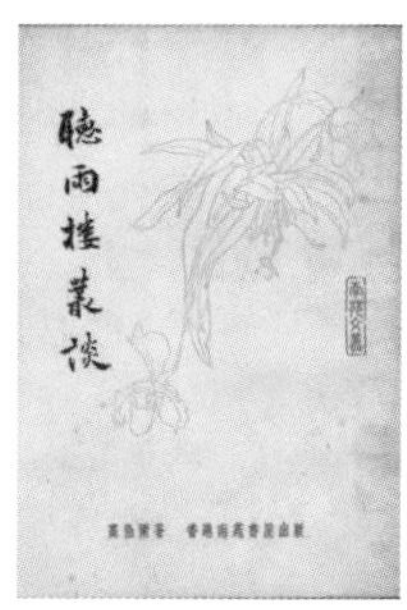

《聽雨樓叢談》，香港南苑書屋出版，「南苑文叢」之一，瞿兑之封面題簽

高先生自詡「膽大而令人驚心」，究其實，膽大者也不止是高先生，在嚴氏「聽雨樓」籍沒後多度易主，後來的新業主都是封建時代的通達人，並沒有像今日香港的愚夫愚婦那麼有「兇宅」觀念。清人戴璐《藤陰雜記》卷九有記載云：

「北半截胡同有聽雨樓，相傳為嚴分宜東樓，前後即其故第。汪荇洲侍郎曾寓，見王樓村集。近韋約軒中丞自四松亭移居。有醉經堂、古藤書屋、得石軒、松石間精舍、槐蔭館、綠天小舫、桐華書塾。九日同人送吳白華司空使楚，分體賦詩。今歸查氏……」

聽雨樓隨筆

聽雨是樓名，也同時是書名。而且《聽雨樓隨筆》有好幾種版本，最早是一九五六年由香港創墾出版社出版。據高先生在一九七九年三月四日《信報》副刊《聽雨樓隨筆》專欄《三字驚心》一文透露：

「這部書在一九五六年八月十六日出版，名叫《聽雨樓雜筆》，這是『聽雨』書名第一次和世人見面。果然銷路甚好，不到一年二千本賣光了，但我未賺到半文錢（另有原因，有機會再談及）。正在此時，我又和《大公報》寫《聽雨樓筆談》。一九六一年，收集歷年在香港、新加坡報刊所登的文字，由上海書局出版《聽雨樓隨筆初集》，一九六四年另一家出版機構又為我印行《聽雨樓叢談》。」

七十年代末，高先生擬精選愜意之作結集出版，卻屢遭波折。（高先生嘗在《聽雨樓隨筆．後記》慨嘆這三次「災難」。）到最後決定自費出版，請小思教授協助，又得林道群先生（時在三聯書店）幫忙，子女暗掏腰包資助而成書，讓老人家高興。書出版後筆者有幸得高先生題賜一冊，得以時常誦讀。

高先生作品凡千萬言，生前只出版一小部分。而在高先生逝世後二十年，港人沒有忘記他。牛津大學出版社林道群先生，請小思幫忙，又得利希慎基金之助，將高先生諸種已結集成書和大量散篇文章編成十大冊，煌煌可觀，仍用《聽雨樓隨筆》之名。

瞿兑之讚語

行文至此，謹以拙藏瞿兑之給陸丹林的短札為本文作結。

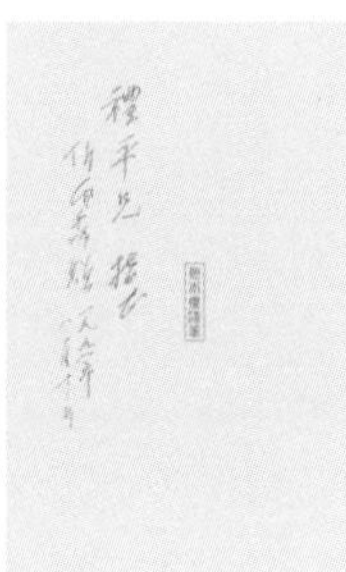

《聽雨樓隨筆》香港社會理論出版社出版，一九九一年

該函對高先生的推崇是平允的。瞿先生是北方掌故家，名輩比高先生更尊。以掌故家去評論掌故家，自足令人信服。該短札云：

「再，貞白兄考訂精詳，下筆不苟，友人中惟徐一士能之，而筆歌墨舞，矯若游龍，則徐君不能及也。弟自問能知此中甘苦，而決不能逮貞白兄之萬一。此非謙辭，亦非為貞白兄進諛詞，所謂文章千古事，得失寸心知，想公亦解人也。如與貞白兄通信，乞以語之。蛻再拜。」

（二〇一七年八月十六日）

《聽雨樓隨筆》十冊，牛津大學出版社出版，二〇一二年

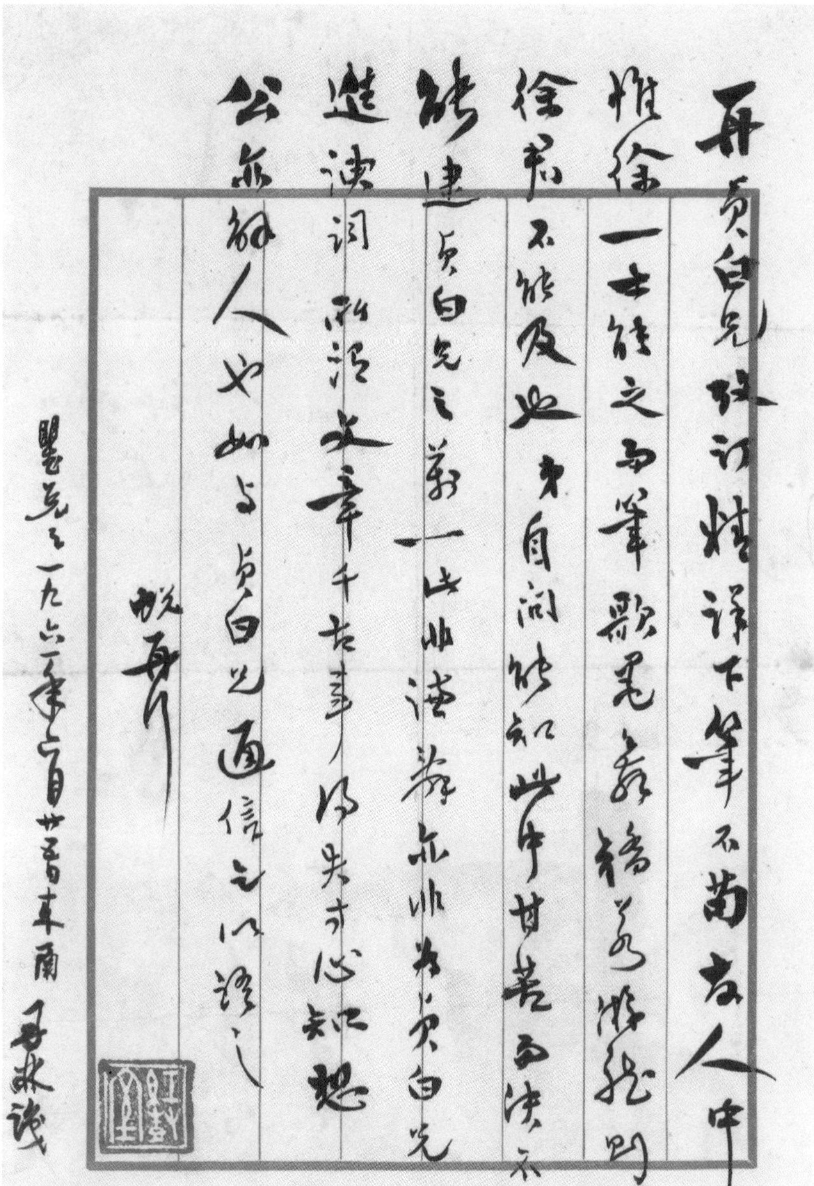

再貞白兄詩詞精詳，下筆不苟，古人中惟徐一士能之，而筆歌墨舞，縱橫跳脫，則徐君不能及也。弟自問能知此中甘苦，而決不能逮貞白兄之萬一，此非謙辭，亦非為貞白兄進諛詞，所謂文章千古事，得失寸心知，想公亦解人也。如與貞白兄通信，乞以語之。

蛻再行

瞿兌之一九六一年六月廿五日來函　丹林識

瞿宣穎（蛻）讚高貞白語，一九六一年

吳南生捐贈北宋《群峰晴雪圖》軸與廣東省博物館

吳南生的書畫、興學、慈善

去夏曾探望吳南生老先生。他雖在病中，猶能留客久談，且記憶力也好。不意今日忽來噩耗，震悼哀惋，令人難以釋然。

吳老，是國之大老。他的離世，國家自有榮典。對於親舊故人而言，所着重者在於「懷恩」和「述德」。那是用往日的碎影音容，寄託自己的追懷和哀思。

一、初識

初識吳老，是在中環的一次飯局上。座中並有香港出版界鉅擘藍真、廣東僑委的蟻美厚、南方影業的許敦樂等前輩，清一色是潮州幫。

那天下午，筆者剛巧蒐到一董其昌行書詩軸，來不及帶回家，就攜同赴宴。吳老問是甚麼寶貝，答曰剛收的「爛董」（謝公稚柳慣用語），待會兒請教。吳老心急，霍地離座要求展示。一打開，「很開門」三字隨口而出，

吳南生在翻閱《舊日風雲》二集，二〇一四年十月

說得也內行。

初識印象，吳老是可親、實在、開明。

二、集古齋

集古齋剛遷至中環都爹利街鑽石商會大廈未久，吳老在港正要買些書畫為禮物，於是筆者陪吳老上集古齋，他不看壁上值錢書畫，而是撿拾堆放桌面的便宜者，並挑了好幾件。當事者打電話上廿一樓（時彭可兆老板在二十一樓辦公室），說是吳老要買的，可否再優惠一下，結論是已經特價，一毫不減，吳老乃照價交易。其實，這家集古齋跟吳老大有淵源。五十年代中，吳老從海南島回到廣州，一度出掌中共中央華南分局宣傳部、中共廣東省委宣傳部，也就兼管香港工委的文教宣傳工作。當時梁威林還未去香港，梁去香港後，宣傳口還是歸吳老管。為推廣中國傳統書畫藝術，兼為國家爭取外匯，吳老建議並批准成立了這家香港集古齋。而集古齋也經營得非常成功，成為中國大陸書畫出口的最重要據點，日後左翼出版系統連年購置辦公大樓、門市店鋪、廠房倉庫、職工宿舍等物業，資金基本上來自集古齋。吳老對香港左翼出版系統貢獻良多。

這令我想起漢朝李廣將軍夜行的故事。卑微的灞陵尉不認識李將軍，一聲不得夜行，那李將軍也回身不夜行了。

七十年代集古齋門市部全寅合攝，持杯男士為老闆彭可兆，後立戴眼鏡者掌櫃胡佳堃，左旁李先生。

三、虛白齋之會

吳老經筆者之介，與虛白齋主人劉公作籌交往，成為老友。八十年代吳老好幾次來港，筆者陪他去九龍又一村海棠路海棠苑虛白齋中，賞畫聊天，兩老均潮汕人士，談得投契。一九九二年九月廿六日，劉公捐獻所藏書畫珍品與香港藝術館，開幕之後兩天，應吳老之邀，由筆者陪同劉公去汕頭遊玩，並欣賞吳老所藏書畫。同行有日本篆刻家小林斗盦、二玄社總編西島慎一、紐約藏家楊思勝醫生、傅抱石千金傅益瑤。此行賓主盡歡。

一九九三年四月廿七日，劉公在新加坡過世，筆者電告吳老，吳老非常難過，並說劉公無條件捐獻畢生所藏書畫，十分偉大，許多共產黨員也未必能做得到。

吳南生到九龍又一村海棠路海棠苑虛白齋訪劉作籌，一九八七年

四、憨齋之好

吳老晚年室名「憨齋」，其實自年青時起，對於書畫就有一種「憨」氣。他雅好丹青，但沒錢買，只是喜歡看。四十年代吉林工作時期，與李初梨、朱光一起居住。而吉林是偽滿所在地，溥儀自清宮中轉移到長春皇宮小白樓就有不少名跡。後來日本戰敗，偽滿覆亡，溥儀倉惶辭廟為蘇聯紅軍捕獲，宮中珍寶自然散佚甚夥。張伯駒就輾轉得到展子虔《遊春圖》、《杜

牧張好好詩》等名跡。朱光出身上海美專，對書畫更是發燒。吳老他們研究如何南下，如何解放廣東，製定作戰計劃。而朱光則東尋西找，終日覓東北貨，結果不負痴心，得了馬遠《水圖卷》（後遼寧省博楊仁愷以多件明清書畫與之交換，馬遠《水圖卷》現歸北京故宮），郭熙《山水卷》（傳曾流入本港）。吳老說朱光下手早，所獲甚豐。吳老則下手遲，五六十年代始以有限的零花錢購藏，幸而那時東西多，價不高，也得了北宋淳熙年間山水大軸等名跡，後來就捐給廣東省博物館。宋人山水在廣東極罕見，吳老尚未捐出，廣東省博書畫專家蘇庚春編《廣東省博物館藏畫集》時，已急不及待把吳老這件私人藏品收入公家書中，提早化私為公，做成既成事實。另外吳老也捐了好些珍藏與汕頭、深圳等博物館。

朱光

五、文革損失

吳老五六十年代在京、穗或潮汕，陸續買了好些書畫，其中有件金農的書法非常漂亮，本來是康生從天津調到北京，後來沒有要，他們就拿給吳老，不久祁烽來穗看到，很喜歡，吳就讓他拿走。後來問祁烽，這件漂亮的金冬心怎麼樣，祁說沒有了，上交集古齋了。那時是文革開始，港澳工委內部也學大陸破四舊，書畫被造反派認為是四舊之一，是地主階級、士大夫階級、資產階級的玩意兒，共產黨員都要交出。還好不是毀滅掉，而是送到集古齋賤價販賣，賣了就當捐獻國家，沒有黨員要收回售出的畫款的。《澳門日報》王家禎按規定也不得不忍痛上交，文革後拿着清單要追回，都沒有了。《新晚報》羅孚聰明，就是不交，還趁低價再買。後來孩子出國讀書，就靠變賣這些寶貝才解決問題。《文匯報》金堯如人被扣在廣東，回不了香港，但在港的書畫得藍真為他保存，文革後返港，能悉數收回。

文革初起，到處破四舊，吳老見形勢不對，立即就把書畫搬走，繼而把軸頭去掉，後來連裱邊都裁掉，整疊甚麼八大山人之類的書畫一齊捲起來，分散窩藏，但還是給搜了出來，損失不輕。文革後只弄回極少一部分。

六、賣畫興學

吳老從不主動跟書畫家求索。像李可染要送畫與吳老，都是信上先奉告，但吳老從未收到過。或寄失了，是未到吳老手上已被「撻」走了。而真正送到吳老手上，還是有不少的。到九十年代中，吳老已逾古稀，該如何處理這些書畫呢？吳老再一次顯示其智慧。一九九五、九六年間，吳老將這批精品，交廣州嘉德在汕頭拍賣，筆者也在港澳幫忙張羅，替捐助者競投（如筆者表伯陳偉南老先生及家父等），這個慈善拍賣得款數百萬元，悉數捐與家鄉潮陽創辦一家中小學（汕頭、潮陽市政府各再補撥一百萬資助興建），令潮陽學子受惠。但仍有人在說閒話，謂潮陽姓吳的鄉親不多，吳老捐資興

吳南生在憨齋藏書法展敲鑼開幕，二〇〇六年

學，受惠的大都是其他姓氏的子弟，大有認為吳老做傻瓜之意。他們不知道吳老是國之「大老」，而不是一村一姓的「大老」。不過吳老聽了閒言，也只一笑置之。到汶川大地震許多學生壓死於校舍倒塌之時，吳老卻有點緊張，要求查核自己捐獻的學校是否結構安全。

吳老認為國家要興旺發達，國民質素要提升，那麼首重就是教育。開放之初，已想到要在潮汕興辦大學。這想法和數十年前的一位同鄉正好相同，那當時著名的兩廣監察使劉侯武，曾以德望在海外籌款，擬興建潮州大學。後來劉氏出亡（年前其令孫劉遵義校長語筆者，一九四九年政權更替之際多有枉殺，國共兩黨都要殺其祖父，故不得不走。）創建潮州大學即成畫餅。誰料到八十年代竟有個武訓式的吳老，既能勸動李嘉誠出資，又呈請教育部得以批准和撥款。到九十年代，吳老更又想到變賣藏品在故鄉潮陽辦學了。

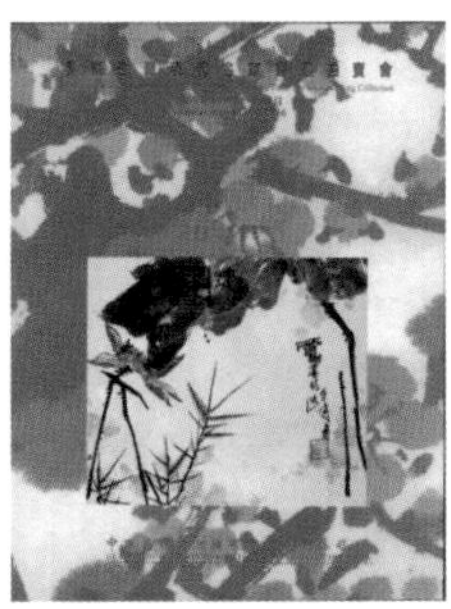
吳南生獻出珍藏書畫在汕頭拍賣捐與潮陽家鄉興學，一九九六年

七、扶貧

除了樂於辦學，吳老也樂於扶貧。前些年，已是八十高齡，他轉讓一批藏品，得款千萬元也是用來扶助他人。如捐助廣東省公益事業促進會的「復明」工程（助貧困白內障患者免費做復明手術），又用於資助老戰友生活有困難者。吳老名氣大，又能寫字，故求字者眾，他酌收潤資，或舉辦義賣。如捐助「義齒工程」，都是用於助人，吳老晚歲為「廣東省公益會」永遠榮

譽會長，竟成了慈善家一族。

以上，我說的很片面和瑣屑。吳老是「國之大老」，留給後人的決不止這些。

（二〇一八年四月十日）

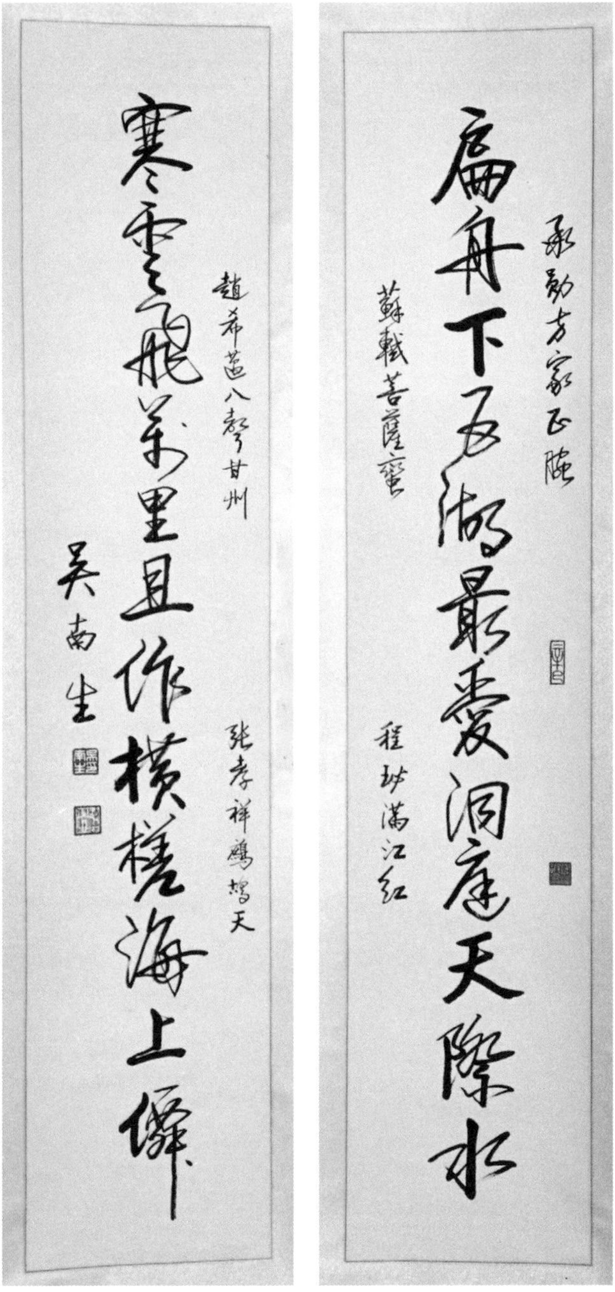

吳南生行書十二言聯贈羅孚

吳南生早歲經歷

筆者祖籍揭陽，與潮陽的吳老（南生）算是大同鄉。其間三十多年的過從，無論是接席清談，或者追隨訪舊，都感到一種「仁人之言，其利甚溥」的感覺。吳老胸懷世界，談話直率。接觸多了，更覺曾經百戰艱難的革命者，有一種憂世的書生本色。如果說毛澤東的「書生意氣，揮斥方遒」是浪漫的，那吳老的書生本色該是沉鬱的。浪漫的多嚮往，而沉鬱者則多懷舊和反思。正因如此，我常聆聽吳老憶述早歲經歷。以下將我聽吳老口述的故事聯掇成篇。

吳祖武　陳南生

吳南生，原籍廣東省潮陽縣關埠鎮上蒼村。一九二二年八月十二日生於汕頭。共產黨人慣常改換姓名，吳老也不例外。他原名吳祖武，詩經：繩其祖武，跟着祖宗的腳步也。曾名吳楚人，此名係汕頭淪陷間，任汕頭青抗會少年工作隊領導時所用。筆名左慈。

而「吳南生」一名，又是怎樣來的呢？緣於「南委事件」時，吳老監送南委秘書長姚鐸到重慶紅岩時要報戶口，當時報戶口很詳細，誰的兒子，誰的女兒，都要報。共產黨人向國民黨政府報戶口哪有報真的，都弄虛作假。由於汕頭有個「南生公司」，非常有名，又容易記，遂藉以為名。紅岩八路軍辦事處有個參謀長姓陳，吳老也就跟他姓陳。就叫「陳南生」吧。從重慶紅岩開始，吳老就叫陳南生，一直叫到返回廣東，才改回原來姓氏，而叫吳南生了。

至於吳老兒女的名字，和他的名字也有關係。吳老既改名「南生」，他的長子就叫小南。吳老小時候在汕頭叫「祖武」，所以幼子叫小武。夫人是許英，小女兒名叫小英。許英原名芸雄，所以大女兒叫小芸。

吳老改用陳南生一名，大概不太習慣，有時自己也搞糊塗了。南昌解放，吳老在行軍途中聽到廣播任命陳南生為第一任南昌市市長，吳老還以為說的是別人，到南昌後，才知道自己做了八大山人故鄉的父母官呢。

吳老幼時家貧，父親在汕頭小公園騎樓下修理鐘表。吳姓在潮陽縣是小姓，不是旺族就容易受人欺負，所以家人就依附教會，都成為基督徒。小小的吳南生幾歲大已幫忙做家務，他嘗笑說六七歲到菜市場買雞蛋，喜歡買已破的雞蛋，一來便宜，二來可以從破口瞧見裏頭有沒有壞。南生幼時喜讀《施

汕頭南生貿易公司

公傳》、《七俠五義》等武俠小說，由於家貧沒錢買書，就站在書店看。少年吳南生求知慾強，記憶力好，許多學問知識就是站在書店看書汲取的。

作文一百分

吳南生就讀汕頭市立第三小學，校址在烏橋，都是窮人住的地方。大革命時代的校長是吳華胥，就是吳康民父親，吳華胥是中共早期黨員，解放後回大陸，做過汕頭市政協副主席。南生唸這家學校時約一九三〇年，而吳華胥校長早於一九二七年亡命海外了，但這個學校一直傾向共產黨，吳南生說他讀這家學校時，老師中肯定有共產黨，那個時候老師言論很左，很幼稚，而且公開講，講毛澤東，講甚麼紅軍，到南生快畢業那一年，國民黨來抓人了，許多老師都跑了，有跑到澳門去的，聽說也被抓回來。後來的事也就不知道了，那時南生是小孩，所知有限。但吳南生還記得有位姓朱的老師大概不是共產黨，也被抓走，他的哥哥是有名的歷史學家，朱老師後來放出來了，再回學校上課，但剃光頭，吳印象頗深。

南生小學沒有畢業，因學校此時鬧得不可開交。南生在學校是很有頭面的，很厲害，那時五年級，全校會考，他是第一名，南生的數學本來很糟糕，但這次會考竟也得了個第一名。南生作文更無問題，平日作文都是九十九分，一百分。作文哪有一百分的，就是老師佩服他，才給個滿分。小

汕頭市立第三小學校長吳華胥

學五年級的吳南生，已能寫出二三千字有小說影子的散文。吳還記得當時寫了一篇文章，題目叫「爸爸失業了」，吳父大革命之後一直失業，所以家裏很窮。這篇作文在學校的校刊登載出來，父親看了，氣死啦！大發雷霆，責怪南生說，就是給你講衰的。吳南生後來在汕頭市商務英文專科學校肄業。

舞文弄墨

少年吳南生喜舞文弄墨，搞了個抗日團體燎原文藝社、汕頭文藝座談詩會。一九三六年開始寫作，用「左慈」做筆名。吳南生佩服三國時候的左慈，敢於弄曹操，《三國演義》六十八回有「左慈擲杯戲曹操」，兼且那時對「左」字有好感，「慈」「赤」同音（蔣光慈又叫蔣光赤），所以用作筆名。當時經常投稿胡文虎胡文豹兄弟辦的報紙，最多是汕頭的《星華日報》（約一九三六—一九三七，後來報紙搬走了），也有投去廈門的《星光日報》和香港的《星島日報》，星島登了兩篇，星光、星華也大都發表出來，吳南生將發表的文章陸續剪貼成兩大冊，奔延安時，交母親秘藏在家中閣樓，解放後吳南生返汕頭時才交還。可惜文革暴亂時燒燬了，讓吳老痛心不已。兩冊青春日子的文章剪報，避得過日寇，避得過國民黨，卻避不過自家共產黨。後來吳南生托張問強去找當年的報紙。張是一九三七年《星華日報》代理總編輯，解放前是香港《星島日報》主筆，離開星島之後主編《週

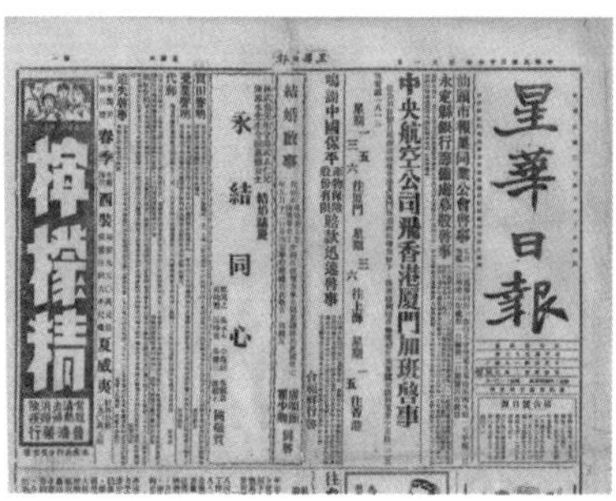
星華日報

中央航空公司飛香港廈門加班啟事

永結同心

檸檬精

吳南生用左慈筆名投稿汕頭《星華日報》

末報》、《正午報》（張夫人在《文匯報》），但結果張也找不到左慈的文章，幫不上忙了。

投筆從戎

抗戰軍興，吳南生投筆從戎，十四歲（一九三六年）已加入中共領導的華南人民抗日義勇軍，次年入黨，旋任中共汕頭市委，潮澄饒中心縣委常委、宣傳部長，澄（海）饒（平）縣委、普寧縣委書記。

粵東潮汕一帶，深具革命傳統。長征前，上海和中央蘇區之間有一條由周恩來親自掌控的秘密「紅色交通線」，這條秘密通道就是以汕頭為中途站。嘗護送過劉少奇、陳雲、聶榮臻、劉伯承、李富春、董必武、楊尚昆、瞿秋白、張國燾……等一大批共黨頭目，而在三十年代白色恐怖的惡劣環境下，這通道竟沒出過紕漏，靠的就是潮汕老百姓的支持。一九九六年吳老陪楊尚昆重返汕頭，楊感慨萬千。楊與吳老説，他走過兩次交通線，幾經艱險，從上海坐船到香港，再到汕頭，輾轉到大埔、永定，最後到達瑞金。他一直感念當年潮汕老百姓的掩護支持。

一九二七年郭沫若隨南昌起義部隊撤退到普寧縣流沙附近遇敵追捕，也就是靠當地農會協助，躲入密林山洞，從神泉與吳華胥等人坐船逃到香港，撿回一命。解放後郭才寫信去普寧向救命者致謝。

一九九六年吳南生陪楊尚昆重返汕頭

說回抗戰間發生的「南委事件」，亦吳南生親歷者。南委即中共南方工作委員會，成立於一九四一年春，是中共南方局（書記周恩來，董必武等幾位領導）的派出機關，下轄江西、粵北、粵南省委，閩南、潮梅、湘南特委和廣西省工委等。南委書記方方，張文彬副之，組織部長郭潛，秘書長姚鐸。南委被國民黨破獲是由江西省委被破壞引起，隨後抓捕了組織部長郭潛，時國民黨廣東省黨部肅反委員余建中（行筆至此，要利益申報，余係筆者舅公，因此案立大功連昇兩級）出面遊說，纔幾個小時，郭即投降，成為共黨最痛恨的叛變。跟着順藤摸瓜，先後再抓了一大批，其中包括南委副書記張文彬，張堅貞不屈，死於獄中。最著者則為在韶關抓捕了八路軍駐港辦主任廖承志，廖係國民黨元老先烈廖仲愷、國民黨婦女部長何香凝公子，經周恩來、周遊（遊子）等多方營救始免被殺害，抗戰勝利後得脫。

在此生死存亡的危險關頭，組織委派吳南生護送南委書記方方等幹部到重慶再轉延安。隨後吳南生接一更危險的任務，就是監送有叛變嫌疑的南委秘書長姚鐸去重慶，吳和姚一起走，吳把姚由潮汕安全送達重慶紅岩八路軍辦事處。其實此行非常驚險，因為姚早已叛變，吳負責監送，但黃雀在後，國民黨特工也是全程監送，只是吳南生的官位太低，小小一個縣委書記，抓了沒用，還會打草驚蛇，所以沒有動吳。還有，姚是有任務要打入延安做臥底的。

國民黨廣東省黨部肅反委員余建中

到了紅岩八辦，吳與姚住在一起，大約有半年多，準備去延安了，這個時候王若飛從延安出來，做報告，說延安抓了好多特務，把姚嚇破膽，想逃了。吳與姚住在一起每天一齊去勞動，種種菜甚麼的，有一天吳老回來入屋，見姚蹲下來把皮鞋擦得烏亮，吳調侃姚擦得這麼亮去哪裏？吳只是開玩笑，但言者無心，聽者有意。姚聽此語似有言外之意，拿起豉油殼甩吳，怒曰：你老是這樣監視我！吳也發火，出拳揍姚，並罵：你裝甚麼鬼，我還不知道你是甚麼東西嗎！吳當時根本不知道姚跟特務（是姚的同鄉同學）已經勾搭上，言者無意，聽者以為事敗，面色一沉，到了中午吃飯就不見姚了。八路軍辦事處在山上，周邊都有國民黨特務監視，特務都在路邊的木板房，誰一出去，馬上抓捕，八辦的人只能在山上自己範圍內活動，到食飯的時候不見姚了，那肯定已經跑啦。吳南生趕緊到對面八辦去作自我批評，說如果是因為我打了他一下而令他跑掉，我應該受到處分。當時和吳南生談話的人，只知道他叫張明，是八辦組織部的，（到了文化大革命吳才知道這位張明是中央軍委的秘書長，又是調查部門的主管。筆者按：這位張明，其實是劉少文的化名。劉少文是中共中央搞情報的。）張說不關吳的事，其實姚早就想跑了。然後問吳有沒有辦法寫信，通知潮汕那邊，吳說能夠，來的時候都有佈置的。張明命吳南生發電報和信件通知潮汕地下黨：「逆子不聽教

南委書記方方

誨，卷款潛逃，這都是祖宗風水不好，要移修。」即通知地下黨緊急轉移，並執行家法，消滅「逆子」姚鐸。信先到，讓潮汕組織有所準備，姚後至。當地黨組派人刺姚，第一次姚受傷詐死逃脫。但姚寡人有疾，寡人好色，第二次，組織使出美人計，有一個女同志，與姚認識，也是吳南生在普寧的副手，吳是書記，她是副書記，有幾個手下，她管婦女工作，南委事件後停止活動。這位女同志撤退去汕頭，在汕頭碰到姚，她本來要上韶關讀書，姚拼命利用她，留他在揭陽的學校教書。有了這樣一個內線就好辦了，殺手才有機會下手滅姚，因上次姚詐死，這次組織派出的兩位殺手非常盡責，等姚的屍體涼了，明確真的死了才撤退，擔誤了逃亡時機，結果犧牲了一個同志，也付出血的代價。隔了六十多年，吳老再提起，還說驚心動魄。

南委事件，對共黨破壞很大。饒宗頤原有一幫他抄抄寫寫的女秘書吳嬌，也是潮州人，有一天突然失蹤，饒莫明所以，直到八十年代在上海聯繫上了，晤談舊事，才知道，因廖公被捕，受命緊急撤退而玩失蹤的。吳嬌還提到她哥哥係國民黨情治單位駐澳門的頭頭，解放初不知是否棄暗投明，返回鄉間以為安全，結果來的不是時候，懞查查的給槍斃了。

贏得美人歸

吳南生從紅岩八辦去了延安，進延安中央黨校為二部學員。延安生活卻

八辦組織部劉少文（化名張明）。

左：消滅姚鐸的殺手，左起：李亮、陳德惠、李習楷。

是艱苦的，夜飯時黑沉沉，蒼蠅又多，看不清吃的是甚麼，夾餸往嘴裏一咬，沒聲音的是豆豉，「必」一聲的是蒼蠅。城市長大的人實在受不了。延安有人養狗，若狗兒走失了，狗主輒罵，定是小廣東偷去食了。

在延安短短兩年，吳老最開心的事是贏得美人歸。一九四五年，二十三歲的吳南生與許英結婚。許英屬雞，與共黨同庚，卻長吳南生一歲，與莊世平、劉作籌、饒宗頤幾個潮汕名人一樣，老婆大老公一歲。舊日説如此可將甚麼相剋的都沖掉。許英是普寧人，原係南方文委機要科副科長，在延安與吳老同在中央黨校學習。結婚那天，老鄉按鄉間習俗，買了些糯米、糖，用砂鍋煮糯米飯，大家用鑵一鑵到底，叫「甜到底」。此舉果真靈驗，二位廝守一輩子。幾年前還搞了個「鑽婚」慶典。許英今年九十七，雖然骨質疏鬆，曾跌過幾次，尚幸無大礙，依然精神健旺，個子矮小瘦削，仍然慈眉善目，美貌如昔，優雅大方不下於楊絳。（此間「五二二」花園道血案被打到頭破血流的名人許雲程亦普寧人，稱許英為姑。）

抗戰勝利，吳氏伉儷響應中央號召，到東北去，行軍艱苦，吳老苦中作樂，吟詠出：「日日征途上，年年作客中；願借千里馬，指日抵遼東。」哪來千里馬，只有腿一雙，行行重行行，走了一年才到東北解放區。吳老出任中共吉林省委政策研究室副主任，中共吉南地委民運部長兼宣傳部長，中共吉林市委宣傳部長。一九四九年隨第四野戰軍南下，任南昌市副市長。解放

饒宗頤秘書吳嬌是四十年代南方局地下黨人，南委事件之後消失。一九八二年十月在上海重會饒公。

廣東時，係中共華南工作團黨委委員，參加解放汕頭市。任中共汕頭市委副書記兼汕頭市軍事管制委員會副主任。

吳老的傷痛

革命勝利了，但革命者的吳家卻發生了悲劇。這是吳老的傷痛，前幾年在廣州華美東路拜訪他老人家，才聽他說起。

吳南生有幾位堂兄，都是會打架的，較牛精，住在礐石（汕頭對面小島），但不是當地礐石人，而係潮陽出來的，與當地人發生矛盾，結怨深，遂被誣告惡霸。

解放之後某天，吳南生路過汕頭，那個時候沒有招待所，也沒有賓館，吳住在老熟人、老部下鄒瑜家。鄒瑜是汕頭軍管會公安接管部部長、汕頭市公安局長、潮汕專署公安處處長。這個時候，吳已到地委，鄒還在汕頭。地委在潮州，吳去饒平，從潮州先到汕頭，住在鄒家。鄒就拿了材料給吳看，是吳的堂兄這一家都被告，罪名都是甚麼惡霸，吳看了以後，不好說話，那個時候不能說話的呀，如果你一說，連你都一起槍斃。吳就與鄒說，一家幾兄弟，罪狀都是一個，那好像不合情理嘛。另外吳南生知道老三是在外面教書，是在林興盛（嘗任潮州市委書記）讀書的學校教書，而且是進步教師，也在這名單裏面；老二呢，是解放以後叫做英雄，他是在海關開引水船的船

一九四五年二十三歲的吳南生與許英結婚

長（在外面引大輪船進來的叫引水船），還是勞模，解放前早就幫過共產黨，那革命母親（李梨英）從內地要到某處去就是老二當交通的，都是住到他家的，對革命有功的。怎麼一下子幾個人的罪狀都一樣。鄒跟吳南生說，你不要開口，我來說。吳南生才到饒平沒兩天，報紙登出來了，全部槍斃。

吳南生父親也很苦，且說吳去了延安，吳父那個時候還在日本人統治的汕頭，到了日本投降，吳父被抓（大概兒子投共），後來查不出甚麼，弄點錢就放出來。吳父出來後到印尼去，揹着一個磨牙的擔子，替人家拔牙。當他聽到兒子吳南生回到潮汕了，老人家也趕緊回來。一下子，聽到幾個堂兄被槍斃這事，老人家哭得死去活來，說，沒有道理呀，如果是反革命，為甚麼市政府還要請他吃飯，還發了請帖，請他晚上去吃飯，中午卻把他槍斃了。這麼一個人命關天的大事怎麼連市長都不知道呢，其實連吳南生都不知道，市長當然也不知道啦。本來潮汕有個三人小組，如果跟三人小組說，林美南（中共汕頭市委書記兼汕頭市軍事管制委員會主任）他們會調查清楚的。但鄒瑜沒有說，鄒瑜是屬於風派、兩面派一類人物，草菅人命，所以汕頭人都不理他。鄒是廣西博白人，四十年代末與吳老同在吉林工作，鄒是吉林市公安局副局長，鄒自己要求跟吳一起南下，現在還活着。前些年，鄒感到很不好意思，他找吳老，表示對不起吳老。吳老說過去的事不說了。

吳父在外面沒事，回來反而出事，當時就哭得要死，老人家脆弱的血管受不了刺激，那個時候沒有血壓藥，一氣之下也就腦袋瓜爆血管，當場氣死了。吳南生一下子失去父兄一家，明知係冤假錯案也救不了，其苦痛不足為外人道也。

吳南生四伯父全家一條罪狀欉在幾個人身上，通通殺了。（老大早就死了，還有一個最小排第四的跑掉，逃到星加坡。）可憐這些堂兄他們的孩子還很小，老婆有的改嫁了。吳又不能出面，也不好說，拖到前幾年，堂兄的兒子提出來要調查平反，吳公子曉南幫他們去找門路申訴，但有關部門說檔案都找不到了，不了了之。隔了六十多年，吳老仍然生氣，又非常無奈。很多事都明明知道不對，也沒有辦法。那個時候大鎮反，也殺了好多幫助過共產黨的士紳，後來有些平反了，但有些被錯殺而沒人出來說話的，也就屬於不了了之了。

（二〇一八年四月十二日）

一九六六年一月五日至十六日，中共中央中南局在武昌召開第十次全體委員會議。十六日，毛澤東會見出席會議的全體人員並合影。前排左起：王任重、陶鑄、毛澤東、陳郁；毛左後趙紫陽；四排左二吳南生。

毛主席與陶鑄握手，一九六〇年，廣州。

吳南生談往

文革初起，「一從大地起風雷，全國幹部都倒霉」。但吳老（南生）的文革遭遇，自己卻很少提及，旁人也不大敢問。鑒於漢成帝時有大臣孔光，家人知他向皇上奏事於溫室，就問溫室的樹長得怎樣？但孔光沉默不語。這就是「不言溫室樹」的典故。不過，以三十多年的亦師亦友，也總有些「語屑」積累。今日筆之錄之，卻匯成口述歷史了。

筆者印象，吳老的文革遭遇，不算太糟糕，倒臺遲，復出早。

文革初起，吳老其時是中共中央中南局副秘書長，兼農辦主任，所以不在機關，主要時間都在河南下鄉（兼河南省委調研室主任）。而中南局各機關首長都被貼大字報，吳老因不在機關，所以沒被貼大字報。到「五一六通知」前後回來，陳郁、金明等就讓吳老這位沒有被貼大字報的幹部當中南局文革小組組長，在中南局書記處辦公廳主持日常工作。

不久，中南局頭頭陶鑄上調中央，走得很急，吳老送他走，原定春節要

陶鑄

回來，連衣服都沒有帶，匆匆忙忙就去了。陶去之前與吳老說要去當宣傳部長，吳說當宣傳部長容易出問題，最危險的。果然去了沒多久就完了，怎麼完的呢？

陶鑄上京後出任中央文革小組顧問，陳伯達、王任重等幾個也是顧問。有一次中央文革小組開會，陶跟江青吵起來了。事緣一個學術單位的造反派要組織革委會。革委會是文革初期的產物，是下面鬨起來的。中央文革小組討論這個革委會主任人選事宜，有位姓吳的原係國民黨人，文革甫起吳鑽出來參加造反，還成為造反派頭頭，甚得江青欣賞，所以江青同意這位姓吳的出任革委會主任一職，但陶鑄不同意，江問陶你為甚麼不同意，陶說吳是國民黨，那位吳氏的確參加過國民黨，所以陶對他有點歧視。江青則反唇相稽，那你（陶鑄）也不是參加過國民黨嗎？陶鑄火爆性格，一聽大怒，拍桌子反駁：我甚麼國民黨，那個時候主席也是國民黨中央宣傳部長呢。江青說不過陶，就哭啦，舊日婦女一哭二鬧三上吊，但江青則是一哭二鬧三上報，沒兩天，陶鑄完了。

出事那天陶鑄還和周總理在人民大會堂接見湖北來的造反派，一回到家，家裏被封啦，電話也拿走，那個時候造反派愛怎樣就怎樣，是「和尚打傘，無法無天」。

陶鑄上京，沒幾天就坐第四把交椅，排名在毛、劉、周之後，也是沒幾

右：陶鑄和周恩來在文革初期，一九六六年九月。
左：文革初期陶鑄在天安門城樓上與毛主席笑談

天，一下子就完了。陶鑄原來有病，找醫生，找醫院，本來都是吳老給他張羅的。陶前列腺有毛病，尿血，懷疑是前列腺癌，後來檢查說不是，反正不大好。陶鑄被打倒下臺，是一九六七年一月初吧，把他弄弄弄，弄到死，而且死得很慘。是前列腺發作，痛苦不堪，睡的是木板床，床板兩邊留下許多指甲抠出的坑道，其苦痛可想而知。當時被打倒的黨國名公巨卿都很可悲，患病根本沒得治療。

吳老說，當年自己是抱着為救國救民而參加革命，一片丹心，非常真誠，也非常單純，怎麼會想到後來會有這麼多複雜的東西。所以吳老囑咐兒子千萬不要從事乃父這一行。

別以為吳老做了中南局文革小組組長是甚麼美差使，一下子，吳老也倒霉了，被劃為中國的赫魯曉夫劉少奇綫上的人，免不了也被打倒，更打成三反分子，即「反黨反社會主義反毛澤東思想」分子是也。吳老和廣大幹部一樣，經歷批鬥、遊街、關押。跟着在韶關梁山幹校監護勞動好幾年，直到林彪九一三事件，得以稍稍寬鬆，一九七二年宣佈解放，繼而半復出用命，直到四人幫倒，才返省委工作。

吳老是正直的人，有顆善良的心，在這些烏雲壓頂、萬馬齊暗的日子裏，吳老在能力範圍內，也保護了不少人。舉個例，容老（庚）君子坦蕩蕩，從不隱瞞自己的觀點，有甚麼說甚麼。容老名言，收書畫像滾雪球（有

北京批判陶鑄大會上大字標語：揪鬥反革命兩面派陶鑄誓師大會

進有出），越滾越大；做學問要撈偏門，冷門容易冒起也。文革間，中山大學造反派發動「革命群眾」批判「大壞蛋」容庚，其中一條罪名說容庚倒賣書畫，投機倒把，告到省革委會，省革委會批示謂容教授是靠他的專業知識行事，不算投機倒把。批林批孔，要容老表態。容老與馮友蘭老友，但取態迥異，容老說的是有良知的學者的真心話，當然與當時中央的調子非常不一致，在一眾造反派看來，容老這些腑肺之言何止是「奇談怪論」，簡直反動透頂，要組織全市大批判。省革委會指示：「在那裏放毒在那裏消毒」，實質縮細範圍，限制在中山大學校內批判。怪不得商承祚說中山大學黨委包庇容庚，怎麼還不定容庚為「現行反革命」。這個「包庇」，吳老是否「幕後黑手」，尚未向他老人家求證，也無法求證了。但有一事卻是聽吳老親口說的。一九七七年，血吸蟲專家陳心陶逝世（毛澤東有詩《送瘟神》讚頌陳教授滅血吸蟲的功績），容老與陳老友，也參加追悼會，吳老藉此機會，要求《南方日報》《廣州日報》發的新聞稿中參加追悼會的名單上，把容老的名字刊登出來。那個時期，名字公開見報就等於平反。吳老此舉等於解放容老。

吳老因雅好書畫，又管宣傳口，與許多書畫家相熟。文革末期，許多書畫家尚未摘帽，仍是「反革命」之身，但吳老不怕招惹麻煩，請這些老友來廣州，住東方賓館，住迎賓館，管吃管住。到元旦或五一、十一之類公開慶典活動，吳老敢於邀請這些還未摘帽的書畫家參加，還把名字登載報章，等於變相平反解放。所以那時許多書畫家叫廣東做「解放區」。但這些舉措，也有風浪。一九七六、七七年，劉海粟參加元旦慶典的名字見諸《南方日報》後，上海市委打電話來責難，問到底是甚麼一回事。秘書問吳老如何回覆，吳叫秘書如此答話：廣東省委的事不用上海市委管。吳老膽敢如此頂撞上海市委，蓋其時葉帥劍英坐鎮廣東，上海市委不知這些安排是否葉的意思，遂不敢再干涉了。其實葉帥壓根兒不知情，完全是吳老幹的好事。

一九七六年，廣東最早恢復文藝團體、協會之類活動。林墉在八十年代語筆者，說某次大會一眾黨官坐在主席臺上，氣氛沉悶。吳老剛自北京返來，在臺上見到許多文藝界的名家坐在臺下，吳老一個一個呼喚他們的大名，一個一個請上主禮臺，而把坐在臺上的黨官一個一個擠下臺以讓出位置。此一驚世駭俗之舉動贏得全場掌聲。林墉說吳老大膽，敢把共事的人一個一個趕下臺。

吳老早歲參加革命，和當年許多黨人一樣，完全出於一種理想，甚至準備獻出生命。解放之初，堂兄一家被錯殺，老父又被氣死，這對他打擊頗大。但他雖然不解，或意為係某些同志工作粗疏所致，仍然對黨忠心耿耿。直至一九六六年在武漢（中南局甚麼會議），見到毛主席，大家請毛主席講話，毛說講甚麼好呢，想不到毛卻講司馬懿食狗屎的故事。

吳對毛這個講話當時也是不理解的，過不久，文革暴亂，才明白過來。

吳南生陪黃苗子在北京中國美術館參觀廣東歷代書法

而文革初起未起之際，吳聽陶鑄報告，批北京市委書記彭真，吳老大吃一驚，嗣後陶上調中央，一下子坐第四把膠椅，但不旋踵，又被打倒了。文革間，吳老與廣大革命幹部一樣，吃盡苦頭。到林彪出事，才稍得寬鬆。及四人幫倒臺，鄧小平復出，百廢待舉。時吳老未及花甲，鼓其餘勇，與當年參加革命準備殺頭一樣，冒險把顛倒的乾坤事理，再顛倒反正。

吳老最大貢獻是八十年代初搞特區。一九七九年初，吳老代表廣東省委到汕頭傳達十一屆三中全會精神，在潮汕呆了兩個多月，觸目所見，貧窮落後，一塌糊塗。吳老說，「解放初期汕頭還是一個商業很繁榮的地方」，而眼前的汕頭，卻是滿目瘡夷，「比我們小孩子的時候還窮啊」！想當年，豁出性命扛起槍桿鬧革命，「可不是為了換取眼前這樣一幅江山啊！」這是哪門子的「社會主義」啊！葉帥劍英老家梅縣，也是窮得太不像話了。吳老多次見到葉，葉總是焦慮地跟吳說：「南生啊，我們家鄉實在是太窮啊，你們有甚麼辦法沒有？快想想辦法，把經濟搞上去啊！」

那個年代，有正常思維的人都感到不改革不行了。吳老順應民意，也順應上意，先通過全國人大會議通過有關決議，以取得合法授權，加上中央和地方大員如鄧小平、葉劍英、習仲勳……等力挺下，終於把特區辦成功，貫徹鄧小平的訓勉「要殺出一條血路來」！讓國民經濟起死回生。

一九八七年鄧小平為深圳特區題詞：「深圳的發展和經驗證明，我們建

吳南生闔府

立經濟特區的政策是正確的。」這個題詞港人不當一回事，但在威權時代的中國，可是字字千鈞，明確肯定吳老的功績，掃除一切攻擊、懷疑的雜音。

吳老很欣賞「孫子兵法」中的名句：「進不求名，退不避禍，惟民是保。」吳老也真的以此為行動準則。

吳老告誡子孫，不要做官，要做學問，做學問不易生存，那找一樣專業來幹，幹不來，找其他事情來做，平平庸庸也沒關係，不要做害人蟲就好了。前些年，見到吳老長公子（紅樓夢專家），問他幹甚麼，答在某某企業（賣的是紅酒吧），然後笑言，不敢做官，做官是高危行業。

（二〇一八年四月十四日）

一九八四年春，鄧小平視察深圳、珠海後回北京時，與吳南生等合影。前排左起：吳南生、馬萬祺、鄧小平、馬萬祺夫人、卓琳。

一九七七年冬，葉劍英、鄧小平在廣州接見廣東省幹部。葉劍英和吳南生握手。

會萬種人　做萬件事

——記香港出版界教父藍真

藍真一九五七年

小引

筆者喜打書釘，六、七十年代之交常到中環皇后大道中三十五號商務印書館、雪廠街中和行二樓的集古齋，動輒半日地大打其書釘（偶爾也幫襯若干）。那時是香港暴動後期，左翼系統人士，多染神經過敏症候群，敵情觀念重，把「階級鬥爭」這根弦綁得緊緊，於是筆者的「多打釘」、「少買書」、且是「常常去」，去則逡巡流連，習慣搜視全店每一行書架幾乎每一冊書，與一般讀者隨意瀏覽迥異，於是引起商務員工的警惕，視為疑似階級敵人（美蔣特務或港英密偵）在此伺機。既然有了「敵情」，即是「階級鬥爭新動向」，那當然要上報業界最高領導，藍真乃親臨書店伺機觀察，當偵知筆者來自澳門，又派澳門星光書店經理林蘋調查（一九七一年澳門關萬里老師函告），此後或者覺得筆者身家清白，既好此道，於是「收編」筆者入行，掛在中華書局海外辦事處工作。事隔四十多年，到藍公為拙著《舊日風雲》撰寫序言時，才透露出當年的事實。怪不得當年筆者租住軒尼詩道友誼大廈小房間，那包租婆的女兒（三聯書店人馬）敢於引薦非親非故的筆者，參加他們書店工作呢？原來事情背後有藍真在發功啊！

筆者既入左翼出版系統，在中環域多利皇后街中商大廈八樓、中華書局海外辦事處掛單，至於職銜，當時不知，現在也都無從稽考，既無合約，也沒有職員證，更沒有名片，總之小夥計一名就是了。雖然與樓上（九樓）辦公的大老板藍真只是一層之隔，但接觸極少。當時大家都尊藍真為公，我也隨眾稱他為藍公。其時我對藍公的了解極之有限，只知他是潮州人，是最高領導。（那個時期與我較熟悉的新風閣的龍先生曾提點：「在這裏工作，與你無關的事情不要問。」）反過來，藍公卻對筆者知之甚深，這是去年承藍公千金列群見告的，她謂當年父親在家中常跟她提起筆者。直到我在另行創業之後，世事紛煩，屢因俗務而要討教的機會也多了，因之與藍公接觸就漸趨密切。

筆者開始理解他經歷的事，理解他接觸的人，而其事其人，往往都不是尋常所能有。蓋藍公的事功，遠非純粹出版事務這麼簡單。在那種錯綜複雜的氛圍，更讓我仰望到真實的藍公。所謂「盤根錯節以別利器」。

藍公曾提及他的老師胡繩，在一九四八年冬離港北上前，題贈十六字：「讀萬卷書，行萬里路。會萬種人，做萬件事。」這十六字和「盤根錯節以別利器」內涵相合。而藍公的一生，也正可以這十六字作為概括，可鏤諸金

藍真（右下端）在崇德小學，一九四五年

石，作為藍公的千秋墓銘。

我知藍公不高興對他讚頌，在此，我只說些當年聞見的事實，用以勾勒出平凡而偉大的身影。

雜記

筆者在中華書局工作之時，有日藍公落來我所在樓層巡視。他是突然步入，而筆者坐位最近大門，霎時藍公已到筆者身邊，見到筆者手執《論語》，問讀些甚麼書。我略帶狼狽，正要支吾，藍公隨即顧而之他，還關心了幾句。其時正是批林批孔，所以我尚未作答，藍公已顧左右，即是視如不見，還和我說些無關宏旨的話，一副無所謂的樣子。同樓辦公同事也多，但誰也沒有覺察。藍公是能舉重若輕地應付複雜和突發。

偶在大堂、走廊相遇，輒勸喻筆者要多出去其他書店看看，了解各種出版物，取人家所長，這才有進步。他是老黨員，私下卻從不講政治，只是在公開場合應應景，但主要還是說些大家關心的事情。

中商大廈五樓是禮堂，藍公偶爾在那裏做報告，講甚麼內容記不清了，只記得藍公不用拿文稿，侃侃而談，聽眾是各大出版機構員工，時而爆出哄堂大笑，蓋藍公言辭風趣，妙語連珠也。上頭要藍公推動學習毛著，藍公演講中竟用「一本萬利」一語作喻，又是笑爆會場。其他政工幹部大都語言乏

生活書店仝人遊銀礦灣，後排左三藍真，一九四八年

味、廢話連篇、沉悶迫人，自不可與藍公同日而語。

筆者辦公室樓下是和平圖書公司，屬北京外文局，再落一層樓是新民主出版社，其時新民主早已沒有出版書刊，其功能是搜羅世界各地書刊資料，運入大陸。每天都有許多大包沉重的報刊北運。此處帶有些神秘色彩。雖然樓上樓下，筆者絕少涉足。曾有一次，應該處花名「貓少」（繆姓）同事之邀入內閒談，貓少指着枱上一厚冊講解槍械的英文書，説這些都是從外國訂來運返國內的資料，説得帶點神秘和傲氣，引人遐思。此一單位之負責人叫陳仕安，不苟言笑，似乎是大人物。

左派機構往往有不同派系派出的幹部互相監督，出版界也不例外。當時掛在新民主出版社的陳仕安，的確大有來頭。林彪出事不久，就是由這位陳先生代表中央，在中商大廈五樓禮堂，向各大出版機構同寅傳達其事。

陳仕安，原名陳錦強，客家人，是中國人民解放軍總政治部派來香港的，領導出版界。陳的地位似乎比藍公還要大。因為藍抓業務，陳抓政治，許多時候，上頭讓陳上去開會，陳回來後再向藍傳達。一如中國人民解放軍總司令是朱德，政委是毛澤東。政委最大。

六十年代中陳仕安初到香港時，頗為謙虛的向藍公請教。時香港放映《亂世佳人》、《歡樂飄飄處處聞》等電影，非常賣座。藍公問陳仕安是否去看，陳説不去，並説這是資產階級的電影，不看。藍公説這些電影在香港

一九四八年十月廿六日三聯書店成立。全體員工十三人合攝。後排左端楊明，右端余樂，前排左端李顯才，藍真居中，右端王桂鴻。

影響大，你跟人家交往，人家問起，不知道又怎麼行呢？後來陳仕安終於去看了，藍公問陳電影怎麼樣，陳說不好，資產階級的，沒有講階級鬥爭。

有一回，陳仕安跟藍公好像很老友，攬頭攬頸，用很溫馨的語調問藍，有沒有看毛選，藍答有，陳再問，有沒有通讀？藍答粗粗翻閱一下。陳很認真的說，要通讀，通讀之後還要吃透，才能掌握好毛澤東思想，才能掌握好政策。說得煞有介事。

出版界另一骨幹陳琪中風倒地，錢學文醫生幫忙，急送九龍某醫院，請得某醫生救治。陳仕安打聽到這個醫生有臺灣背景後說，不行，要送廣州治療。藍公說，這樣做法會死人的，要搶時間立即治理。如此這般，陳琪才大步「躐」過，多活了幾十年，去年在澳洲病逝。

陳仕安是軍方派來，是搞情報的，但對香港許多情況不那麼熟悉。陳雖然學好了毛語錄，也常常強調階級鬥爭複雜，但「階級兄弟」有時更為複雜。事緣陳仕安對某黃姓港人了解不足，為黃某所騙，以新民主出版社名義擔保黃某向銀行借款三百萬大元，還怕藍公反對。的確，若果藍公知道，一定反對。因為藍公清楚此君曾苦害廖一原，騙了廖老五十萬大元。但陳仕安自作主張，自己蓋了大印。七十年代三百萬元是筆鉅款，而那位仁兄「走路」。結果要出版界先承起這筆爛賬，再由廣州軍區埋單。陳雖非貪腐，卻是失察，令單位蒙受巨大損失，遂調回廣州，不久癌症逝世。藍公說起他，

藍真一九五〇年

也有些唏嘘。

藍公善於用人。茲舉一例。五十年代，王家禎在北角搞《週末報》、大千印刷廠，生意不佳，大千廠只印《週末報》，難以維持。《週末報》結束。大千印刷廠歸入出版界，即後來的「聯合出版集團」。（大千印刷廠與商務中華合併，三個名一齊叫太長，於是改為中華商務聯合印刷廠，就沒有用大千的名了。）（藍真口述二〇一四年一月廿四）

王家禎離開《週末報》之後，帶兩個人赴澳門創辦《澳門日報》，一為陳榮根，一為鄒南懷。

鄒南懷是老報人，與王負責編務。但鄒個性耿直，與王家禎不合，遂調回香港，入三聯。三聯已經有總編輯，鄒老的級別高，不宜做副，藍公遂另外開設了一個「朝陽出版社」，由鄒老主持。在筆者的樓上十一樓辦公。筆者有時去探班，鄒喜揮毫，有一次寫了張條幅送筆者，還記得頭一句是「淺水灣頭浪未平」。噢，鄒老是蕭紅遷葬委員之一。

陳榮根原來在天津搞印刷，值延安自國統區物色專才，把陳招去延安從事印刷工作。解放天津戰役中陳受傷，腿微跛。解放後奉派來港，去《澳門日報》也是管印刷。陳級別高，但文化程度不高，印刷其實也不大內行（他太太張桂蘭原是天津女工，嫁老陳後一起來香港，是中華、商務印刷廠的黨委書記），陳性格剛烈，一言不合，竟與《澳門日報》工友打架。在澳門也

一九五〇年三聯書店新民主出版社等出版界同寅沙田大旅行。藍真在第四排中間。

呆不下去，調回香港。許多單位不敢請他。藍公又一次發揮其高度智慧，安排陳榮根去集古齋，管理最重要的貨倉。這個地方最合適陳榮根他老人家了。陳把倉庫的書畫古籍，視為國家財產，保護極嚴。陳偶爾到門市走走。與筆者也相熟，雖然沒有甚麼深交，但老人家總是表現友善。集古齋搬去南華大廈，經常推出一大堆叢書集成、萬有文庫之類特價書放在枱面銷售。有次老陳剛好放下一堆特價書，我左翻又翻，檢了套阮元的《揅經室集》，包括初集二集三集一大疊，用尼龍繩綑綁着，看看後面鉛筆寫着特價八十元，我拿起來跟老陳說，八十元太貴了，他充滿同情的眼神望一望我，接過這套書反轉背面，大筆一劃，再寫兩寫，丟回原位，我檢起一看，原來八十元已被劃去，再用阿拉伯數目子寫了30，即三十元也，大喜，立即向老陳鞠躬，捧著阮芸台這名著出櫃面結賬。

說《澳門日報》，就要說說藍公時常提到的李成俊先生。要說李成俊，且先說當年土共的餿政策和辛酸事。五十年代至七十年代末，港澳共黨的幹部到一定級別，子女長到七歲，就要送回大陸，名曰在大陸受教育，實質做人質。這個政策行了三十年，殘害了許多忠心為黨賣命的幹部子女。待到七十年代末鄧小平復出時，才罵這是甚麼土政策，令這批高幹子女返回港澳，以繼承父母的革命事業為名，「釋放」他們返原居地。如此這般，這批人質才得以返回港澳，但許多人沒有文化，返香港後生活困難。聽說有些單

王家禎

位發放每人幾十萬，以為補助。

要說那七十年代初，李成俊兩個女兒過了七歲，李深知送女兒返文革摧殘的大陸是誤其前途，要做個好爸爸，堅決不執行此一土政策。澳門的共幹都由柯平（又叫柯正平）管，柯認為李成俊不送子女回大陸是抗命，是右傾，把李弄走，調去星光書店。星光原已有經理林苹，李的級別不宜做副經理，也做經理。星光便有兩個經理，林照舊管具體業務，李做聯繫群眾工作，兼搞宣傳。藍公本來就很欣賞小他兩歲的李成俊，常對筆者說李成俊有學問，頭腦靈活，點子多。這個時候藍公趁機請李成俊來香港三聯做總編輯，增強出版界力量。此一調動雖然香港工委梁威林已經同意，但澳門工委柯平不同意。柯認為李調港好像澳門無法立足的樣子，影響形像，遂調不成，李仍留澳門。李公後來返《澳門日報》，與李鵬翥丈拍檔，澳日越做越興旺。藍公有一次在爐峰雅集的飯局上，皺着眉頭，以不解的神情，問《文匯報》某內地調來的劉姓副老總，為甚麼《澳門日報》能夠搞得這麼好，銷路全澳第一，還賺錢。《文匯報》為甚麼銷路不好？還蝕這麼多錢。我當時聽了差點兒笑出來，這是藍公故意「潤」《文匯報》而曲線譽揚李成俊的。後來藍公跟我說，李成俊強調《澳門日報》姓「澳」，這是澳日能夠成功的基本因素。

李成俊

藍公很注重團結其他黨派人士。大千印刷廠的班底有不少東江游擊隊戰士。筆者認識該廠一位雅好書畫的吳瑞岐，以前聽說他是馬共，有次問藍公，藍公說吳是致公黨的，是民主人士，我們把他安插到大千廠。還有不少民主人士，藍公也將他們安插到不同的位置。吳其敏是其中一位。中國新聞通訊社香港分社從前在軒尼詩道《大公報》樓上，六十年代末七十年代初結束，王紀元與吳其敏一起併入出版界，藍公把他們安排在中華書局海外辦事處，吳是副總編，王是負責人，都是筆者的上司。後來吳其敏辦《海洋文藝》（有潘耀明、謝力清協助），時為一九七四年左右。當時中央搞「批鄧整風」，批三項指示為綱。王紀老習慣了對中央的政策堅決執行、貫徹到底。「理解的要執行，不理解的也要執行，執行中求理解。」王指示吳其老《海洋文藝》要表態，響應中央號召，組織稿件批鄧。吳其老非常頭痕，因為當時香港左派圈中，能獨立思考者，咸認為鄧的三項指示為綱沒有甚麼不妥，鄧是正確的，批鄧是錯誤的。吳其老不願意《海洋文藝》幹此丟架事。吳向藍公訴苦，請藍公出手打救。藍公找王紀老研究，藍公說他不能出言制止，而是向王紀老提醒：吳其老如果沒有吃透中央批鄧的精神，刊出的文章萬一出了甚麼問題，你老人家就要揹鑊。王紀老一聽怕怕，急喚吳其老，即刻停止。藍公一語解紛，刀切兩面光，王紀老感激藍公提醒，吳其老更是千多萬謝，要請藍公飲茶，食豆沙包。

左翼出版界薪水微薄，有同事往往因薪酬太低無法養家而離職。惟舊日

藍真，一九五一年

左翼出版圈中有所謂「積子」，積極分子之謂，他們遇有同事辭職另謀高就，恆鄙視之，更甚者視辭職者為背叛。此為筆者親見，印象頗深。但藍公卻心胸寬廣，遇有別枝而棲，絕不阻撓，且樂觀其成。藍公曾跟我說：三聯P君善交際，與不少作者聯絡，編了許多叢書，某大俠看中P君這點，拉他去旗下王牌月刊，合約都寫好了，薪酬一欄空白，由P君自己填。P君找藍公商量，藍說「去那邊一樣宣揚中國文化」，大有「楚人失弓，楚人得之」的氣勢。任由P君自己決定。P君到了某報之後發展得很好。

尚有一筆要記，黨有黨產，國共皆然。而共黨在香港長期處於地下狀態，其資產往往以某些黨員個人名義掌控。藍公亦代為掌控一些黨產，一九八四年花甲退休，所控黨產悉數交還組織。組織感激藍公，年年請藍公旅遊，皆大歡喜。有些黨幹，卻將黨產押與銀行，調些資金助子孫營運。惟做生意十九皆輸，有生意敗北者無法贖回黨產上交，組織也莫奈之何。但藍公規規矩矩，絕不貪財好貨，對組織忠誠。

藍公是福將，每每能化險為夷。六七暴動，港英擬搜捕左翼各系統骨幹，開列有黑名單，藍公榜上有名。當年港英核心部門，亦有中共地下黨人員潛伏，而有關搜捕情報，亦為共黨探悉，左派各頭領急忙閃避。如港英海陸空三路包圍僑冠大廈搜捕左翼骨幹，吳康民丈即攜夫人黃寧由一年輕人陪同逃上天臺躲避，直昇機探射燈照射天臺，吳校長等在暗角避過。後來港英

左起：李子誦、藍真、陳海鷹

追蹤吳校長座駕，截停捕人，卻誤抓了另一副校長和司機，把這兩位無辜者投入黑獄。藍公當時亦要東躲西藏，一九六七年八月五日，藍公避居西摩道美麗臺J座他的持恆老同學翟公暖暉寓所。六日晚上離開，轉移到另一吳姓教育界人士家中。藍公離開翟公寓所才幾個鐘頭（七日凌晨），港英警察已掩至，抓捕翟公。設若藍公在場，必被捕無疑。

八十年代初，李怡《七十年代》雜誌因報導廖公船事件，為中央（即廖公）明令封殺。藍公被香港工委王匡認為封殺不力，準備將藍公炒魷內調。但王匡出事，自己先被內調，藍公始逃過一劫，可以做到一九八四年花甲榮休，安全降落，在香港安享晚年，而不必像他的老友潘靜安要返北京退休，在不熟悉和不習慣的北京終老。可見藍公的命運算很不錯了。

藍公本身是一個傳奇。我曾說要撰寫他的生平故事，請他多講自己的經歷。他老是推宕，叫我寫吳其敏，叫我寫集古齋，總之不要寫他。幸好有一次（二〇一三年九月廿四日）在尖沙咀草地滾球會傾偈，他老人家心情不錯，約略談了若干早歲經歷，今得以據之略述其生平大概如下。

生平

藍真，原名宗民，一九二四年八月十三日生於潮汕地區澄海樟林，樟林近海，有許多樟樹，成為樹林，再發展成一個小鎮，因以為名。

左起：藍真、羅孚、吳羊璧，二〇〇三年

藍真幼時隨外祖母居潮安城內，讀過城南小學等好幾家小學。藍真曾考金山中學，但沒有成功，只被取錄入陶瓷班，學做瓷器。潮州有楓溪，專門生產陶瓷器，行銷海內外。陶瓷公司與金山中學合作，在楓溪吳氏宗祠成立陶瓷學校，將考不到正式中學學籍的學生，編入陶瓷班，培養研製陶瓷人員。但製作陶瓷非藍真興趣所在，只讀了幾天，就不去讀了。後來讀到初中二因無力交學費而輟學。十六歲仔已出來搵食，賺錢給母親養家。

一九三七年七月七日抗戰爆發後不久，八月十三日中共汕頭市工委策動組織成立「汕頭青年救亡同志會」，後改稱「青年抗敵同志會」，簡稱「青抗會」，是地下組織，後來還有地下學聯，藍真當時剛小學畢業，年紀尚幼，沒資格參加。少年藍真那時所為何事呢？小小的藍真關心時局，訂了份報紙《小日報》（楊洲主辦，每日出一小張）。看報學習，了解形勢。並時常跟着中學生大哥哥、大姐姐，挽着桶灰水跟頭跟尾。藍真家姐很進步，藍真也時常跟着家姐，用灰水在街上寫標語。

一九三九年端午節汕頭淪陷。當時潮汕一帶，既有日本人統治的敵佔區也就是淪陷區，又有國民黨控制的國統區，兩區之間往往有些緩衝區。緩衝區有好幾個鎮，也有好幾個村。這些緩衝地帶甚麼人都有，有日本特務，有偽政府的人，有國民黨的人，有共產黨的人，有黑社會，龍蛇混雜。澄海縣城和樟林大概有三十里地的緩衝區。抗戰間藍真在這裏活動，藍真和緩衝區

六七暴動期間港英海陸空包圍北角僑冠大廈搜捕左翼骨幹

的偽政府內的甚麼科長、甚麼主任都混熟了。其實大家互相都知道對方，也互相界面。但大家都避談政治，一切心照不宣。藍真與這些人交往，也就是暗示將來共產黨不會搞你，做個朋友啦。這真像小說情節。而藍真因為出頭出面，故也為當地人所熟知，而真正的大佬縮在幕後。歷來如是。

藍真幹過傳單攻勢，當時所製傳單內容多為口號，如「抗戰到底」，「反對妥協」，「動員動員全國總動員」之類。當夜闌人靜之際，小小的藍真拿着這些傳單偷偷塞入學校、祠堂、富豪大宅。當第二天人們醒來發現這些傳單時，不無震撼，做成游擊隊曾入村的印象，製造宣傳氣氛。其實那時游擊隊尚未成立呢。

藍真在緩衝區裏教書，先後在樟林鄉樹礎小學和蓮陽鄉崇德小學任教，在校內組織讀書會，同時積極參加抗日宣傳工作。其中一項宣傳活動是演話劇。雖然隔了六七十年，藍真還記得演的其中一個話劇叫《麒麟寨》，說的是進步分子去這個麒麟寨，策反土匪，讓他們抗日，劇情還有愛情故事，進步分子與土匪寨主女兒談情說愛，讓女兒影響父親。這個區竟然可以演出這些話劇，但大伙兒也注意安全，演完之後風一般消失，溜之大吉。

一九四五年二十一歲的藍真在蓮陽鄉參加游擊隊，拿槍做戰士，在揭陽抗擊日寇。然而槍桿子究非藍真所長，於是轉為拿筆戰鬥，專門搞宣傳。

抗戰勝利後二個月，國民黨來接收敵產，又要對付共產黨這個心腹大

七十年代雜誌創刊號。
左：藍真和陳琪兩位老戰友在澳洲

患。藍真因為在當地太出名（人稱宗民先生），容易被緝捕，遂由水路遁香港，再潛入廣州。在廣州兩年，無人認識藍真，比較安全。期間藍真曾在花縣做過中學語文教師（代課），教幾篇古文。時二十多歲。藍真老友是縣府秘書，藍真托他謀份差餬口而已，不是真的要教書。教了一個學期（半年）。一九四六年藍真又去廣州。在廣州《建國日報》當校對兼做譯電員，是譯電報四個阿拉伯數目字那種，譯到條件反射，一望即知為何字。又到過省政府水利局治河處，做過曬圖工人，曬工程圖。時國民黨沒有甚麼建設，一天曬十多張圖就無事幹，可以看書，藍真那個時候看的書最多。而「治河處」也被人戲改為「治『何』處」了。

藍公說他讀到初中二輟學，纔十六歲已出來賺錢供母。不僅自小浪跡江湖，也做過許多行業，遇無數人，歷無數事，積累豐富的社會經驗。所以藍公強調凡事是要走群眾路線，要團結人。

藍真在廣州時，與生活書店接觸較多。一九四七年藍公來香港，即在生活書店工作。當時中共文委令生活書店辦一個二線的教育機構，就是持恆函授學校。由生活書店出錢來辦，有黨員，也有非黨員的左翼人士教書。時喬冠華也來講學，是應翟暖暉、藍真的邀請為持恆講三大戰役與國際形勢。喬個子高，頭髮蓬鬆，很浪漫的樣子。

藍公曾有文章談到這段日子。

藍真與香港一眾舊部、文友李文健、小思、林道群、顏純鈎、許定銘、朱楓、許禮平、等，二〇一三年

「持恆是生活書店在一九四七年十月十日於香港創辦的一所紀念（鄒）韜奮先生及旨在培訓文化出版人才的函授學校。為自學青年服務是韜奮先生的遺願，原擬定名為韜奮函授學校，因考慮這名字太響，為便利國民黨統治區的青年參加學習，故命名『持恆』。持恆兩字寓『堅持求真，精進不懈』之意。生活書店總經理徐伯昕任校務委員會主席，教育家孫起孟任校長，程浩飛任總務主任，胡耐秋任教務主任。學校分設專修部和中學部，專修部有哲學概論、社會科學概論、經濟學原理、文學作品選讀及寫作、中國通史、現代國際關係等課程，由胡繩、沈志遠、邵荃麟、葛琴、宋雲彬、張鐵生、曹伯韓等名學者擔任教授；中學部有國文、英文、數學、常識等科目，由孟超、吳全衡、戴依南、徐舜英等擔任導師。除函授外，還有由胡愈之、喬冠華、郭沫若、鄧初民等以講座形式為香港學員作專題授課，如喬冠華講『三大戰役前夕的國內外形勢』，胡繩講『中國為甚麼要反帝反封建』，鄧初民講『新政協』等。教材由教授自編、學校自印，由於當時條件所限，講義只能是刻鋼版油印。」（藍真《一個失落了的約會——懷念持恆函授學校好友鄭新》）

當時生活艱苦，藍公是以校為家，每晚睡在辦公桌上。後來持恆解散（一九四八年十月），藍公回生活書店工作，當收銀員、營業員，旋任總務兼處理讀者通信事務。

一九四八年，國民黨敗像畢露，共產黨得天下之勢已成。生活書店、讀

一九四七年十月十日生活書店在香港創辦持恆函授學校。藍真在持恆學哲學，不久成為學校職員，復負責學友會工作。圖為持恆學友。前排左起：包孝均、許顯、錢靜嫻、藍真、梅淑文、孫起孟校長，後排左起：郭全本、翟暖暉、張永年。（一九四八年）

三聯書店成立三十週年北京聚會合影。
前排左起：李文、沈靜芷、陳原、徐雪寒、邵公文、薛迪暢。後排左起：王仿子、仲秋元、徐覺民、曹健飛、倪子明、范用、陳國鈞、張朝同、許靜、王益、秦中俊、俞筱堯、張煒、藍真。攝於一九八八年十月二十二日。

書出版社、新知書店合併為三聯書店，所有人力物力財力內遷，只留小部分人員在香港經營。原在大道中五十四號二樓的生活書店改為「生活．讀書．新知三聯書店」。十月廿六日舉辦成立的聯歡晚會之後，大批人員北返，藍真留港戰鬥，領導三聯書店等左翼出版隊伍。當時書店（新民主、三聯等等）雖無掛甚麼聯合集團的招牌，實際上都是統一的。解放後，中央有文件稱，解放後以新華書店為主，三聯書店為副。香港情況特殊，仍以三聯為主力。

藍公留在香港（一九四九年杪任三聯副經理，越二年升為經理），領導三聯書店和整個左翼系統的出版、印刷、唱片等文化事業，數十年間默默耕耘，貢獻宏大。

藍公除了整合原來的中華書局、商務印書館等老店之外，並與諸同寅策劃創立了萬里書店、新雅七彩文化事業有限公司、百利唱片公司、太平書局、朝陽出版社、利源書報社、集古齋、琳琅閣、新風閣、博雅齋等等機構。又籌劃創辦了各種各樣當時社會青年所需要的刊物，如《小朋友》畫報、《海光文藝》、《海洋文藝》、《青年知識》、《無線電世界》、《工藝技術》、《季候風》（英文月刊）等等，此外，藍公還鼓動、支持了一些文化界、教育界熱心人士催生了影響頗大的若干刊物，如《七十年代》、《廣角鏡》、《抖擻》、《書譜》、《伴侶》、《生活與健康》、《攝影畫報》等等，為五十年代至七、八十年代香港出版事業貢獻卓著。

藍真闔府與友人

除了出版書刊之外，藍公對書店的門市銷售，對書刊的發行工作，也起到了積極推動作用。如利通圖書公司等機構，前頭是沈本瑛先生和諸同寅的努力，背後有藍公支持，才能成為七八十年代書籍發行機構的重鎮。再如香港其他出版同業，如上海書局、三育圖書公司、學林書店、大光出版社、利源書報社、天地圖書公司等等機構，都有藍公或多或少的參與、支持。並與這些機構共同努力開拓本地和海外的發行業務。

八十年代初，三聯、中華、商務統合成立香港總管理處，藍公出任總經理。

隨着形勢發展，藍公吸納精英分子加強出版力量，編製《國寶》、《明式傢具珍賞》等多種大型畫冊，努力開拓發展國際圖書市場。

一九八八年，三聯、中華、商務香港總管理處擴展成為聯合出版（集團）有限公司，已經退休的藍公，出任集團名譽董事長。

以上寥寥文字，未足以概括藍公一生事功。即使前些年小思為藍公做了九次訪問錄影，恐怕也一樣難以概括說盡。而且小思並非左翼圈中人，藍公自言當時所述是有所保留的。北京三聯書店曾經要出版藍真傳，但為藍公反對。藍公嘗透露過，上海出版博物館曾為他做比較詳細的口述錄音。

我想：要是把北京三聯書店的願望，上海出版博物館的錄音，小思的錄影，以及近十多年藍公偶爾寫些回憶文章，加上藍公周圍的親知故舊，那就

沈本瑛，二〇一〇年

藍真與羅孚合攝於盧溝橋頭之盧溝曉月。時羅孚遭軟禁於北京雙榆樹。一九八七年七月十日

是一本《藍真傳》，將是饒有意義的事。

藍公身體本有些毛病，退休前眼睛易紅易濕，而退休後卻愈活愈健朗，今年初還時常獨個兒去九龍尖沙嘴草地滾球會游泳。只是暑假間得了肺炎，後來又跌了一跤要坐輪椅，略有些少折騰。藍公身體底子厚，對未來充滿希望，對疾病采積極治療態度，處理完前列腺，又通波仔，一年之內（二〇一四年），竟開了幾次刀，手術後防感染總要用抗生素，用了幾次抗生素，到飲水嗆喉，致肺外感染，使用所有抗生素都無效，延至二〇一四年十一月廿六日夜間安詳離世，享壽九十，也算是得到上天眷顧，好有好報，信焉。

（二〇一四年十二月三日）

司徒華訪藍真

悼念藍真先生

藍真晚歲

「藍公走了」。林道群兄傳來這噩耗，疑幻疑真。上兩個月，與藍公通電話，老人家說身體不適，等好一點時才再約我傾偈。前不久，李文健兄來訪，道及藍公跌了一跤，行動不便，在法國醫院靜養，居所正在裝修，等弄好才回家。怎麼會一下子就「收檔」呢。急電藍公千金列群求教，但電話無人接聽。有頃，列群傳來噩耗，藍公真的走了，木壞山頹，曷勝哀痛！

去年，藍公為拙著《舊日風雲》寫序，才透露出是他蓄意拉我入出版行業的。此前我懵然不知，因藍公幾十年從無一語道及也。藍公長我廿八歲，常說我們是忘年交。其實，他是老領導，我是從「敵人嫌疑」被「收編」的，這在他給我寫的序言中都透露了。

拙編《名家翰墨》月刊、叢刊，出版後奉呈他老人家，往往得到他首肯，贊揚，向他周圍的友好推介。近年我寫了些文字，他常常打電話叫我寄給他，還很客氣的說「學習」，我怎敢。

他雖然是共幹，但從不說教，從不擺官威。更為重要者，他會獨立思考，不唯上。處事妥貼，合情合理，深得人心。間有來自上頭的麻煩，但都能頂住。這一心為公，不計個人得失的優良品德，正是當世袞袞諸公所應有而沒有者。

藍公是香港出版界的教父。香港許多出版社、報紙、雜誌、書店、畫廊、書報發行商、印刷廠、同業公會……，紅的、灰的、淺藍的，幾乎都有他的影子，幾乎都離不開他的支持、籌劃、參與、鼓動。他是香港出版界、文化界的仰望豐碑！

近年藍公對於一些出版史實偶有回憶文章，也常向我講述一些內情。遇有不明者，有問即答，其纍纍如數家珍，直如百科全書。藍公曾提出跟我合作，撰述出版界歷史之文章。惟老人家退而不休，忙這忙那，此事遂成泡影。可惜啊！

幾十年的提攜、幾十年的相處，知他絕非和稀泥的好好先生，但卻從未見他有疾言厲色，他只在關鍵處提點。

「團結就是力量」，藍公時常向我強調，他行事的主旋律，就是這六字真言。他說新中國成立之後，新政權以延安出來的新華書店為主，白區的三聯為輔。而在香港，三聯則是主力。其時三聯在德輔道中一家舊木樓的二樓成立，在那幾百呎的書店門面舉辦成立慶典。會場高懸「團結就是力量」橫

一九四八年十月廿六日三聯書店成立。書店仝人全體合照。三排右二藍真，二排右一總經理徐伯昕，二排右六總編輯胡繩。

額，同時高唱的也是：「團結就是力量」。

記得七十年代中，聽灣仔星街某印刷廠老板兼師傅丁修言，丁原是大千印刷廠員工，因故與領導鬧翻辭職，藍公到大千廠調解。丁原擬待藍公這個最高領導到場之後，要「問候」藍公老母兼祖宗十八代，大吵大鬧收場。怎料藍公與他接觸下來，說得合情合理，丁修是火爆硬漢，對着和顏悅色的藍公卻無法開罵，原先想說的難聽辭句統統吞下肚子，結果和氣收場。

若干年前，三聯書店六十週年，在中央圖書館舉辦慶典。司徒華是三聯老讀者，藍公邀請出席此盛會，司徒華題字慶賀之墨跡，亦早早懸掛在會場。有中聯辦官員到場見到，大為不滿，要求撤下。三聯員工急報藍公，藍公也不知用甚麼辦法頂住，照掛如儀。

以上的小事，足以覘見藍公處事有原則，不卑不亢，善於解決問題。

此際，感觸無端，思緒頗亂，勉力為言。

（二〇一四年十二月三日）

二〇〇八年十月卅日三聯書店六十周年酒會在中央圖書館舉行。因中聯辦某官員要求撤下會場懸掛三聯老讀者司徒華題贈慶賀之墨跡事，令藍真不悅。

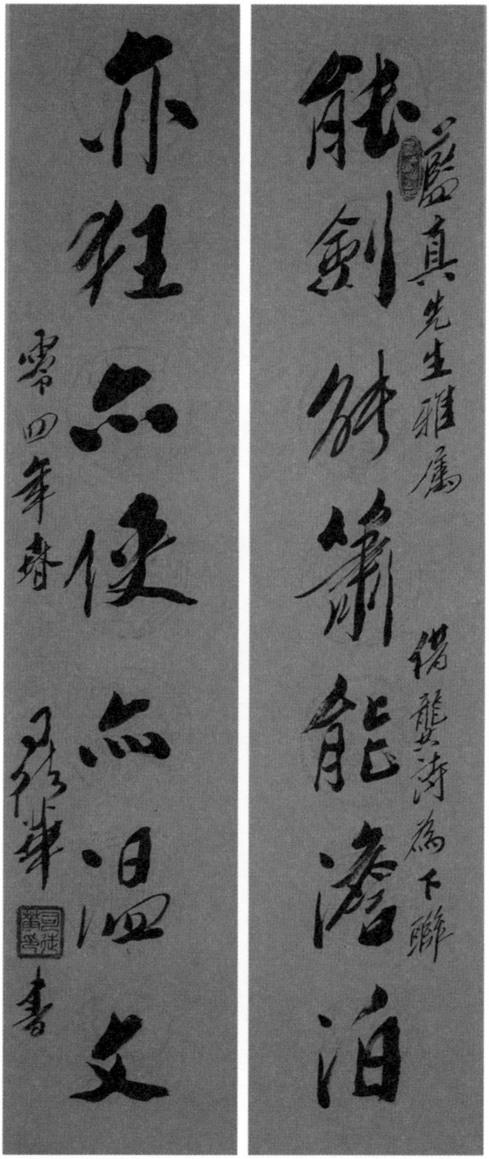

司徒華行書七言聯贈藍真，二〇〇四年

曾敏之二三事

近日好幾位文化界老輩友好相繼仙遊，先是《澳門日報》的李鵬翥先生，繼而出版界教父藍真先生，今又是曾敏之先生。

認識曾老是一九七九年左右，他奉調來香港，出任《文匯報》副總編，其時國內開始關注港臺文學，曾老則寫了一篇港臺文學一瞥，在內地流傳頗廣。而曾老文章最著者，是一九四六年寫的《十年談判老了周恩來》長文，此為中國新聞記者首位披露周恩來生平者。這篇文章後來輯入《中國現代報告文學大系》。

曾老命途多舛，但都能大步跨過。一九四七年任職《大公報》時被國民黨抓捕，幸得仝人營救。解放後任《大公報》、《文匯報》、中國新聞社廣州聯合辦事處主任。曾公直腸直肚，不闇「逢人但說三分話」，他口沒遮攔，導致五七年被整為右派。一九六一年初調暨大教學。文革間更不堪聞問，被批鬥弄到要跳樓。友人鄧炳坤先生（時在中山大學任教）騎單車經

曾敏之參加爐峰雅集四十五週年晚宴與文友合攝。左起：甘豐穗、曾敏之、羅琅、藍真、方寬烈。

過，聽到墜地沉重聲音，看也不敢看就加速離開，後來才知道是曾跳樓，但福大命大，居然不死，只是腿受了傷，後來也完全治好，到我認識他時，根本看不出任何毛病。

曾老來港十年，遇上六四，《文匯報》「痛心疾首」天窗出，曾辭職，避地加拿大，出任《大漢公報》總編。

曾老赴加拿大前，轉讓一些書畫與小軒以籌路費。都是友朋贈送的酬應之作，只有一件齊白石有名。曾老後來將廣州所存書畫一批，通過友人交廣州藝術品拍賣公司拍賣，我也捧場買了一些，其中司徒奇夫人馮伊媚的梅花，較為罕見，至今仍在寒齋庋藏。

嗣後曾老回歸香港，仍然是寫文章，辦雜誌。嘗得何銘思基金贊助，編印《文采》雜誌，每約馬公（國權）和筆者飲茶，討論編務諸事。其時筆者其時忙於自己的刊物《名家翰墨》，無暇兼顧，幫不上忙。後來曾老拉了周蜜蜜、黃珮玉等相助，搞了兩年，後也偃旗息鼓了。

曾老祖籍廣東梅縣，一九一八年十月五日生於廣西羅城縣黃金鎮，算是廣西人，早歲在桂黔邊境的三江縣教書。同鄉羅城人周鋼鳴（一九〇九－一九八一）參加北伐後，到上海與左聯諸君混熟，入左聯兼入中共，回廣西遇曾，曾隨周出來從事文藝工作和報業。報人羅孚也是廣西人，與曾有同鄉之誼，份屬老友，羅海星出世，嬰兒牀是曾老所送。海星及長，曾又作媒，

曾敏之與筆者二〇〇四年

促成周鋼鳴千金周蜜蜜與羅海星結婚。

若干年前，曾告老回穗，但時常來香港，住在灣仔克街，參加作聯活動。時約筆者去廣州見面。筆者托省政協林雅杰兄幫忙安排飯局，曾老喜小酌白酒，笑談掌故，完全沒有老態。去年還數度來電相邀同遊肇慶七星岩，過去慣例六十不留宿，七十不留飯，曾老九十好幾，可以誇張一點說近百，怎敢陪同外遊。

月前曾老來電，聲音已不那麼響亮了，囑寄拙著《舊日風雲》並及楊奇先生。楊老也是老熟人，只是楊離休返穗之後疏於音問，即按指示寄書與楊、曾兩老，這些天忙於他務，還未去電曾老覆命，已見《大公報》所刊噩耗。嗚呼！

曾老著述頗富，有三十餘種之多。作詩千首，真是多產詩人。曾老在《大公報》的老同事蕭乾對他評價：「他學識淵博，才華橫溢，筆耕不輟，在散文、雜文、報告文學、遊記等方面都取得了豐碩的成果。尤其難能可貴的是他不但寫詩，並對我國古籍和古典詩詞尤有獨到的研究，這是我所望塵莫及的。」（《文傳碧海——曾敏之的文學生涯與成就》序）

曾老事功，與香港有關而最著者，當係六四一役，參與《文匯報》社論「痛心疾首」之討論謀劃（實為集體決定），影響至鉅。當晚（五月二十日）文匯有關領導到王家禎寓所（金都大廈）討論。王原是《文匯報》副總編、總經理、支部書記，正臥病在床，由兒子王智鈞陪侍。到會者金堯如、曾敏之、李子誦、陳伯堅（由新華社調來）、張曉映（《大公報》老總陳斌夫人，屬安全部，文匯貿易公司）、張浚生等。張雲楓缺席。大家討論出三個方案，一、完全開天窗，二、「夫復何言」，三、「痛心疾首」，呈新華社許家屯研究。許認為「夫復何言」太文縐縐，既然開天窗，不如用「痛心疾首」。《文匯報》當晚值班老總是曾敏之，新華社交曾處理，曾負責簽大版。當日何亮亮是值班編輯，也在現場，當知道此事。（在王家討論時陳伯堅最激動，他曾是二十七軍政委。當年傳聞調二十七軍入城。）筆者時在北京、蘇州、上海，六月五日返港後略有所聞，今附記於此。

（二〇一五年十月四日）

曾敏之，二〇〇四年

蕭滋先生印象散述

蕭滋，五十年代

兩年前，承蕭公惠賜所著《出版藝術人生》。書為三十二開本二百多頁，封面是丁聰所繪的蕭公肖像。丁聰固然高手，逸筆草草，勾勒出蕭公活生生的神態。而另一層不大為人所留意的是，蕭公與丁聰太座沈峻大姐，曾同屬北京外文局系統。書名是蕭公隸書自題，內容是蕭公有關出版、書畫文章的結集。蕭公的文筆是文如其人，一種平允簡易的氣質，令人讀來如沐春風。

蕭公生於上海。自小酷好書畫，稍長曾在上海行餘畫社學畫，行餘畫社是周牧軒、沈劍南、孔小瑜等名畫家抗戰勝利之後創設於上海的，蕭公在行餘畫社師從張石園、張大壯。當時年輕的周以鴻也曾在行餘教授人物畫，在此插話一句：筆者七十年代末在臺北與周以鴻有交往，後周移居北美便沒有聯絡。與周相處時，我可不敢提及蕭公，因當年臺灣是國民黨統治區，正是在「戡亂」時期，所以不提也罷。但蕭公則表示還記得周氏。

蕭公十八歲投身社會，抗戰勝利後在上海一家西書店工作，書店名東亞書社，東亞與中美圖書公司係同一個老板。中美圖書公司本來是外商，後來被東亞書社收購。上海另外還有一間同樣性質的書店叫「別發」，是西人經營，而蕭公做的那家是中國人經營。按：香港也有東亞書店，亦有中美圖書公司（衛漢經營），蕭公說香港這兩家與上海那家沒有關係。蕭公在東亞做的具體工作是查書目進口圖書，進口的圖書有供門市銷售的消閒書，也有為專業人士訂購高科技、醫學之類的專業書，流程是有讀者託訂，蕭公就查書目去幫忙訂購。蕭公覺得他這個時期的工作，是入行的基本功。

蕭公說，四五十年代，外國的圖書目錄，大八開本，成呎厚，一年出一本，五年又出一本全球的英文書總目，有作者檢索，有書名檢索，有分類檢索，非常科學。後來蕭公又做國內進口圖書，依然要看各種各樣書目，可謂博覽群書。蕭公多次強調，查目錄這個基本功很重要。王鳴盛《十七史商榷》云：「目錄之學，學中第一要緊事。必從此問途，方能得其門而入。」解放之後，年輕人都想去國營機構工作，蕭公也不例外，當時看到北京國際書店登廣告招人，蕭公和另外一個同事去信應徵。可能雙方對口，立即被聘請。一九五〇年夏天，蕭公上京，在國際書店任供應科科員（後升副科長）。國際書店本來進口蘇聯俄文書為主，後來也進口歐美的英文書，蕭公做的，仍舊是查目錄訂書的圖書進口工作。做了一年多，因為有些書是通

新民主出版社員工郊遊。前排左一黃毅，後排左二蕭滋。

過香港新民主訂購的，新民主要求北京派人來做，國際書店就派蕭公來香港了。可能是蕭公識廣東話，比較方便，所以派他來。

曾問蕭公是黨員嗎？蕭公說不是黨員就不會派他來香港了。蕭公是在國際書店時加入中共。一九五一年十一月，蕭公來到香港，在新民主出版社做股長，負責進貨，為國際書店訂購歐美和東南亞書刊。這個部門就只他一個人擔當。不久，鄭康伯來新民主，接替蕭的進貨工作，其時進口圖書已沒有太多業務，蕭公調去發行部做大陸出版圖書的發行工作，任發行股長。當時黃毅（歐陽耀）是行政股長。

一九五八年，中蘇鬧翻，北京提出要反帝反霸，到年底，外文局國際書店在香港成立和平書店，由蕭公和鄭康伯一起創建。店設中環威靈頓街，蕭公出任副經理、經理。和平書店的任務是對外宣傳，大量出口中國外文圖書，不惜花鉅額郵費，空運世界各地。（七十年代曾有和平的員工告訴筆者，和平一年所花郵費，可以買架飛機。）郵政局、航空公司都十分歡迎和平書店這家大客。這些工作當時都是蕭公經手的。花費鉅資對外宣傳，是否收效，無從查考。

說回三聯書店，當時主要業務是發行中國大陸書刊，而新民主出版社，也在做同樣業務，這引起競爭。後來兩家分工，各發不同的出版社圖書。約一九五八年，改為三聯發行國內圖書，新民主進口港澳臺和外國書刊。

蕭滋（左）與藍真（右）在新民主出版社門市，左二王桂鴻。

一九六三年左右，國際書店派黃亮羽來香港，黃一九四八、四九年曾在香港新華社（九龍彌敦道）工作，主管「人民中國社」，編《人民中國》（英文版）。後來上調北京國際書店，六十年代重來香港，接手蕭公的工作。

蕭公被調去三聯書店，坐寫字樓一兩年。當時藍真幫唐澤霖搞出版工作，後來藍公要統領整個左翼出版系統，蕭公就負責整個發行工作。藍公掛經理銜，蕭公副之，而實際事情由蕭公執行。一九八一年元旦，三中商成立總管理處，藍公掛總經理銜，方便對外活動，蕭公才扶正為香港三聯書店經理。四年後，晉昇為三聯總經理。翌年蕭公花甲榮休，仍然掛三聯名譽總經理銜，直到一九八八年聯合出版集團成立，改任集團名譽董事。

蕭公雖然退休，但退而不休，賈其餘勇，搞了家「八龍書屋」，為出版藝術圖書，奔波勞頓。時藍公創立香江藝文社，常有雅集活動，藍公邀筆者參加，筆者每次與會，幾乎都見到蕭公身影。蕭公本來就雅好書畫，晚歲優游，更畫興大發，於是結束了八龍業務，潛心藝事。長長的一段時日裏，只要是香港的重要藝展，蕭公幾乎都出席。九十高齡人瑞，依然樂此不疲。

（二〇一九年二月二十四日）

蕭滋伉儷，二〇一七年

廢池喬木　猶厭言兵

——蕭滋「五・二二」蒙難記

戊戌人日，小思來電：「蕭滋老師走了，那一代人都走了！」頃間腦海裏的蕭公音容宛在，更感觸其平生。幾年前已傳聞蕭公罹惡疾，但見其腰身健朗，矍爍精神，常出入巴士地鐵，而且是獨往獨來。有誰知是年近期頤的老人？我最後見蕭公，是在半年前三聯書店七十慶典上，蕭公是坐輪椅，由三聯老總侯明大姐推入會場，其面色紅潤，精神飽滿。筆者趁機與蕭公和黃仕芬大姐合照。不意成最後一照。

最初見到蕭公，是一九七一年夏天。他是三聯書店經理，而我是中華書局海外辦事處甚麼職銜也沒有的小蘿蔔頭。某日公餘，我從辦公室登上幾層樓與三兩個後生仔在那兒練字，蕭公入來，並無高層架子，見諸人揮毫，他亦參與揮毫，雖是隨意揮寫，紙末仍署款：南海蕭又生。我纔知道，蕭滋，字又生，廣東南海人。

交談之下，知道蕭公曾在上海行餘畫社習書畫，當時只感蕭公是位儒雅

蕭滋黃仕芬與筆者參加三聯書店七十周年慶典合照。

左：港英防暴警察在中環戒備，馬上鎮壓示威群眾。一九六七年五月二十二日

前輩，並未知道眼前人竟是曾轟動世人的「五二二事件」的主角。

以筆者所知「五．二二」背景是：一九六七年，中國大陸文革烈火正熾，澳門「一二三事件」勝利，香港受到感染，左翼借新蒲崗人做膠花廠的勞資糾紛，掀起一場反英風暴。五月中旬鬥委會（港九各界同胞反對港英迫害鬥爭委員會）成立，繼而全國各地有集會遊行聲援香港左翼反英鬥爭，港澳工委受到鼓舞，指令香港左翼機構組織群眾輪流去港督府抗議。五月十九日開始，港督府不斷受到左翼群眾衝擊，又是遊行，又是貼大字報。到五月二十二日，終於爆發流血衝突，導致一百六十七人被捕，逾百人受傷，傍晚宵禁，此事即為「五．二二事件」。

戴麟趾港督感事態嚴重，當日急電英倫外交及聯邦事務部：「情況愈來愈嚴重，愈來愈多暴力事件發生，尤其是發生在中區的事件，亦注入愈來愈多『支持中共』的元素，最顯而易見的是中國銀行不停播放煽動對抗政府及歐洲人的口號，其中包括『殺死戴麟趾』，以及呼籲警察放低武器、不要聽上級指使，而左派傳媒甚至支持示威者武力反抗。」「警察已疲於奔命」。戴麟趾策略是：「第一、逮捕：拘捕一些具知名度的領袖，即使只關他們二十四小時也好；第二，在左派的盤踞地區，實施二十四小時宵禁；第三，打擊《文匯報》，指其煽動警察不忠；第四，立即調動航空母艦『堡壘號』（Bulwark）來港。以提升公眾和警隊的士氣。）（梁家權等著《六七暴動秘

蕭滋帶隊去港督府示威在花園道希爾頓酒店門口被警方攔截前端靠近警察的是蕭滋。左：警察正揮棍襲擊蕭滋。蕭滋已被打到頭破血流

辛・英方絕密檔案曝光》頁二十二至二十三）

可見「五・二二事件」是「六七暴動」中最濃重的一役。

近年筆者關注香港六七暴動，曾約蕭公閒論短長，但他都不大積極，有時更是欲言而又止，宋劉克莊《憶秦蛾》有謂「蕭郎心下書難說」。但蕭公的身體語言，卻恰恰說出此中事物「定位」難，所以「暢言」亦難。

筆者兩年前訪蕭公，復向另一當事人許雲程先生請教。是要把鏡頭拉近，而所得的補充如下：

一九六七年五月二十二日上午九點鐘，蕭滋到威靈頓街二十八號三聯書店上班，甫抵三聯，即接上頭通知（我問蕭公是否藍真，蕭說不是，問是否新華社，也說不是，總之蕭公不肯說誰人通知。）要蕭帶隊去示威遊行抗議，蕭立即組織中區的職工，總共有二三十人參加。在三聯書店集合，蕭公帶隊。本來是去中國銀行對開的皇后像廣場遊行，後來有人來通知，說要去港督府囉。但遊行隊伍未到港督府，在花園道希爾頓酒店門口已被警方攔截，行不得也哥哥。蕭公所帶領的是第一隊，後面其他銀行界、貿易界等隊伍陸續湧到，前無去路，遂停滯擠迫在花園道。未幾警察動用武力，棍如雨下。這情景，恰是杜甫詩「無邊落木蕭蕭下」的寫照。那時蕭公一介書生，何來招架之力，結果是頭破血流，眼鏡脫落，身懷的「紅寶書」毛語錄墮地（書上有蕭滋簽名，後來有人檢回送去三聯書店）。

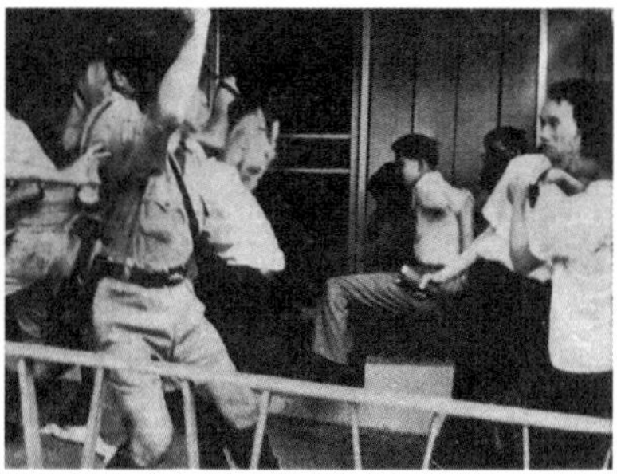

時《經濟導報》記者許雲程和該報發行課何文楓女士（YP倉楊向傑十八姨）去中環採訪示威活動，十時多到達中環，由中國銀行大廈準備過去希爾頓酒店。許雲程見場面混亂，警察已經開始打人，叫何文楓不要過去了，許自己衝過去拍攝。但警察將許驅趕入示威群眾一邊，並揮棍扑許，許稱我是記者，即出示記者證（六一二號），警察一看，說左派的，多打幾棍。許的眼鏡被打跌，記者證被搶去，頭破血流，全身瘀黑，暈倒兩次。當日所穿淺藍色夏威夷袖被血染紅。

時銀行界示威者之一，中南銀行部門副經理（後升任金城銀行總經理）馮人虎，也被扑至頭破血流。馮被打暈，許扶着他，不久許被打暈，馮扶他，互相扶持。何以如此老友，皆因兩人的手被銬在一起。有一張照片顯示，許已被打暈，摟着馮，警察仍揮棍扑馮，馮右手捂後腦袋。

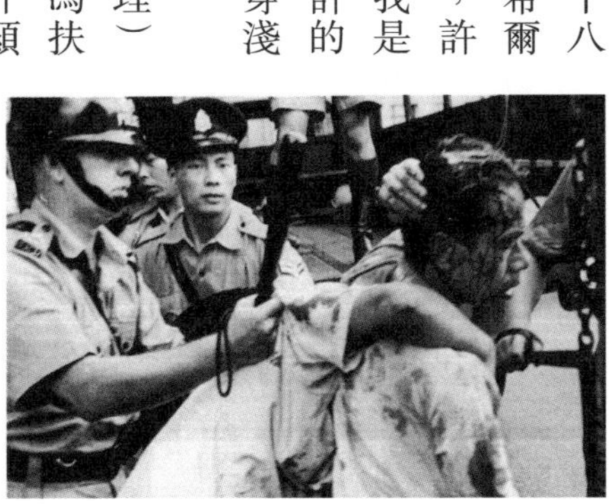
中南銀行副經理馮人虎參加示威，被扑至頭破血流。馮與《經濟導報》記者許雲程的手被銬在一起。照片顯示出許已被打暈，摟着馮，警察仍揮棍扑馮，馮右手捂後腦袋。

正當馮人虎不醒人事癱坐在茂昌眼鏡公司門口，許鼻嘴流血倚靠着馮，蕭滋滿臉血污蹲坐凝視馮許兩位難友，電光石火一刻，被拍攝下來，成為「六七」一役的歷史見證。此照片曾被廣泛刊載而名聞遐邇。

這張照片，不單止香港的報刊發表，全國各地的報紙也登載。蕭滋的外孫女琪琪說，媽咪（蕭滋女兒若紅）和舅父（蕭滋兒子新民）時在上海，看到報紙登載這張三人蒙難照，才知道老豆（廣東話老頭，即父親也）被人扑穿頭。

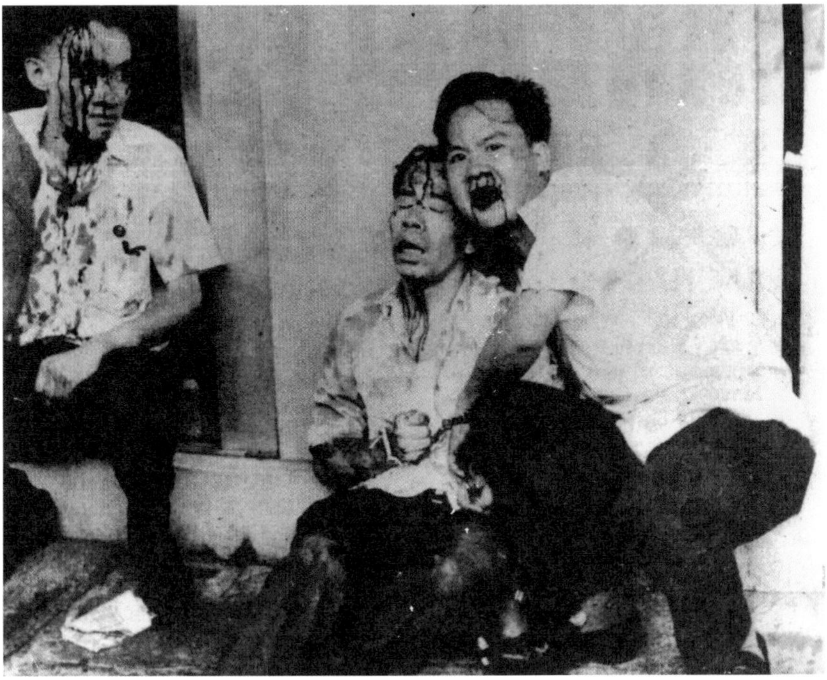

蕭滋凝視兩難友馮人虎、許雲程，馮許的手被銬在一起。
一九六七年五月二十二日。

蕭滋等人被拘捕，先去荷李活道大館落案，再送蕭滋等傷者去瑪麗醫院治療。蕭滋受的是輕傷，塗完紅藥水，送回中央警署，入拘留所，過幾天才上庭。

許雲程卻是重傷。大概因為是左報記者，要多打幾棍，許被打到頭顱左邊破裂，縫了三針，到現在仍然凹凸不平。右鼻樑也縫三針，左鼻口一針。右肩骨頭爆裂，現在像天文台一樣能預知天氣。許昏迷了一天一夜，二十三號上午才甦醒，發覺身在瑪麗醫院羈留病房。

許雲程上庭才知道，自己本來是來採訪的記者，但此時被隱去記者身分，而變為示威的第一隊伍帶頭人，成為第一被告。被判入獄兩年，實坐監十六個月，一九六八年十月十一日左右出獄，有關方面為許在大公報七樓禮堂開歡迎會。

蕭滋是真正的第一隊領隊，刑期反而較許雲程為輕，打個七折，判刑十四個月，坐了一年便放出來。許和蕭同在赤柱第一倉服刑。

此役被捕的出版界人士尚有凌宏欽、歐鏡霖、伍榮生等。貿易界被捕的有德信行宋鎬（外派幹部）、華遠的陳永安（也是外派幹部，後來在大公報）。曾問蕭公被捕後有沒有再被毆打。他說上庭前後，都被雜差打幾拳。曾問蕭公還記得囚犯編號嗎？答都忘記了。連幾時出獄也忘記了。只記得出版界以前沒有車，到出獄時，單位派車去赤柱接蕭公返三聯書店，是張仔開

《經濟導報》記者許雲程去中環採訪示威活動，被警察驅趕迫到牆邊。

車。筆者根據蕭公保存出獄時所收各種「戰鬥小組」的慰問信，知道出獄的具體日期是一九六八年四月三日。與蕭公一起出獄的還有凌宏欽。

蕭公本來是一介書生，文質彬彬，被大時代推上風口浪尖，挨打挨鐵窗，他不以英雄自居，也不自怨自艾，只是表示對當年許多政策不敢苟同。

蕭公時常向筆者強調，周總理早已定下對香港的政策是：長期打算，充分利用。他很贊同這八字方針。但後來國內一搞運動，就影響香港，就忘記了這個政策。文革開始不久，澳門「一二三事件」勝利，勝利就沖昏頭腦。所以蕭公自己覺得，對這些（運動）不會太積極。是白石詞的「廢池喬木，猶厭言兵。」

蕭公曾說，梁威林、祁鋒都是好人，對蕭公都很好，但一到政治層面，就不是那回事了。梁、祁也是身不由己，也是要執行上面的指示啊。

「蕭滋老師走了，那一代人都走了！」前幾年是藍真、繼而彭可兆、余萍、黃毅……，五六十年代香港出版戰綫的那一代人，都走了！

（二〇一九年二月十九日）

右：許雲程出示記者證（六一二號）仍被警察打到重傷倒地。

蕭滋與筆者談五二二事件，二〇一七年

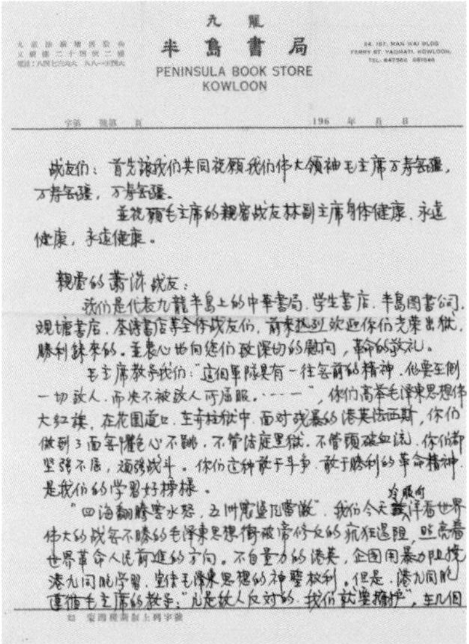

九龍
半島書局
PENINSULA BOOK STORE
KOWLOON

战友们：首先让我们共同祝颂我们伟大领袖毛主席万寿无疆，万寿无疆，万寿无疆。
并祝颂毛主席的亲密战友林副主席身体健康，永远健康，永远健康。

亲爱的萧滋战友：
我们是代表九龍半島上的中華書局、学生書店、半島图書公司、觀塘書店、荃湾書店等全体战友们，前来热烈欢迎你们光荣出狱，胜利归来的。并衷心地向您们致深切的慰问，革命的敬礼。
毛主席教导我们："这个军队具有一往无前的精神，他要压倒一切敌人，而决不被敌人所屈服。……"，你们高举毛泽东思想伟大红旗，在花园道口，在赤柱狱中，面对残暴的港英法西斯，你们做到了面无惧色心不跳，不管法庭黑狱，不管头破血流，你们都坚强不屈，顽强战斗。你们这种敢于斗争，敢于胜利的革命精神，是我们的学习好榜样。
"四海翻腾云水怒，五洲震荡风雷激"，我们今天冷眼向洋看世界，伟大的战无不胜的毛泽东思想冲破帝修反的疯狂遏阻，照亮着世界革命人民前进的方向。不自量力的港英，企图用暴力阻挠港九同胞学习、宣传毛泽东思想的神圣权利，但是，港九同胞遵循毛主席的教导："凡是敌人反对的，我们就要拥护"，在几個

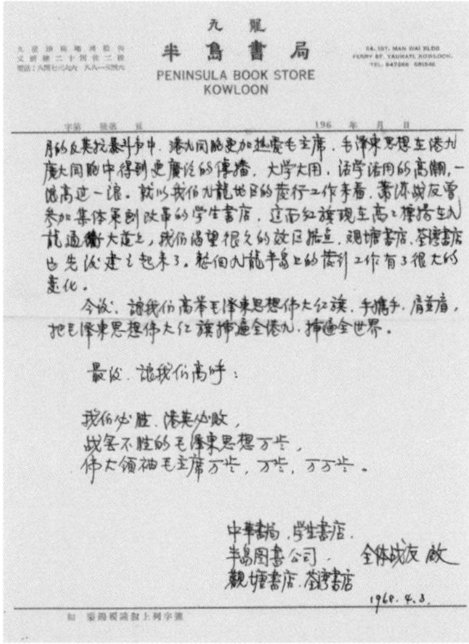

九龍
半島書局
PENINSULA BOOK STORE
KOWLOON

月的反英抗暴斗争中，港九同胞更加热爱毛主席，毛泽东思想在港九廣大同胞中得到更廣泛的傳播，大学大用，活学活用的高潮，一浪高过一浪。就以我们九龍地区的发行工作来看，萧滋战友曾参加集体策划改革的学生書店，这面红旗现在高高樓插在九龍通衢大道上，我们渴望很久的设区据点，觀塘書店、荃灣書店也先后建立起来了。整個九龍半島上的发行工作有了很大的变化。
今后，让我们高举毛泽东思想伟大红旗，手携手，肩并肩，把毛泽东思想伟大红旗插遍全港九，插遍全世界。

最后，让我们高呼：

我们必胜，港英必败，
战无不胜的毛泽东思想万岁，
伟大领袖毛主席万岁，万岁，万万岁。

中華書局、学生書店、
半島图書公司、　全体战友 敬
觀塘書店、荃湾書店
1968.4.3.

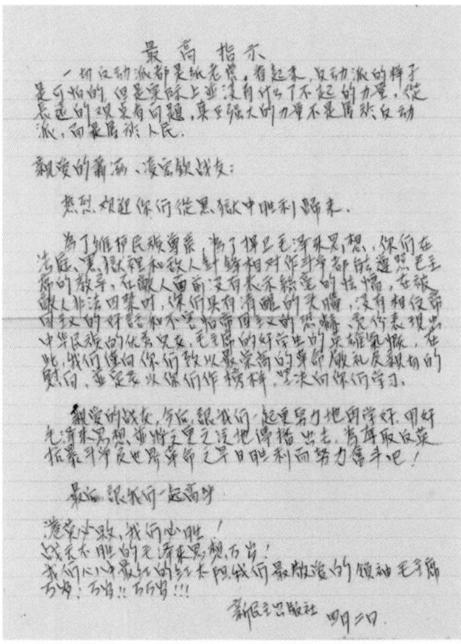

最高指示
一切反动派都是纸老虎。看起来，反动派的样子是可怕的，但是实际上并没有什么了不起的力量。從长远的观点看问题，真正强大的力量不是属于反动派，而是属于人民。

親愛的蕭滋、凌宏欽战友：

熱烈歡迎你們從黑獄中勝利歸來。

為了維護民族尊嚴，為了捍衛毛澤東思想，你們在法庭、黑獄裡和敵人針鋒相對作鬥爭，都能遵照毛主席的教導，在敵人面前沒有表示絲毫的怯懦，在被敵人非法囚禁時，你們只有清醒的頭腦，沒有相信帝國主義的好話和不害怕帝國主義的恐嚇，充分表現出中華民族的優秀兒女，毛主席的好學生的英雄氣概，在此，我們僅向你們致以最崇高的革命敬禮及親切的慰問，並決定以你們作榜樣，堅決向你們學習。

親愛的戰友，今後，跟我們一起更努力地學好、用好毛澤東思想，並將它更廣泛地傳播出去，為奪取反英抗暴鬥爭及世界革命之早日勝利而努力奮鬥吧！

最後，跟我們一起高呼：

港英必敗，我們必勝！
戰無不勝的毛澤東思想萬歲！
我們心中最紅最紅的紅太陽我們最敬愛的領袖毛主席萬歲！萬歲！！萬萬歲！！！

新民主出版社　四月三日

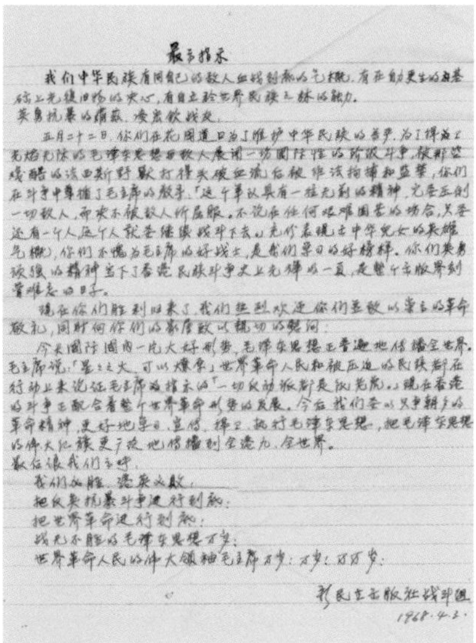

最高指示
我们中华民族有同自己的敌人血战到底的气概，有在自力更生的基础上光复旧物的决心，有自立于世界民族之林的能力。
英勇抗暴的萧滋、凌宏钦战友：
五月二十二日，你们在花园道口为了维护中华民族的尊严，为了捍卫光焰无际的毛泽东思想而和敌人展开一场国际性的政治斗争，被那些残酷的法西斯野兽打得头破血流后被非法拘捕和监禁，你们在斗争中尊循了毛主席的教导："这个军队具有一往无前的精神，它要压倒一切敌人，而决不被敌人所屈服。不论在任何艰难困苦的场合，只要还有一个人，这个人就要继续战斗下去。"充分表现出中华儿女的英雄气概，你们不愧为毛主席的好战士，是我们学习的好榜样。你们英勇顽强的精神写下了香港民族斗争史上光辉的一页，是整个出版界刻骨难忘的日子。
现在你们胜利回来了，我们热烈欢迎你们并致以崇高的革命敬礼，同时向你们的家属致以亲切的慰问。
今天国际国内一片大好形势，毛泽东思想正普遍地传播全世界。毛主席说："星星之火，可以燎原"，世界革命人民和被压迫的民族都在行动上来证实毛主席的指示的"一切反动派都是纸老虎。"现在香港的斗争正配合着整个世界革命形势的发展。今后我们要以只争朝夕的革命精神，更好地学习、宣传、捍卫、执行毛泽东思想，把毛泽东思想的伟大红旗更广泛地传播到全港九、全世界。
最后让我们高呼：
我们必胜，港英必败，
把反英抗暴斗争进行到底；
把世界革命进行到底；
战无不胜的毛泽东思想万岁；
世界革命人民的伟大领袖毛主席万岁！万岁！万万岁！

新民主出版社战斗组
1968.4.3.

蕭滋出獄後收到各種「戰鬥小組」的慰問信。一九六八年四月三日
上兩頁是九龍半島書局、中華書局、學生書店、觀塘書店、荃灣書店全體戰友的慰問信。下兩頁為新民主出版社的慰問信

「六七暴動」中香港不被「收回」之謎

一九二七年一月，由共產黨發動「擰英國獅子尾巴」，本意只是觸動一下漢口英租界，然結果令人錯愕和驚喜，英人竟是全撤，租界順利收回，全程不費一兵一彈。（詳見吳國楨《夜來臨》）。

事隔廿二年，共黨執政立國，世人都循「漢口租界」這先例去想像香港前途。但令人意外是，從開國直至文革，儘管中港多紛爭，諸如國特問題、第三勢力問題、左派人士的遞解、一九五六年的九龍右派暴動等諸般問題，儘管爭拗激烈，但中方從未有過收回香港的表示。

直到一九六七年，香港一場勞資糾紛，演為「反英抗暴」。「五二二花園道血案」之後，北京即連番發聲。六月三日《人民日報》社論，更號召港人「粉碎英帝國主義反動統治」，這令自以為「怡堂燕雀」的港人一時炸鍋。人心混亂都立時反映在移民、地產、股票、星相、預言等行業中……似乎該來的終於來了！

左派學生在新蒲崗示威，一九六七年五月十一日

人心惶惶中，更有雪上加霜的，是惟恐不亂的《香港夜報》報道：「鯉魚門外突出現中國炮艦，駛向香港海域……。」於是「八公山上，草木皆兵」，港人是飽受驚嚇了。

最高潮的更是《香港戰報》的出現。

《香港戰報》創刊於一九六七年八月廿日，創刊號套紅大標題是「祁濟時十大罪狀」（祁時任代理港督）。左下有套紅字標題：「你有你的『法令』，我出我的報紙，吹咩？」這話中可引申：這是沒向政府註冊的非法報紙。「吹咩」是廣東口語，是表達你奈我何的一種輕蔑俚語。

《戰報》第二期（八月廿二日）更出語驚人，大標題是「準備解放香港」，內文是：「我國政府限令港英四十八小時內撤銷三報停刊令，釋放愛國報人，撤銷控告愛國報紙，否則英國政府必須承擔一切後果。」報頭下署「紅旗游擊隊」編印。

但，《香港戰報》宣示了四十八小時通牒之後，本身卻也在四十八小時內消失。此後，再沒見有收回主權的類似說話，似乎背後有種控制抑勒的力量令事情步調一致。

半個世紀過去了，筆者昔日少年，今日皤然白首。但檢讀當年刊物和近年一些專家撰述，再聯繫一些具體記憶，此「謎」有些貫通。而最能助我理解的是吳荻舟的筆記。

港英防暴隊在新蒲崗血腥鎮壓示威群眾，一九六七年五月十一日

吳荻舟是國務院「港澳聯合辦公室」的「群眾鬥爭組」負責人，吳荻舟的筆記就是倉卒記下的關鍵詞，所以讀之有時不成文理。也正因如此，足見吳氏當時只為備忘，無意成書，而其真實可貴處也正在於此。續後，又有程翔兄為之註釋，書名是《六七暴動始末——解讀吳荻舟》。程翔徵引宏博，穿穴群書和當時報刊，讀之有如裴松之註《三國志》，能作細針密線，嘉惠後人。

吳荻舟的工作記錄，當中有一段是一九六七年五月廿七日，記周恩來聽港澳工委朱曼平（新華社香港分社副社長）等匯報，朱曼平「談到敵人（港英）的看法，和估我（中共）不解放（香港）」，因為要利用香港「要搞世界革命時」，周總理說：「那也不一定，中央下決心的問題。」（見《六七暴動始末——解讀吳荻舟》頁三〇一）周恩來隨後又說：「即使要收回，也要選定時機。」和「要出其不意的一擊（舉了反擊印度）」。（同書，頁三〇二）

按：所謂「中央下決心的問題」，中央就是毛澤東。六月三日《人民日報》有「堅決反擊英帝國主義的挑釁」，號召港人「粉碎英帝國主義反動統治」的社論。《人民日報》社論正是代表中央聲音，也即是毛的意思，這個時段，反映出毛是要收回香港，但後來又有所反覆。

「中央」是怎樣的變卦呢？這有余汝信兄的《香港，一九六七》（天地

左翼群眾在港督府前示威

圖書公司出版）書中說出一段：

「一九六七年六月初，周恩來電告廣州軍區，關於收復香港問題，要談一談。」廣州軍區副司令員温玉成率吳瑞林（海軍）、吳富善（空軍）兩位副司令員，和隨行的辦公室主任李維英，專機上京。幾位軍頭在機上已研究解放香港的軍事部署。但抵京之後，形勢已有所逆轉。周恩來只單獨召見温玉成，傳達最高指示：「一、弄不好，把第七艦隊弄來了；二、拿回香港，幾百萬人還要吃飯，我們目前沒有這個力量和精力；三、國際口岸只剩一個，需要出口一些物資，進口一些物資；四、香港是國際情報城市，它搞我們，我們也搞它的。毛最後拍板：『現在不打』。」所以周恩來指示：「部隊移動的問題暫時停一下」。

以毛主席的天資，其思想複雜多變是正常的，周總理則是善於引導和遷就。以此，過去許多周恩來同意了的事，往往一到毛澤東處就變了。讀吳國楨《回憶錄》中「重慶談判」（吳、周是南開同學，摯友。），吳氏是親見周恩來與美國代表赫爾利談定的協議，但到赫爾利與毛見面時，毛顧而之他，不作正面可否。當赫爾利逼緊時，良久，毛纔回說「我今天不能送你機了。」這話等於端茶送客了，周在旁就慌張配合和遷就。可見這時已看到毛的「乾綱獨斷」。

說毛的「乾綱獨斷」，始見於當代中國出版社出版的《陳毅傳》（頁

左翼群眾在港督府前列隊高舉紅寶書示威

五九三－五九四），有謂：一九六六年七、八月間陳毅向姬鵬飛形容過毛是「乾綱獨斷」。但正因這種「獨斷」，讓香港不致被捲入「文革」漩渦，這也是「九七」前香港不被收回的謎底。令港人有三十年的「怡堂燕雀」生涯，卻是出於「獨斷」所賜。

（二〇一八年八月十日）

一九六七年八月廿日　香港戰報　第一號

香港战报

紅旗游擊隊編印

凡是敵人反對的，我們就要擁護；凡是敵人擁護的，我們就要反對。

毛泽东

祁濟時十大罪狀

祁濟時師承美帝國主義的反華政策，執其契哥戴麟趾手尾，變本加厲地對港九同胞進行血腥的民族迫害，罪大惡極，其罪狀計有十大項：

一、把香港變成侵越反華基地

二、遏制毛澤東思想傳播

三、推行奴化教育毒害青年

四、一再加稅加價，居民生計維艱

五、大量增加警察和便衣特務，製造白色恐怖

六、「政治制水」加緊迫害同胞

七、封鎖邊界，引起物價高漲

八、打家劫舍，殺人放火

九、迫害愛國新聞工作者、綁架記者

十、採取卑鄙手段亂拉小販剝削小販

你有你的「法令」，我出我的報紙，吹咩？

抗議港英法西斯當局迫害愛國報紙！

小小英帝不自量力

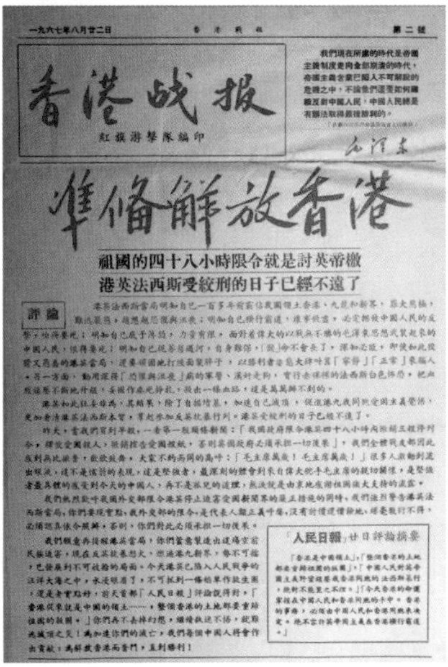

一九六七年八月廿二日　香港戰報　第二號

香港战报

紅旗游擊隊編印

我們現在所處的時代是帝國主義制度走向全部崩潰的時代，帝國主義者業已陷入不可解脫的危機之中，不論他們還要如何繼續反對中國人民，中國人民總是有辦法取得最後勝利的。

毛泽东

準備解放香港

祖國的四十八小時限令就是討英帝檄

港英法西斯受絞刑的日子已經不遠了

評論

「人民日報」廿日評論摘要

《香港戰報》

一九六七年五月北京萬千群眾和中國人民解放軍集會高呼：最強烈抗議港英當局法西斯暴行！

悠悠青史　得此補白

——讀程翔《香港六七暴動始末——解讀吳荻舟》

半世紀前香港的「六七暴動」，是沾了大陸「文化大革命」的光。當事者當時的口號是「港英必敗！我們必勝！」，結果是「港英不敗，我們不勝。」而受損害的是共產黨的威信，折騰的是香港市民。

港英鎮壓，左翼反擊，本屬正常，但搞城市游擊戰，擺真假菠蘿陣，又無統一管理，弄到炸死無辜，而報上還說「炸得好，炸得妙」，這怎能讓市民接受和同情呢！

舊日國民黨好用暗殺，是「洪門遺風」，令自己失去國格和黨格。相對的共產黨卻有個好傳統，除對叛徒外，是不使用暗殺手段。這是共產黨得人心的成功因素之一。但「六七暴動」卻亂套了。林彬在商業電台節目《欲罷不能》中，天天大罵左仔，如「左手毛語錄，右手三穿六」則極盡挖苦。但這也成至死之由。他的死，名歌星顧媚女士適在途中目擊，後來在回憶錄中

香港左翼成立鬥委會

重述其恐怖。

這令許多有識之士，要噤言避禍了。像翁一鶴丈，著有《赤馬謠紀事詩》，是以「文化大革命」的本事題材成詩，詩後附以報章紀事，就像劉成禺的《洪憲紀事詩》那種體裁。但翁氏能激情地議論國內的「文革」，而對於本港的「六七暴動」則是絕口不提。這該說是一種寒蟬效應。

曹聚仁在暴動如火如荼之時，每天在《正午報》和《晶報》的專欄上，只說浙東學派和朱陸異同，偶或寫點塵封舊事，卻絕不涉當前的反英抗暴。他的不提，也即是一種態度吧？這和他歷來主張「改良」比「革命」好的態度倒是一貫的。悠悠青史，他也是問心無愧了。

《大公報》李俠文丈，更是不上報館，只在寓所寄情翰墨，終日揮毫寫畫。這又有別於曹聚仁的另一種態度。再說商務印書館黃蔭普丈，藉老妻抱恙，需照顧為由，請了長假，從此淡出。

最可悲的是中華書局董事長吳叔同，命途多舛，被擺上枱列名「鬥委」（港九各界同胞反對港英迫害鬥爭委員會），遂出走臺灣。出走前藍真已覺察有異，上報情況，上頭認為過慮，結果出事。

從諸人的高蹈及避禍，反映當時人心的紊亂，並非真如報上所說：受到一致的支持。

事往五十年，諸史家關注「六七暴動」，有多種研究專著行世。但官方

港英防暴隊荷槍實彈在新蒲崗與手無寸鐵的左校學生對峙

文件，只是揣摩政治需要而立詞湊合，多有違史實，更遑論史德，那麼，官方這類研究，其實也就有等於無了。

幸好：「秦人尚在，識苻生之厚誣；蜀老猶存，知諸葛之多枉。」（《史通》）香港現有數百萬的活口留存，而且對此感受深刻。筆者相信，這種記憶將不會隨風而逝的。數年前，筆者得吳輝小姐惠賜紀念其尊人《吳荻舟》一書，其後又獲文革史家余汝信兄惠贈《吳荻舟筆記輯錄》手稿影印本，那是吳輝和余汝信共同整理者。筆者喜讀之餘，嘗為撰《吳荻舟是香港守護神》一文，當中也曾披露部分的吳氏筆記。

另外，有心人羅恩惠導演拍攝六七暴動紀錄片《消失的檔案》，在接近竣工之際，獲見吳氏這份筆記和吳氏其他有關文章，令她非常震撼，以至於將已經剪接階段的整個電影推倒重來，再以此筆記為主軸，重新攝製。除了導演的精神可嘉，也可見此手稿之重要。更足證「信史」是世人所追求。

至於吳荻舟生平，簡介如下。吳荻舟（一九〇七－一九九二）福建龍岩人，十九歲參加北伐宣傳隊，二十三歲在上海藝術大學讀書時加入中共，投身學運工運，旋被逮繫獄七年，西安事變後國共再度合作始獲釋，曾擔任周恩來組建的抗日演劇隊，任隊長八年。勝利後轉戰香港，組「中國歌舞劇藝社」，巡迴南洋各地演出，並奉命潛伏，化名吳昆華，在新加坡育英中學任教務主任。嗣因出任華校教師公會秘書，為殖民地當局留意，吳的直接領導

程翔鄭重推薦《香港六七暴動始末——解讀吳荻舟》

饒彰風，即安排吳撤回香港，公開身分是《華商報》讀者版編輯，實質執行輸送一眾政要和文化名流北上，並策動和領導國民黨在港機構的起義、護產諸項任務，其中招商局起義、兩航起義、雲南盧漢起義（龍雲回歸）諸役，吳係重要角色。一九五七年出任香港《文匯報》社長，一九六一年奉調上京。吳在香港時實為中共香港工委三成員之一，主理交通、文教、新聞界工作。一九六二年起在北京擔任中共港澳工委常委，國務院外事辦公室港澳組副組長。時香港苦旱，嚴重缺水。吳奉周總理命，領導引調「東江之水越山來」之工程以濟港。港人免於頻呼「樓下閂水喉」，吳氏功莫大焉。

一九六七年香港暴動，正是全國陷入瘋狂大混亂的文革之際，國務院成立「港澳聯合辦公室」（一九六七年五月廿六日），主理暴動有關事宜，吳負責「群眾鬥爭組」。故此吳氏這筆記小本，就是一九六七年五月廿六日至八月八日「港澳聯合辦公室」的工作記錄。吳氏此筆記本，保存了香港左翼向中央匯報暴動情況，中央研究對策的會議紀錄，周恩來的具體指示，……，這些都是研究六七暴動不可忽略的第一手文字記錄。

筆記本是備忘性質，當時從未想到會出版。筆記本所記的事物，多用縮略語、代號、隱語，所記人物往往有姓無名，使人看來仿若天書。在在需要箋釋註疏，不然無法讀明白。

而程翔兄協助羅恩惠拍攝《消失的檔案》時，才接觸到吳荻舟筆記，深

吳荻舟。

右：程翔《香港六七暴動始末——解讀吳荻舟》

知此文獻之歷史價值，恭受吳輝所托，費時一年，窮搜材料，整理成書。其中註釋和解說，多引當年報章報道，又參以英國、美國解密檔案為輔，再印證諸家對六七暴動期間發生的事情的回憶和記載，旁徵博引，勾通穿穴，剔透解說。所以註釋文字，比吳氏筆記原文更多逾數倍。全書分三部分，首為綜論，分十章論述六七暴動的若干問題，次為吳氏筆記註釋，三是吳氏遺文選輯，收錄了幾篇相關的講演、訪談記錄，日記和信件等。最後殿以吳輝撰寫吳荻舟傳略及年譜等。哦，悠悠青史，竟得此補白。

（二〇一八年七月十九日）

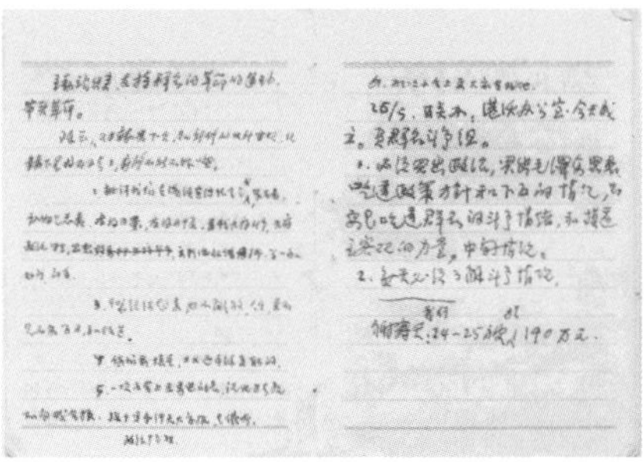
吳荻舟筆記

陸朝華參加中國人民志願軍
一九五〇年

犧牲在朝鮮戰場的香港人——陸朝華

香港人陸朝華犧牲在朝鮮戰場，年僅廿三，是國殤。當時解放軍畫報社《攝影網》有報導：「中國人民志願軍某部攝影記者陸朝華同志，在突破三八線戰役中，深入前沿陣地，從事戰場攝影採訪，於二月七日晨勝利進擊中，不幸腹部中敵三彈，光榮殉職。」（一九五一年三月號《攝影網》頁十七）

這報導只是簡記英雄犧牲的當下，後來政府所發的褒揚文件也頗簡略，甚至有錯訛。[註] 這在百廢待興的戰時，也屬情有可原。這無損於陸朝華從香港歸國從戎的壯烈。筆者是歌風仰慕，想廣傳其人，謹記其事。

真正的英雄不是「義之所在，拍案而起」的簡單衝動，是經長期的醞釀和薰陶，而醞釀薰陶的來源必又是來自社會和家庭、書本或朋友。古語云：「求忠臣於孝子之門」。這話雖具封建氣息，卻能强調環境對人的造就。因之，本文將烈士及家人同作敘説，以烈士的家庭人物為思索基礎，既訪尋烈士親屬，也搜尋英雄遺物，用是證明英雄的出處其來有自。

悼志願軍攝影記者
陸朝華同志

報導陸朝華犧牲的《攝影網》
一九五一年三月號

英雄一家四姓

據陸朝華烈士的親妹吳竹大姐（年近九十）回憶，家中有兄弟姊妹六人。長兄文華、長姊梅（百日咳夭折）、朝華單名真，排行第三，下有三個妹妹分別單名：蘭、竹、菊。陸朝華是一九二八年農曆十月十日生。排行第三，蘇州人叫阿三頭。吳竹舊稱朝華為三哥，現在說事則稱他二哥（傳統排行，有男女順排，也有男女分排。陸朝華順排稱「三哥」，如分排就是「二哥」）。吳竹大姐說，「我跟我二哥最好，他老帶我去看電影。我二哥很高，就我矮。他走一步，我要走好幾步才能跟上。」「二哥從小就想當英雄，是很耿直的一個人。」

朝華九歲隨家人避亂抵香港。先住銅鑼灣灣景樓，繼遷堅尼地臺。其父陳彬龢不滿香港教育，特聘高姓姊妹上門教學，既授普通課程，更授以政治見解。即以音樂而論，朝華兄妹學唱當時救亡歌曲，如《松花江上》及《義勇軍進行曲》等，其所受的啟蒙內容，可以類推想見。

早在香港淪陷前，母親帶朝華兄妹返上海。吳竹說二哥「很調皮，所以上中學要他住校，是在上海德國人辦的華德中學。」華德中學是德國大使館辦的，每班每年只招二十四個學生。勝利後國府接管這所學校，變成國立同濟大學附屬中學。吳大姐又說，朝華在華德中學有一個同學叫嚴怡亨，與朝

吳竹近照

兩位高老師與陸朝華、常婷婷(左)、吳蘭(右)、吳竹(中)
一九三七年

陸朝華家庭照。前排左起妹妹吳竹、吳蘭和母親。後排左起陸朝華和哥哥陸文華。一九四一年中秋攝於上海。

華要好，朝華離開時還向他辭行。這個同學後來去了澳大利亞，業醫。還健在，也九十歲了。

到了抗戰勝利，舉國歡騰時，朝華闔家人卻要分路逃亡。朝華和兄長是隨陸姓管家逃亡的，因之都改為姓陸，姐妹則另路逃亡，皆改作姓吳。顯然是要掩人耳目。事後，朝華媽媽一直覺得應該改回原來的姓，但兒女都已長大成人，除檔案填表中列有原名，在工作、社交上都很難改回原來的姓名，也就以假為真了。唯有最細的妹妹吳菊還小，所以加回原姓叫陳吳菊。以此，父母兄妹一家七人，分作陳、湯、陸、吳四個姓。

亂世逃亡，總要囊括多金吧？但這家人抵香港集合以後，所過的都是緊日子。若干年後，女主人返回上海，有人問及她家收藏的書畫，女主人回答：「哪有？早就沒有啦。錢也沒有啦。」這是其女兒吳竹大姐的憶述。據此描述，當事者的景況艱難，也就可以想見了。十幾歲的小兄妹重到香港，快樂地幹着大人的事，生活有序而和睦。吳大姐着意地述說當年怎樣隨朝華二哥看電影、包書、搞油印等等，絮絮道來，如數家珍。看得出，她對往事的懷戀，令我聯想卅年前日本動畫《再見螢火蟲》，那小兄妹的淒涼苦澀，竟也和吳大姐的敘述糾結在一起了。

陸朝華與「小說林」

吳竹說：朝華事務太多，他在持恆函授學校進修卻來不及做功課，總是由她替做。那麼朝華在忙甚麼呢？朝華在弄油印刊物，是乃父指定要弄的。當時還找了一個李姓年輕人（廣東人）刻寫臘版，吳竹也幫忙。這位李姓的年輕人家境貧窮，很老實，要吳竹教他英文。吳竹不大願意，但父命不可違，也硬着頭皮去教了。這位年輕人後來回廣州，成為新華書店的負責人。

朝華還辦了一個「小說林」，當然也是乃父的主意。「小說林」業務是租書借書，但不是租借言情小說那種書攤，而是專門租借蘇聯小說，宣傳民主、宣傳共產主義思想的書。書本借來借去，要常換書皮（包封），吳竹就忙着包書皮。吳大姐補充說：借書應該不收錢，純是宣傳的。「小說林」也賣書，不然怎麼維持生計呢。

吳竹提及：「我爸爸曾經讓我送一副林則徐的對聯給歐陽予倩，當時歐陽予倩與另外兩個人住在一個不很講究的房間，因為歐陽生日，所以我爸爸送他。」估計圖書以外，書畫也該略有經營吧？但讓十來歲的少年去主理這些事，壓力也太大了。

陸朝華 一九四八年攝於香港

陳君葆與「故人之子」

「小說林」賣的是綫裝書、古籍善本。香港大學馮平山圖書館館長陳君葆教授是其中一位大顧客。儘管如此，賣書收益有限，也不穩定。為家累，朝華要找一正職，於是去《星島日報》當校對。當時《星島》社長是林靄民，雖是父執，但那時朝華的父親對外都不作聯繫，直到一九四九年廣州解放，才公開露面。第一個見到的老友就是林靄民，而此時朝華已經北上四個月了。也就是說，林靄民在一九四九年以前，並不知道陸朝華是故人之子。

陳君葆一九四八年攝於香港

筆者藏有陸朝華致陳君葆的郵簡，是一九四七年十月七日的，郵簡正面藍色墨水筆楷書：「本港山村道鳳輝臺四號二樓陳君葆教授台啟。陸緘。十、七、」左上方鈐「小說林」橢圓形藍印。郵簡內容是：

「陳教授

昨晨匆匆謁見茲將各書圖價格開奉如次

弇州山人四部稿　一四四本　四百元

梅溪先生文集　二十四本　七十元

大學衍義　四十本　一百元

內府地圖　六十元

本星期四早當再拜訪

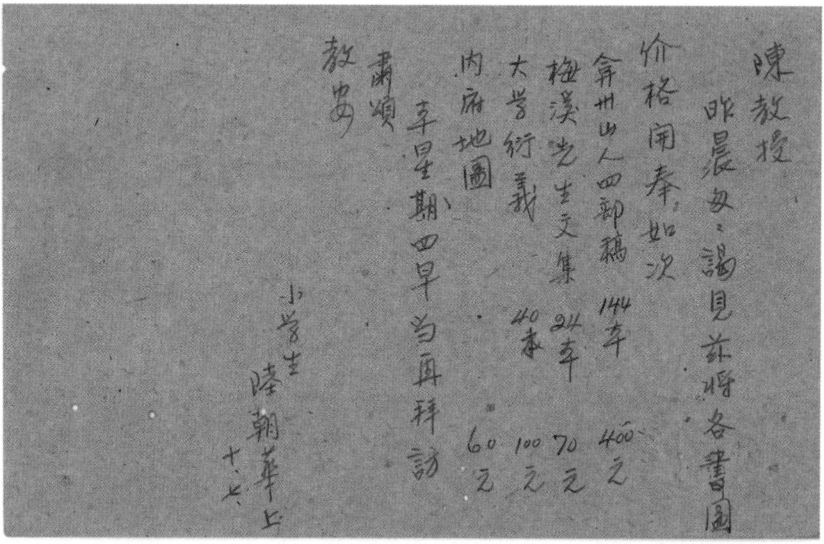
陳教授
昨晨安々謁見茲將各書圖
价格開奉，如次
弇州山人四部稿 144本 400元
梅溪先生文集 24本 70元
大学衍義 40本 100元
內府地圖 60元
本星期四早当再拜訪
肅頌
教安
小学生
陸朝華上
十、七、

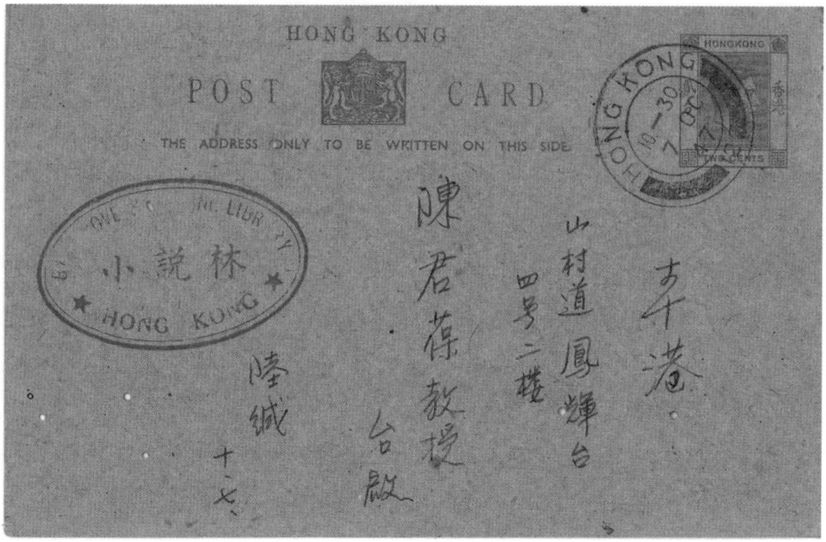
HONG KONG
POST CARD
THE ADDRESS ONLY TO BE WRITTEN ON THIS SIDE
HONG KONG
HONGKONG
香港
TWO CENTS
小說林
HONG KONG
本港
山村道鳳輝台
四号二樓
陳君葆教授
台啟
陸緘
十、七、

陸朝華致陳君葆信柬

肅頌教安

小學生陸朝華上　十、七、」

揣度其內容，當是陸朝華持書謁見，經陳君葆選定後，再以郵簡向陳報價。簡中陸朝華謙稱小學生，當時他只是十七八歲的少年，在老人前就那麼從容有禮，且進退有序，顯然和家教有關。但簡不以「世伯」相稱，當是向陳君葆隱瞞自己是其故人之子。

陳君葆是香港大學文學院教授兼馮平山圖書館館長。香港淪陷時期，忍辱負重，保護館藏圖書和政府檔案，因之戰後獲英皇頒授O.B.E.勳銜。也曾參與創建「華革會」，又協助將蕭紅骨灰遷葬廣州，一九四八年更出任南方學院校董，三年後該學院被吊銷註冊。一九五二年「三一事件」，港英控告《大公報》，陳出庭作證，證辭殊不利於港英。一九五五年冬，陳與香港大學多位英籍教授赴北京，得周總理接見。翌年夏，復引領香港大學華人師生訪京，再獲周總理接見。回港後不久，未屆六十被退休。陳君葆遺有日記數十冊，十多年前由其女婿謝榮滾醫生整理為七巨冊出版，曾送我一套。由於《陳君葆日記》一九四七年下半年部分缺佚，故無法得知陳君葆與陸朝華最初的交往。但翌年，則有幾段有關者，錄如下：

「一九四八年七月廿九日星期四，蔣法賢來看書，先是陸朝華託為沽出醫書兩部，一為明嘉靖版《重刊類證本草》（曾為吳興許博明氏惠新齋所藏，有

陳君葆日記全集

印）；一為《回回藥方》殘本抄本四冊（係從北平圖書館善本書抄出——索價二百元）。本草廿四冊，大本甚精，索價五百元，惜我無用，故介與蔣李兩醫師。又宋版明刻杜集廿四冊，甚精，惜手頭頗拮据，未能致也。」

「一九四八年八月一日星期日，公共假期，閒着在家也不想出門。早上唐天如、蔣法賢來訪要看那《回回藥方》殘本的鈔本，適紹基取去，只得約取回後送去。我拿出《弇州集》幾部書給唐公看，他說我『出得價』，本來我買書的主張只要自己拿得出錢來，倒不在乎，藏書雖力所未逮，但盡可能抱殘守缺以待清平之世則頗有志焉。至於能否終為己有倒不關重要，『楚弓楚得』尚有慊焉者！」

又：

「一九四八年八月十八日星期三，陸朝華派了吳蘭女士攜了三部書來，一部是日本安政六年版《醫心方》——只見第一冊，一部是《滇南本草》，一部為《解毒篇》，與《怪疾奇方》，《彙集經驗方》共為一冊。按《醫心方》三十卷康賴撰。永觀二年。《滇南本草》，《雲南叢書》子部三十五，嵩明蘭茂止庵著。」

筆者留意到，陸朝華寄給陳君葆的郵簡，不是寄去薄扶林道香港大學馮平山圖書館，而是寄去跑馬地陳氏私人住宅，可見是陳氏私人購藏，與圖書館無關。其時陳君葆不很富裕，凡自己未能購置的，必薦與蔣法賢、唐天如等朋友，日記中常有提及。蔣法賢醫生後來是聯合書院院長，而唐天如（恩溥）醫生是香港的收藏家、香港紅十字會會長。就這樣，陳君葆和陸朝華由買書而交訂忘年了。

陸朝華經營的古書是從哪裏來的呢？筆者猜測，很可能是陸朝華父親在香港的舊藏。因陸朝華父親是港報社長，除屬下有資料室外，其舊日居停也藏有書、畫。一九四二年返回上海之後，仍有專人幫他收集字畫、古書。至於分路逃亡，能帶的書籍絕不會太多。當然，逃亡前安排從滬運來，也有可能。

黃般若公子黃大成曾語筆者，那年代，大成往往在荷李活道摩羅街搜購古書，攜回中環思豪酒店黃氏經營的書畫古董店鋪銷售。但陸朝華的父親正遁世埋名，去冷攤檢書已不可能，而陸朝華只是十六、七歲的少年，又何來判斷挑選舊書的眼力呢？

陸朝華與人相交，似有一種魅力，令人「綿綿思遠道」。在事隔四分一世紀，陳君葆仍然懷念陸朝華。一九七六年三月廿四日記有謂：

「《野菜博錄》三、是書為陸朝華所贈。」陳君葆因搬家而要處理藏書，分贈友好、弟子，但對於朝華所贈書，卻仍要保存。

同年六月廿四日記：

「顏潔齡想要我所藏的幾本James Legge譯的*Chinese Classics*，我不是不想放棄，但我是得自朝華他們的，我有贈吳蘭詩，寫道：

黃永玉為陳君葆寫像 一九四九年十一月廿七日在香港勞軍義展會場

> 譯筆真應首此君，餘閒猶得理絲紛。
> 如何抗敵援朝日，草檄仍將換變文。
> 春歸長欠買花錢，已謂吳蘭意我先。
> 拋卻女紅巾幗事，獨從灰燼剔殘編。
>
> 吳蘭今不知仍在人間否？朝華則於朝鮮戰爭中戰死。」

James Legge理雅各（一八一五—一八九七），蘇格蘭傳教士，香港英華書院首屆校長、牛津大學首任漢學教授。王韜協助理雅各英譯*The Chinese Classics*《中國經書》（四書五經），一直被學界奉為標準譯本。顏潔齡是中華巴士公司顏成坤長女，陳君葆弟子。她想要理雅各此經典譯本，陳君葆因為此書「得自朝華他們的」，有紀念意義，沒有答應，還錄下贈吳蘭詩。其時吳蘭在安徽馬鞍山教學，與陳老不通音訊。日記有「吳蘭今不知仍在人間否」，此一問，足見陳君葆待人的真摯。

陸朝華和吳蘭幼年合照

持恆師友．知己紅顏

陸朝華來香港後，去持恆函授學校進修，這是出於父親的意思。「持恆」是生活書店創辦的二線教育機構，本來取名「韜奮函授學校」，後來怕名字太響，不利於國統區求學的青年，所以改名「持恆」。而鄒韜奮算是陸朝華的父執輩，曾是陸朝華父親的捉刀者，又同是中國民權保障同盟上海分會執行委員。持恆校務委員會主席是徐伯昕，徐伯昕是生活書店負責人，生活書店是中共南方局直接領導的宣傳機構。所以吳竹曾說持恆學校，「那是個進步組織，聯繫組織，就是通過這個學校。」

陸朝華父親以「持恆」作為兒子人生的第一臺階，這該是他深思熟慮的一步。所謂「千里之行，始於足下」，此一步是重要的，然而這方面的資料實在太少了。我認識的與朝華同在持恆進修的藍真、翟暖暉早已作古，無從請教。幸好，近日得見四十年代末端納、喬木（喬冠華）致朝華手札，正好能補此空白。喬冠華大名人所共知，而端納這位朝華的「牧者」，其生平出處，遍查不獲，幸得當年《華商報》的楊奇丈通過其快婿偉明兄見告，「認識端納，他英文很好，四八、四九年期間他在喬冠華領導下工作，主理一份英文周刊。」（二〇二〇年六月廿六日）根據這個綫索，查得端納原名張彥（一九二二─二〇一八），廣東新會人，西南聯大出身，一九四六年由喬冠華介紹加入中共，旋至香港編輯英文半月刊《中國文摘》。端納是喬冠華和龔澎的副手，他們仨同住港島北角英皇道一七三號三樓，該處經常賓客盈門，儼然是中共的「香港辦事處」。

喬冠華的信不長，錄如下：

「親愛的朋友：

張彥（端納）七十年代

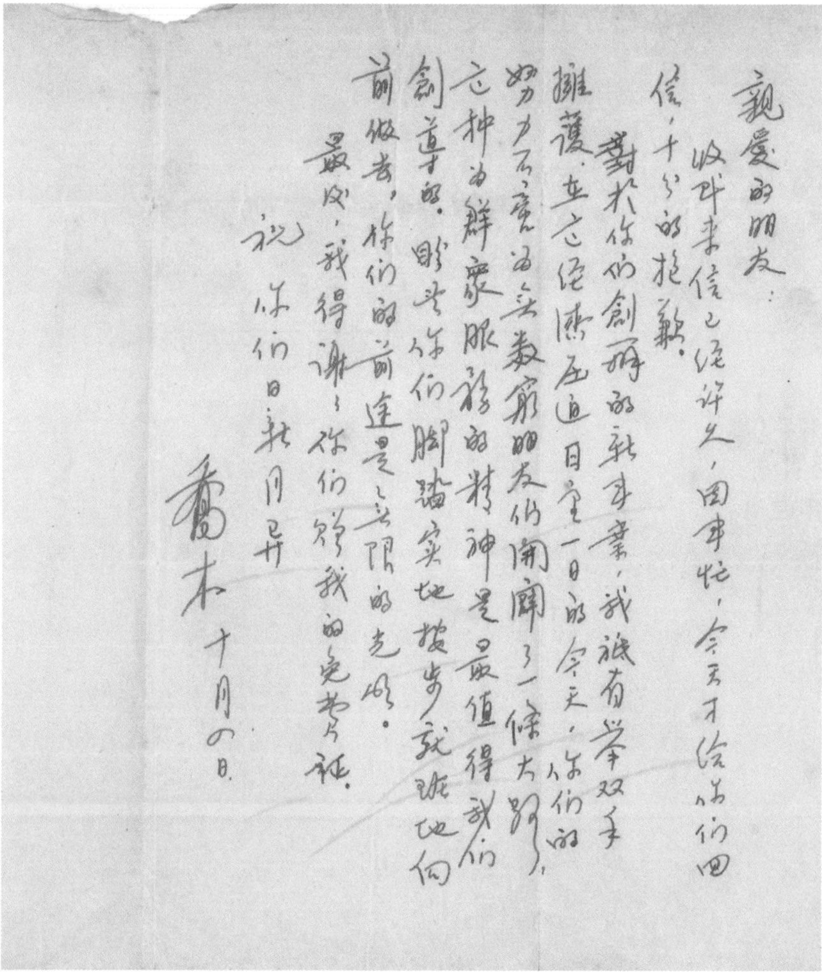

親愛的朋友：

收到來信已經許久，因事忙，今天才給你們回信，十分的抱歉。

對於你們創辦的新事業，我祇有舉雙手擁護。在這經濟壓迫日重一日的今天，你們的努力不啻為無數窮朋友們開闢了一條大路，這种為群衆服務的精神是最值得我們創導的。只要你們腳踏實地按步就班地向前做去，你們的前途是無限的光明。

最後，我得謝謝你們贈我的免費証。

祝　你們日新月異

喬木　十月四日

喬冠華（喬木）致陸朝華手札
一九四八年十月四日

收到來信已經許久。因事忙，今天才給你們回信，十分的抱歉。

對於你們創辦的新事業，我祇有舉雙手擁護，在這經濟壓迫日重一日的今天，你們的努力不啻為無數窮朋友們開闢了一條大路，這種為群眾服務的精神是最值得我們創導的。盼望你們腳踏實地，按步就班地向前做去，你們的前途是無限的光明。

最後，我得謝謝你們贈我的免費證。

祝你們日新月異。

喬木　十月四日」

這信該是一九四八年寫的。信中說的「免費證」，不知是否是小說林的借書證。從這信知道朝華與喬冠華有聯繫。朝華哥哥文華還主動提出可以為喬服務，如修理無線電等他擅長的工作。喬冠華當時在香港主持《華商報》，用「喬木」筆名發表文章。（中共南北兩喬木，南喬以其學養風度最易為人接受。）也曾到持恆演講。喬高大瀟灑，口才了得，是當年左翼青年的偶像。

而端納的信，頗能反映當年香港左翼陣營對青少年的誘導和鼓勵。錄如下：

「朝華兄：

前天喬先生給我看了你的來信，才知道你的小說林因為經濟關係而改變了方式，也才知道你在謀職業。

對於你的熱情和努力，喬先生和我都深為感動，對於你所遇到的困難，我

喬冠華，四十年代

們也都十分同情。雖然，我們今天都沒有足夠力量來幫你解決這些問題。我們相信，你有決心和毅力堅持下去，堅持下去也一定會成功的。

至於你說有朋友介紹你去《星島日報》做事，我覺得如果目前並沒有其他更好的機會，你最好還是去的好。儘管它是一家反動的報紙，但是，第一，目前職業機會實在太少，為了生活騎着馬找馬總是比較穩當的；第二，《星島》究竟還不是一家嫡系的報紙。例如他的國際版，就還不是太壞的。其中還存在着各式各樣的矛盾，所以一個好人進去，如果能起點好的作用，還是好的。總之，我覺得在目前這個情形下，去是可以去的。不必太顧慮朋友們的批評，因為朋友們要是懂得其中的道理，他們也會覺得嘲笑是不應該的。問題是從跨進去的一天起，就應提高自己的警惕性，不僅不能受他們的影響，而且還得對他們產生好的影響。

持恆學校是一個很好的學校。這學校的先生也都是思想清楚，富於熱情的。他們喜歡與學生接近，所以，你可以不必把他們當作普通學校的先生待，多和他們接近，多和他們談問題，研究問題，是有好處的。雖然它是一個函授學校，你可以去信約先生會談，他們歡迎學生這樣做。先生和學生最好成為親切的朋友。

對於你大哥的好意，喬先生說他非常感激，以後要修時，一定請他幫忙。

如果你還有甚麼需要我幫忙的事情，可以先寫封信給我，我們可以在城裏約個地方談一次，因為我常常在中環一帶跑來跑去的。

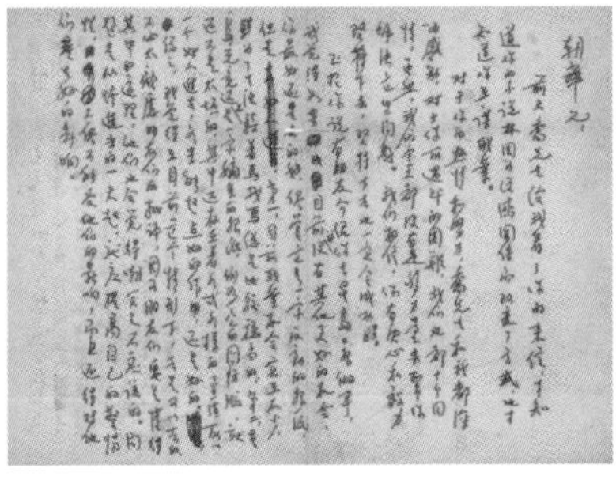

端納致陸朝華手札

祝你進步

端納 十五日」

這封信透露了幾點信息：小說林營運困難；朝華擬去《星島日報》做事，但《星島日報》反動，於是猶疑。其實《星島日報》也是多種取向的，不應簡單的視為反動。一九四七、四八年之間，國共在大陸大打出手，而在香港則爭奪輿論陣地，《星島日報》是爭奪重點。其時潮汕《星華日報》總編張問強伉儷到香港，馬上拜會剛接任《星島日報》社長的林靄民，開展爭奪工作。張與林同鄉（閩西）兼有世誼，頻繁接觸，商討如何辦好《星島》。磨了一載，終於在一九四八年七月間，張說服林，安排林與中共華南分局饒彰風、泰國《全民日報》老總黃聲，正式會談。結果是敲定《星島》轉向，接納一批饒彰風推薦的編輯、記者進駐。《星島日報》遂由原來傾向國民黨一變而為中間偏左了。當時參與這事的司徒丙鶴，在半個世紀之後寫了一篇《五十年前在香港〈星島日報〉的一場戰鬥》透露：

「這樣一家消息靈通的報紙，有這樣一批記者，有這樣一些內容充實、色彩鮮明的版面，加上這樣氣勢磅礴的解放戰爭形勢，《星島日報》於是名噪一時，人人愛看，賽過《工商》、《華僑》，銷路直線上升，廣告收入也很好。在白色恐怖下，國民黨封鎖消息，干擾新華社廣播，禁止進步報刊入口。南京、上海、武漢、成都、重慶、桂林、海南、廣州等大中城市，不僅市民想從能夠進

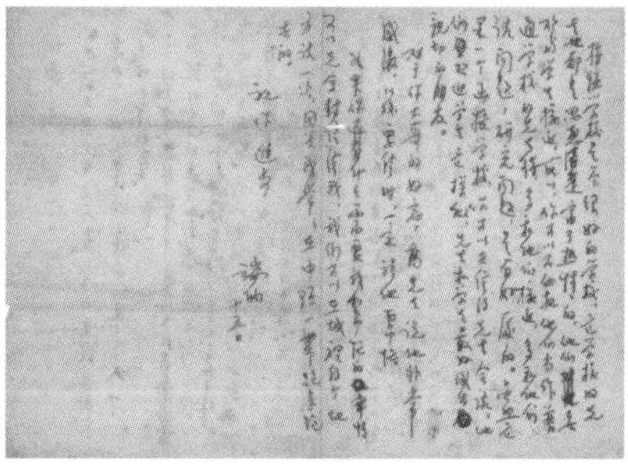

端納致陸朝華手札

口的《星島日報》了解消息，就連蔣幫官僚，也想看看《星島》的真實新聞，一旦形勢不妙，好準備後事。

解放後，一位廣州中共地下黨的同志對我說，當時上級通知，『了解時局，可參看《星島》，那裏有我們的朋友在編報』。有時報上有黨的文件精神透露，一張《星島日報》大家傳來傳去。這樣一種強烈的社會效應，我們當時是不知道的。」

記得某前輩言，六十年代張贛萍曾說，萬人傑和葉靈鳳的政治觀點不同，但信箱中的讀者來信常被派錯而要互調，兩人就默契合作。張開玩笑地說，《星島》就是個聯合政府。

說回這批打入《星島日報》的左翼分子，就有湯建勳、潘朗等。潘朗主編國內外要聞版（第一版頭條），湯建勳主編社會服務和讀者來信版。陸朝華說朋友介紹他去《星島日報》做事，筆者相信不會是甚麼朋友，該是他的舅父湯建勳，或者是他父親的筆桿子潘朗。

端納當然了解《星島日報》正在轉變的現實，但又不能向陸朝華作太多複雜的分析，更不想陸失去一個就業機會，於是覆信中就委婉地說「不妨」，那是照顧事實，也不損立場，是得體的做法。其次在回信中逆知朝華兄弟也想為喬冠華等長輩做點事，端納代喬婉謝了。信中端納諄諄慰誨，兼代喬冠華致意。

另外，像持恆的老師邵荃麟（中共香港工委文委）也在做同學的思想工作。到了一九四九年五月，持恆同學都開始通過不同的渠道，陸續去華南游擊區參加解放戰鬥。有參加粵桂邊縱、有參加東江教導營。但陸朝華沒有選擇去華南，而是北上平津，用行動回應邵荃麟老師，因邵荃麟曾發文《加強準備，迎接新時代》向同學們呼喚：「每個青年都應該認清自己在新的時代新的鬥爭中的地位，向自己發出這樣一個問題：在這劇烈的時代中，我將向人民貢獻出甚麼？」

那是風雲變色的年代。陸朝華要投向新時代，要參加革命隊伍。這不單只是陸朝華，當時許多同輩人都這麼做，這風氣一直延續到六十年代。筆者想起若干年前，在九龍某國際學校聽葉國華（香島中學老校友）在一個講座中說到，他那屆畢業同學中，除了葉和另一同學何守信，其他同學全部返大陸。（後來香港大學Y教授私下語筆者，不是全部同學返大陸，那一屆還有一位同學留在香港的，就是Y太太。）

陸朝華要北上參加革命，把兒女私情都放下了。朝華在香港本有位女朋友，女友很不理解朝華為甚麼要北上解放區。吳竹大姐說朝華的女朋友很漂亮，家裏又很有錢。但朝華要敝屣一切，要奔回國內。從端納給朝華的信中可以看到一個細節：

「朝華兄：

持恆函授學校文學科教師邵荃麟

你的事我已替你辦好了。

不用甚麼信件，你到了目的地就可以登岸。沒有問題。我因為有事沒能等你，希望你此去一切如意，加緊學習，好為人民服務。臨別我祇有一句贈言：自己要有信心，虛心就是克服一切困難的武器。

端納　十一日晨」

（這信該是一九四九年五月十一日）

陸朝華曾有段回憶錄文字，透露了離港前的一些訊息：「臨走時，他（陸朝華）的愛人問他：『你為甚麼一定要去解放區，在香港不是也可以學習和工作嗎？』他回答她：『一個沒有經過考驗的青年，住在香港是容易被沾污，會墮落下去的，我需要太陽和新鮮的空氣，我要到人類理想的地方去。』」（見《悼志願軍攝影記者陸朝華同志》）

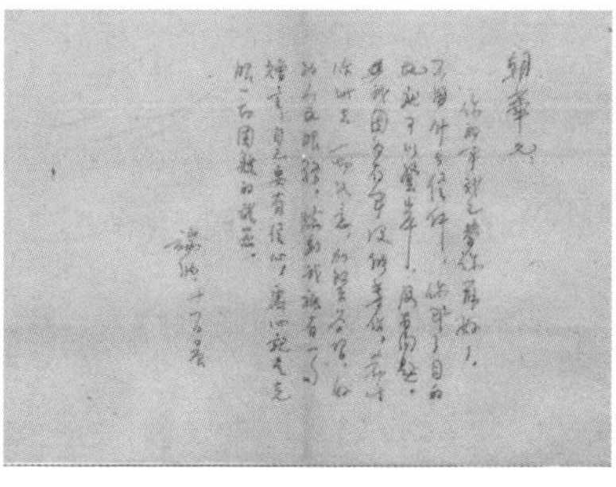

端納致陸朝華手札一九四九年五月十一日

到人類理想的地方去

陸朝華是甚麼時候「到人類理想的地方去」的呢？

《陳君葆日記》為我們提供了準確日期：「一九四九年五月十三日星期五：陸朝華來，他明日坐湖北輪到平津去。」

另據當年資料，高士其、蔡楚生、陳原等等滯留香港的文化人也是一九四九年的五月乘湖北輪北上平津的。既然月份、船名、始發地、目的地都相同，而且又都是中共香港工委文委安排的，那就等如是「專船」。所以有理由相信陸朝華和高士其、蔡楚生等所坐的是同一條輪船。高士其文集中有一篇記有當時乘搭該輪船的事，錄如下：

「船過臺灣海峽時，全船燈火熄滅，寂靜無聲。船到了南朝鮮仁川，徐徐開進了碼頭，有的人上岸了。船上大放光明，歌聲、琴聲、笑聲、談話聲連在一起，把船上旅客的情緒，頓時提高了。過了仁川以後，天津在望了，就要回到家了。同行者組織了一個慶祝晚會，會場設在統艙裏。節目非常精彩，……。熱鬧非凡。」「出席晚會的有……著名電影導演蔡楚生的一家，……有小說家，有詩人，還有從全國各地由香港轉道來的許多青年，我都和他們一一握手。我們歡度從上船以來僅有的一個文娛晚會。過了煙台，天津就在望了，我們的目的地快到了。船開進了塘沽碼頭，有人來接我們了，黨中央毛主席派人來接我們了。這時候我的心情非常激動，回到老家了，回到久別的故鄉了，回到革命的大家庭了。」「第二天，我們一行人坐汽車參觀了天津市的市容。天津市剛解放不久，帝國主義殘留的痕跡還未掃除乾淨。當晚，我們接到通知，明晨有人來接我們坐火車到人民中國的新首都北京去，那時候還叫做北平。」

參加南工團

一九四九年初，平津解放，急需大批幹部隨軍南下接管新解放區。第四野戰軍旋即建立了「南下工作團」，陸朝華到了北平，參加這個南下工作團的第三分團。

我們可以從朝華當時（一九四九年七月底）致文華的長信，了解朝華參加南工團的經歷和思想轉變的軌跡。

「文華：今晨至午到大隊開會，政委報告了我們明天中午一時動身。當時心裏是説不出的快樂。全體同學也興奮得不停的鼓掌。回來後大家整理一下洗一洗衣服，把小米糧食行李等搬上卡車，打掃院子，擦玻璃窗。因為這房子都是借住的。走前須要整理好還屋主。

這次我們是太幸運的了，路上大概是不會走路，除非鐵路遭水沖壞等意外事發生，那須要行走少少的路程。行李也准許多帶。除自己背四十斤左右，多出來的可交大隊運輸。……組織上對我印象還不差，也和我談了好多次關於自己思想轉變的過程和生活情況。在行途中我擔任本分隊的衛生員及保管員和壁報通採員。我準備在這次行軍中（約有半個月）爭取入團，鍛鍊自己，使自己更進步。因為團方號召過，在行途亦是對申請入團的仝志一個考驗。

到武漢後我有一定的地址後再給你信。……

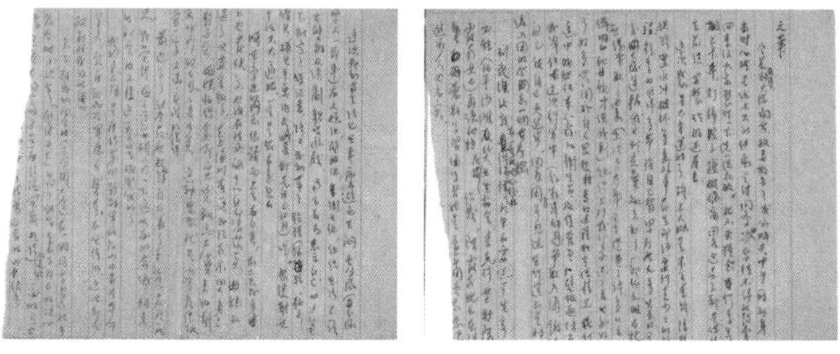

陸朝華致陸文華信，一九四九年七月

這次我的南下路上，在車廂為避免苦悶，各分隊（每分隊四十人一節車）有文娛組、壁報組、衛生組，組織在路上一路出壁報及演劇歌唱游戲，南下前為表示自己的決心南下，都寫了保證書。路上我們帶了乾糧（餅乾、麵包、饅頭、罐頭牛魚肉及鹹菜，都是自己背）吃。……

睡在旁邊的同志很髒，而且生有白蝨，前二天我身上也發現了，也沒有法子。只可以自己清潔一點，姆媽知道了又要害怕了。在上海時有一次我從南京回去，身上有白蝨，姆媽怕得要命，而且還不敢高聲講出來，怕鄰居聽到。現在想想真可笑，這種思想就是小資產階級愛面子不講實際的錯誤。

最近學了社會發展規律，自己看了本社會發展簡史，我覺得团团須要研究一下這方面的常識，將來的社會內不懂這一套是成笑話的了。

我們南工團是屬於第四野戰軍的，所以也算是革命軍人，家屬就成為軍屬，在後方是有優待的。這些都是政府對我們的關心。

上星期我們開會時（三分團大會），有一個同學當眾把手指咬破，用血寫了『堅決南下』的四個血字已表示自己的決心。像這□在開會時上臺一面流淚（興奮、熱情的表現）一面的宣誓，……

本月（七月份）實際只有半個月，其餘半月是準備行軍工作。我們學習三個問題。一、人民民主專政，二、人生觀，三、組織原則與組織觀念。得益太多了，學習的方法也好，先是上面發下一篇文件，一天先草草的把它念完，第二

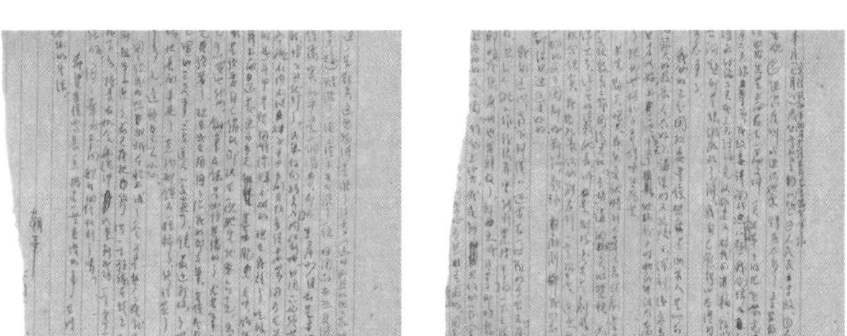

陸朝華致陸文華信，一九四九年七月

天指導員或政委講關於這文件的問題。我們歸去再深的討論二天或三天討論完後，政委又對我們講一輪。所以各問題都是很徹底的了解。我自己覺得比香港時進步太多了。

我們的三分團政委是徐懋庸，是浙蘇人，是以前東北臨大的校長。人太好了，講課時又幽默又深刻，淺容易懂，口才又好。上二次『鬥爭』指出破壞分子時他的講話太厲害了，把那些壞分子弄得啞口無言。

上星期天晚上，我們夏伏特到大華去看話劇，是東北文化教育工作團演出的《立功》。講關於工人的覺悟，太偉大了。演員的演技、配音、佈景都好，尤其是劇情好，配合現實。我想如果你們能看到一定歡喜。這兒的一切的文工團都好，舞蹈、歌詠、戲劇，我以前是都沒見過這末好的。

我們這次南下到漢口，還要有一時期的，學習三個月左右，然後分配工作。我很希望能到農村中搞一下土改，那時我想廣州也要解放了。……希望來信寫長一點報告一些香港的事，在（再）妹妹他們的生活。

朝華　七月□□」

南工團三分團政委徐懋庸在東四七條團部講大課

這封信尾部有缺失，但從內容可以知道是南工團第三分團由北京南下出發前夕寫的。查三分團南下出發日期是一九四九年八月一日，可考知此信的確切日期。這封保存了七十年的幾頁長信，雖略有殘缺，通讀之後，仍然可以感受到朝華熱切追求理想目標而處處對自己嚴格要求。

朝華在信中說「我們的三分團政委是徐懋庸」，徐懋庸二十二歲時已是左聯領導，任南工團三分團政委時才三十八歲，正值盛年。信中所述，流露出朝華對徐懋庸的欽佩。那個年代，有不少革命幹部，人格高尚、學識淵博、目光遠大，往往以自身的個人魅力，讓年輕人佩服、愛戴、追隨。

陸朝華遺物中有兩本筆記，是南下之後的聽課學習記錄。第一冊筆記由一九四九年八月十六日記至十二月九日。第二冊筆記由一九四九年十二月二十五日記至一九五〇年三月一日。檢視這兩冊筆記，可以一覽陸朝華此時政治學習的具體內容。八月間的宣講者，大都是三分團政委徐懋庸，偶爾由四中隊教育股長或郭協理員講。講的是資本主義、帝國主義、社會主義與共產主義、階級與政黨、國家政權、人的階級性、各階級性的分析、思想方法、辯證法、戰爭、人民解放軍、武裝鬥爭的重要性、人民軍隊的政治工作等等。有問題解答，有討論題目。茲舉數例，窺豹一斑，足見其大略。

如八月十六日下午七時，記有：徐政委講「資本主義」：

「為甚麼我們今天要講資本主義，因為今天的世界上還有許多資本主義的國家，因此，現在世界的人和資本主義有密切的關係，所以應該明瞭它。一個革命的幹部是更應該明白它，因為我們就是要和它作鬥爭。」

八月二十二日 徐政委講「問題解答」：

「有些同學學習了資本主義後有一種感想，就是因為對我們沒有多大用處，不

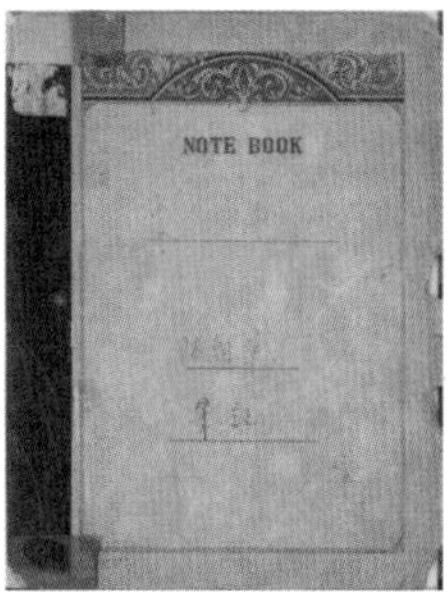

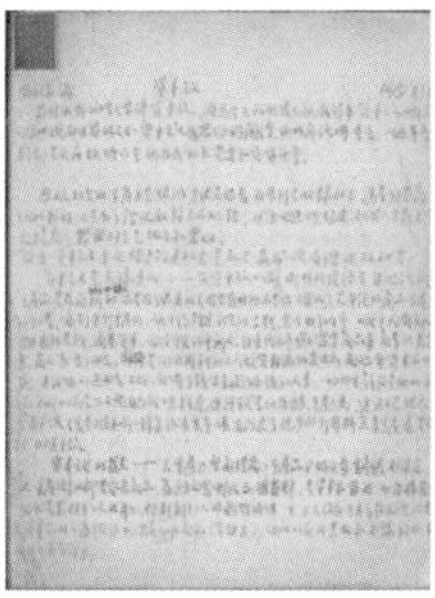

陸朝華筆記

實際，不迫切，認為應該學習關於農村的問題。這想法當然出發點是對的，可是我們學習資本主義後對我們幫助是很大的，如我們看報上許多關於國際上美國的問題，如不學習資本主義帝國主義是不能深刻了解的，尤其我們現在作甚麼工作都是和帝國主義有密切的關係。我們為甚麼到農村去，就是為了中國的資本主義將來走上社會主義創造市場，中國的農村就是中國最廣大的市場，原料又是從農村中來的，如果農村仍舊在地主惡霸封建統治下，那有很大的工廠，工業很發達，可是原料就無從來，生產品也無從找市場。又對個人的問題，走那條路，徬徨在中間不知怎樣，資本主義將來前途怎樣，社會主義怎樣。學習了資本主義與帝國主義後知道了這條路是沒前途的、黑暗的，社會主義這條路是有前途有光明的，所以對我們個人是有益處的。」

又如八月二十六日徐政委講「階級與政黨，國家政權」：

「階級是在生產中一部份人掌握生產資料、土地或工廠，但自己不勞動生產，用別的人來勞動，剝削他們來生活，這叫剝削階級。另一種自己沒有生產資料而必需（須）為佔有生產資料的人而勞動、來生活，這叫做被剝削階級。他們生活是痛苦的，剝削階級生活是幸福的。因為不平等就發生階級鬥爭，我們來看階級就從這方面來看來分。」

有些筆記是摘錄，如八月二十七日「關於思想方法的參考資料（自摘徐政委於聯大講的辯證法解譯）」：「辯證法是馬克思主義看一切問題的基本觀點，共產黨的一件法寶。共產黨領導革命，處理任何問題，都是根據於辯證法，因為辯證法的觀點是最正確的。」

陸朝華參軍

筆記中徐政委講課的記錄最後一篇是九月二日講《社會主義與共產主義》。朝華此時加入了新民主主義青年團。再隔一個月，學習期滿，朝華正式入伍，在第三十八軍政治部担任新聞攝影工作。《中國人民解放軍四野南下工作團第三分團團史》載有：「南工團三分團一大隊的三百餘名同志，於一九四九年十月到達十三兵團駐地湖南常德，以後再分別分配到三十八、三十九、四十、四十一、四十七軍。」（頁二十一）查陸朝華遺物中有一紙革命軍人證明書，背面有毛筆字：

「三十八軍政治部
攝影記者　男
陸朝華　二十一歲
江蘇　蘇州
四九　湖南省常德縣
自願

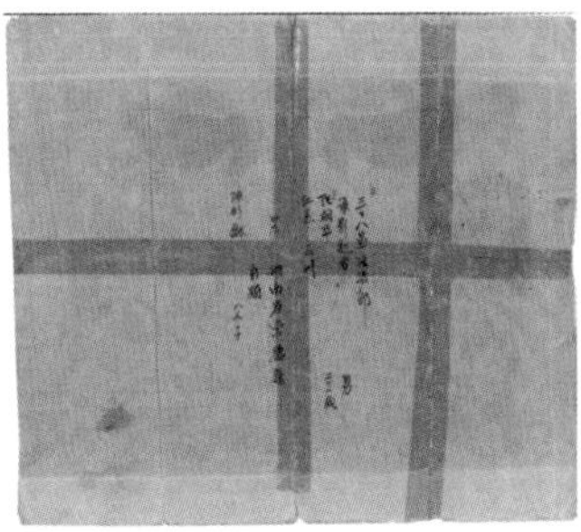
陸朝華之革命軍人證明書背面

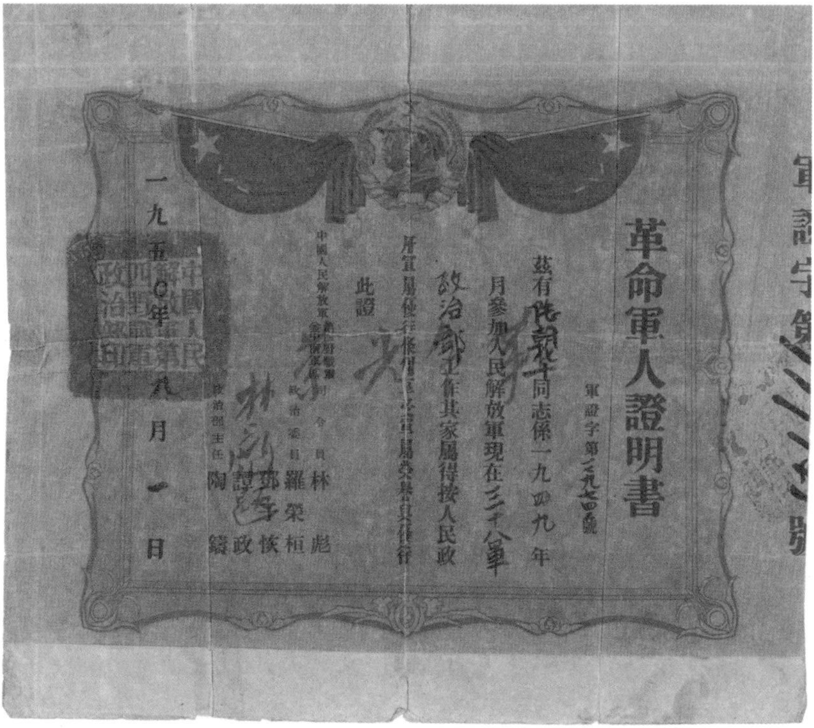

革命軍人證明書

軍證字第[illegible]號

茲有陸朝華同志係一九四九年
月參加人民解放軍現在三十八軍
政治部工作其家屬得按人民政
府宜屬優待條例[illegible]軍屬榮譽與優待

此證

中國人民解放軍第四野戰軍司令員 林彪
政治委員 羅榮桓
鄧子恢
譚政
政治部主任 陶鑄

一九五〇年八月一日

陸朝華之革命軍人證明書

陳彬龢　父子」

這說明陸朝華在湖南常德入伍，參軍出於自願，也不諱言父親是陳彬龢。朝華入伍之後，仍舊上政治課，內容側重軍事方面了。筆記從九月二日一下子跳到十月二十一日，是郭協理員講「人民解放軍」，內容有五項：

「一、人民解放軍的產生發展與壯大；
二、解放軍的特點；
三、解放軍為何能打勝仗；
四、解放軍的傳統作風；
五、解放軍的政治工作。」

下午討論，題目是：

「一、武裝鬥爭的重要性 人民軍隊革命中的作用；
二、對十年內戰和工農紅軍是有甚麼認識（聯繫以前）批判錯誤的。
三、人民解放軍在抗日戰爭中的作用；
四、從解放軍的歷史中我得到些甚麼教訓。」

而筆者最關注者，是十月二十七日上午九時，協理員講「解放軍的優良傳統作風」的第一條，講的是「自我犧牲高度的革命英雄主義」，吳竹說「二哥從小就想當英雄」，這條該是最叩動朝華心弦的題目，記得十分細緻。鈔錄如下：

南下工作團三分團一大隊在湖南行軍途中

「英勇戰爭自我犧牲高度的革命英雄主義，是從解放軍的誕生就產生了這種作風，在歷次的戰鬥中不管紅軍時代、抗日、自衛戰中都充分表現這種精神。正是戰無不勝攻無不克的。為甚麼有這樣的精神，因為這支部隊是來自人民屬於人民，又有共產黨的領導，政治覺悟性是高的。戰士知道為甚麼戰爭，為誰戰爭。知道戰鬥是為了祖宗報仇，自身的翻身，子孫的幸福，做階級的鬥爭。所以當有戰爭時，須要他們犧牲是毫無猶豫，戰士們知道因戰爭流血是光榮，當然，共產黨員在戰鬥中起了骨幹作用。在這廿多年中為國犧牲的戰士是當然有許多光榮的事蹟。在□□□如長征、抗戰中有許多的困難，可是因為戰士有英勇自我犧牲的精神，都能完成了任務。（如長征時過大渡河金沙江，抗日戰爭中和日英勇戰鬥。解放戰爭中有四平街、塔山、狼牙山五戰士、董存瑞英勇自我犧牲爆炸碉堡）。我們的部隊中有高度的革命英雄主義，是真確的英雄主義。還在部隊中建立立功方法，提高戰士的戰鬥力。」

朝華深受影響，以這些英雄為榜樣，後來也成了血灑沙場的烈士了。

抗美援朝　保家衛國

陸朝華參軍之後才幾個月，韓戰爆發，中國出兵支援，曰「抗美援朝」，曰「保家衛國」。那時派出赴朝的志願軍，大部分是農民，知識分子該是捨不得送上戰場的。香港天民樓主人葛師科當時參加空軍，就沒有被派上戰場。那時有句順口溜：「抗美援朝不過江，保家衛國不拿槍，稀裏胡塗混個紀念章。」而陸朝華在志願軍第三十八軍宣傳部攝影組任記者。他多才多藝，當時技術人員少，領導捨不得派他上戰場，但朝華堅決要上前線。

在此，且補上一段吳竹大姐的記憶：

當吳竹回北京升學，因為是朝華親屬，受到特別照顧。解放軍畫報社有一位白世藻，是很出名的攝影記者，還有一位負責人葉飛影，對吳竹特別關照。吳竹擔心哥哥上戰場，他們跟吳竹說，您哥哥不會出國的。一九五〇年夏天，朝華為了工作任務到北京，與吳竹見面，「我覺得我哥哥變了，他已不再是香港時的他了。他穿了人民解放軍的軍服，佩着『八一』帽徽，誠然是一個革命軍人，在他身上再也找不出過去的少爺派頭。」（吳竹《悼念我的哥哥陸朝華》）

吳竹還記得，「哥哥見我說他要出去了。我說，他們不是說你不會出去的嗎？他說他要求一定要出去。還批評我，說我思想落後。」吳竹後來寫悼念朝華文章，將這些情況很老實寫出來，但「他們（部隊）覺得不好，刪掉了。」

吳竹文章還有一段：「幾天後，他便回隊了。在臨走時，他對我說：為了抗美援朝，保家衛國，他要志願報名參加志願軍到朝鮮去。從此，我一直

中國人民志願軍三十八軍全體將士於鐵嶺、昌圖、開原等地舉行抗美援朝保家衛國誓師大會

一九五〇年夏天，陸朝華到北京探望妹妹吳竹

沒有接到過他的信，我想他一定是去朝鮮了。但我沒想到這是我們最後一次的見面。」

陸朝華是軍中的攝影記者，他入朝鮮的採訪攝影，也側重於報導有功勳的戰鬥英雄，他的遺物中有幾頁採訪筆記，記的都是援朝戰爭中立有大功的功臣的具體戰蹟。如其中一則：

「三營8K連長王時葉，一大功（守衛公站陣地）在指揮上沉着、勇敢，傳達給班排任務時帶啟發性，和能及時（敵人有八輛坦克、步兵一個營，和大量炮。并有飛機掩護）嘉評，戰士反應説，在那兒危緊時，我們連長就到那兒，並且親自揣槍開火。八連的陣地整個是被砲火燒着。敵人八次衝鋒都被打退。到戰鬥結束後，單在陣地前美遺屍有一百二十名，俘虜美軍二十三名，李軍二名。（德川戰鬥時俘虜四十三李軍和七名美軍官少校六個中校一個）。」

瀏覽這幾頁朝華的採訪筆記，會感受到朝華的同袍在極度困難、危險中，依然士氣高漲，讀者也就能理解，強大的美軍終於被迫去板門店簽訂停戰協定。

出國日記

陸朝華遺物有一冊沒有封皮的《出國日記》，摘錄如下：

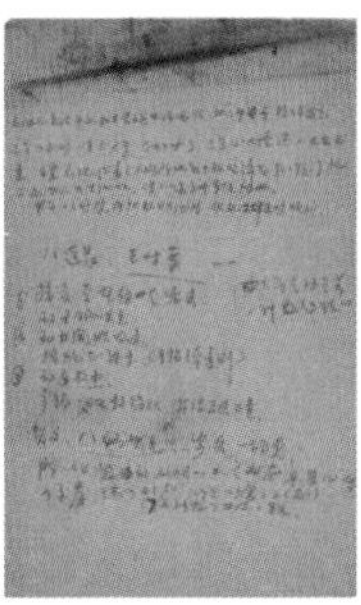

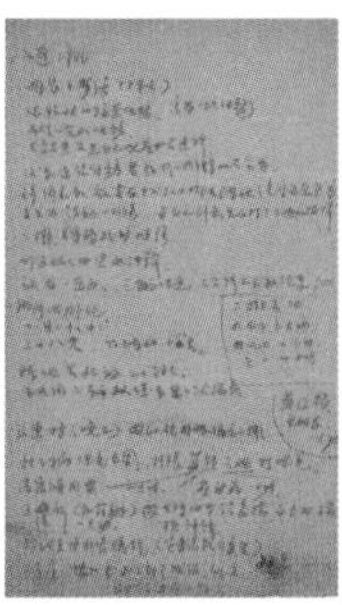

陸朝華攝影採訪筆記

「十月廿一日

晨六時正離鐵岑，火車上坐了二晝一夜，經過四平通化、梅河口，廿二日下午二時到了輯安縣，吃了午飯後，即有命令叫準備今晚過江入朝。傅部長召集部裏幹部傳達了目前形勢和我火出國這末緊的原因，最後叫我和老陳到指揮所坐汽車走。老白上三八團（前衛團）走。下午七時上的卡車，但因道狹和過江部隊多，所以直到廿三日晨二時才過的江橋，過江時人全下車，徒步過橋。當時心裏有特別的感覺。過江後，路上的車輛更擁擠，簡直無法走。因快天明了，所以人全下車，徒步到目的地（廿六廿五里），真好。天亮到了『朱貴』，這兒到還顯得很和平，沒有戰爭氣氛。中午時來了二架敵機，但一陣高射炮即把他們嚇跑了。在公路上朝鮮人民軍和老百姓大量大量的往北撤，當他們見到我們是臉上都表現一種極興奮的神氣。晚上沒走，因路上部隊太擠了。據說敵軍離我們只有四百里路了。

十月廿九日

昨晚走了六十里。到達離熙川二十七里的草上站。

這三天來，我們的伙食相當差了，沒有一點油和菜，就用鹽和白麵調成漿粥吃，一天兩頓，吃後胃腸覺得不舒服，但這困難總要克服它的。可是，是否沒有菜呢？不，朝鮮人民還有的。但是我們沒有錢買，也就不吃菜了。如果今天是另一支反動的部隊，那一定早就把所有的菜取來吃了。人民的軍隊到底是名

十一月廿日 晨六时正离铁岺，火車上坐了二晝一夜
經过四平、通化，梅河口，廿二日下午二时到了輯安縣
吃了午飯後，即有命令叫準備今晚过江入朝
付部長召集部裡幹部傳達了目前形勢和
我們这末緊的原因，最後叫我和老陳到指揮
所坐汽車走，老白上三八团（前衛團）走，下午
七时上的卡車，但因道狹和过江部隊多，所以
直到廿三日晨二时才过的江橋，过江时人全下車
徒步过橋，当时心裡有特别的感覺，过江後，过江後
路上的車輛更擁擠，簡直無法走，因快天明了，
所以人全下車徒步到目的地（共廿五里），真好
天亮到了宿營，這兒到还顯得很和平，沒有戰
爭氣氛，中午时来了二架敌机，但高射砲
叫把它們嚇跑了，在公路上朝鮮人民軍和老
百姓大量的往北撤，当他們見到我們是臉上
都表現一种極興奮的神氣，晚上沒走，因路上
部隊太擠了，据說敌軍离我們祇有四百里
路了。
十一月廿四日和一位朝鮮人民軍大尉聊天，他指
出美帝侵略軍的殘酷和人民軍最後一定

符其實的，這使我特別感動，因此就是再苦些也心願了。

晚上又走了二十里，今晚我軍準備攻打××。

十一月六日

二時就起床了（沒有床），準備給前方送糧食去，後來管理處又說不用了。實在的，前線上總比我們要艱苦得多，據說有一天沒有飯吃了，今早，我是特別想去，我感到出國以來還沒作甚麼工作，如果能給戰士送飯那太好了，可說是具體的為兵服務。

十一月廿六日

昨晚從四時出發，一直達到今早九時，整整走了十七小時。

一路是小道和過山，翻一個高山有八百米高，又脫了褲子　過大同江，江面七八十米寬，剛一到江那邊，水就在腿上結冰了。不但走路多，而且還通過了四五道敵人封鎖線，機槍、小炮聲不斷的響。這是我生平頭一次嚐到的。翻那大山，在下坡時根本無路，而且角度很直，約八十五度，戰士滾下去的不少，我也摔了五六跤。

為了趕到目的地，白天還走，敵機在頭上也顧不得了，從十一時一直走到三點多，路上見到敵人死屍。在離宿營地不遠時，飛機來掃射了，可能是協助掩護德川的敵人撤退吧。

十二月七日

一起床，就給一班攝影。一班是這次×連最突出的一個班了。照完回團部，一進屋，白振武就喊：『報告好消息，敵人撤退到平壤以南去了。』晚上和老白研究一下，我明天下部隊把這次戰役一大功以上的英雄典型全照，將來出一個英雄功臣榜。

十二月十六日

昨天開始就鬧肚子，拉赤痢。到今午已有十次之多，到衛生所取了點藥吃。

十二月廿七日

晚上，柴部長到科裏來召集報社同志和我們開會，主要內容是如何把報導工作做好。最後談到我們的攝影工作，可惜是現在沒有膠捲了，老王只有十片，我也只有二十餘片了。部長意見把這些膠捲很好的用，只要能報導出我軍如何能在這種艱苦環境下取得勝利，及戰鬥中湧現的大批英雄才好。」

（見《攝影網》新五期三月號頁十九至二十一，中央人民政府人民革命軍事委員會總政治部解放軍畫報社出版）

又：陸朝華所在單位的白振武有評述：

「他生前工作是一貫積極負責。做暗房工作，任務緊急時經常晝夜不眠地連續進行工作，情緒始終飽滿，越疲勞越愉快，做出的成績也愈來愈好。下部隊採訪不管已經走了多少路，只要聽說那裏有材料便馬上跑去。拍材料時能夠很虛心地徵求該部領導上的意見，回來後不管是深夜、白天，只要別人在工作他

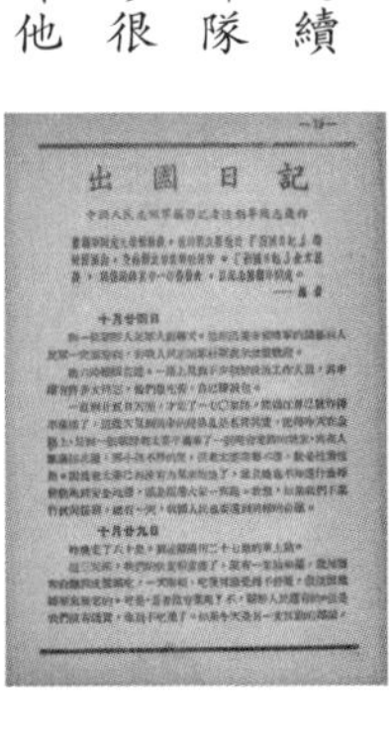
出國日記

《攝影網》刊登陸朝華出國日記

便馬上進行幫助。有了材料毫不停留地抓緊時間把膠捲冲洗出來，很多時候提前地完成了工作任務。他在工作中並經常鼓勵同志們，有意見及時提出求得解決，沒有和任何同志紅過臉。」

又說：

「不管黑夜、白天，不管冰天雪地，不管荒山無路，不管上級怎樣阻攔他，始終要求到最前面陣地上去拍照。經常一個人活動在砲火轟鳴、子彈亂飛和敵機封鎖的戰場上，不管敵人散兵的擾攪，他始終勇敢積極的進行採訪，沒在任何艱苦環境下低過頭。吃不上飯能工作，再疲勞也能工作，鬧痢疾病照樣工作！」

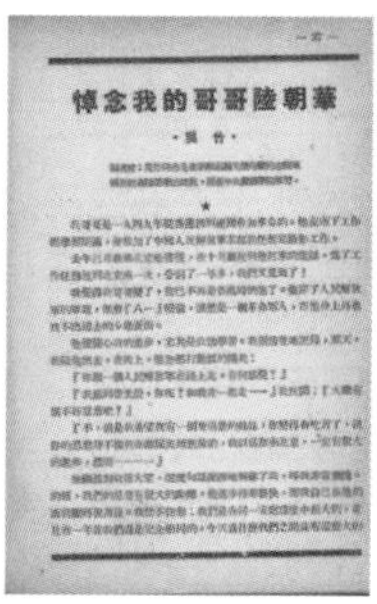
悼念我的哥哥陸朝華

吳竹

吳竹《悼念我的哥哥陸朝華》刊《攝影網》第十一期

朝華懂外語，「還幫助部隊做俘虜工作，在他的幫助動員下，曾有四五個美軍黑人俘虜主動出來幫助我軍連夜到公路上去，搶出被敵機轟炸着的大批戰利品，計有繳獲的汽車二十多輛及很多的軍用物資與彈藥，而且是他親自帶領着將汽車開出來的。他這樣幹了一夜，第二天仍然跑出二十來里地去拍照。該部首長反映：『我們不但來了個很好的攝影記者，而且是來了個很好的聯絡工作者！』」

朝華一專多能，還懂修理收音機。「該部×股長接着說：『也是來了一個很好的廣播收音工作者。』因為他到每個單位都爭取在黃昏時在燈下幫助把收音機修理好（他會這門技術）。」

（白振武《陸朝華烈士已被追認為光榮的共產黨員》，《攝影網》新十期八月

號頁八至九，解放軍畫報社出版）

陸朝華怕不怕死呢？當然害怕。朝華在日記中也透露出曾有害怕的「一閃念」。《出國日記》十一月一日：「今天是出國以來空襲最厲害的一次。當然免不了有些害怕，但在自己堅定的保衛和平，保衛祖國，把帝國主義侵略軍消滅在國土外的意志下，將恐懼心理克服了。自然我也曾想到死，但覺得死了也是光榮的。總之，我希望能成為一個中國共產黨員以後再死，我有決心一定爭取在援朝戰爭中入黨。」

朝華是求仁得仁，在一九五一年的大年初二（二月七日），成仁取義。朝華中彈之後，死前，仍提出希望能夠追認為中共黨員。朝華犧牲半年之後，志願軍某部黨委，追認他為中國共產黨的正式黨員。

（白振武《陸朝華烈士已被追認為光榮的共產黨員》）

關於陸朝華犧牲的海外傳言

筆者趁此，也為香港的一些傳說作澄清。八年前容若《陳彬龢反蔣是真「落水」是假》（《明報月刊》二〇一二年五月頁一一一），有謂「陳（彬龢）兩子皆共產黨員：長子陸文華，曾就讀香港九龍喇沙英文書院，回內地後長期擔任公安部門工作。三子陸朝華，一九五〇年十月參加『抗美援

革命犧牲軍人家屬光榮紀念證

字第○○一二九號

查陸朝華同志在革命鬥爭中光榮犧牲，豐功偉績永垂不朽，其家屬當受社會上之尊崇。除依中央人民政府「革命軍人犧牲褒恤暫行條例」發給卹金外，并發給此證以資紀念。

主席 毛澤東

一九五[illegible]年 月 八 日

中華人民共和國中央人民政府之印

永垂不朽

陸朝華犧牲後，毛主席簽發之革命犧牲軍人家屬光榮紀念證

朝』，是人民志願軍《戰鬥報》攝影記者；同年十一月，美機轟炸大榆洞彭德懷司令部時，與毛澤東長子毛岸英同時同地犧牲！」

直到去年冬，筆者藉回鄉祭祖之便，順道登汕頭博物館，何館長引領參觀「不忘初心牢記使命」展覽。筆者特別留意展品中有毛岸英填寫的幹部履歷表，和志司（志願軍司令部）彭台電報譯稿。有電文錄如下：

事由：

「毛、高二位同志被燃燒彈燒死」。

內文：

「軍委、高賀：我們今日七時已進入防空洞，毛岸英同三個參謀在房子內，十一時敵機四架經過時他們四人已出來，敵機過後他們四人返回房子內，忽又來敵機四架投下近百枚燃燒彈，命中房子，當時有二名參謀跑出，毛岸英及高瑞欣未及跑出被燒死。其他無損失。

志司　廿五日十六時」

電報頂端有一行批示，是周恩來的字蹟：

「劉、朱：因主席這兩天身體不好，故未給他看。周」

這頁案發第一時間的報告，證明陪太子犧牲的是高瑞欣，日期是一九五〇年十一月廿五日，這和陸朝華犧牲的時地都不一致。

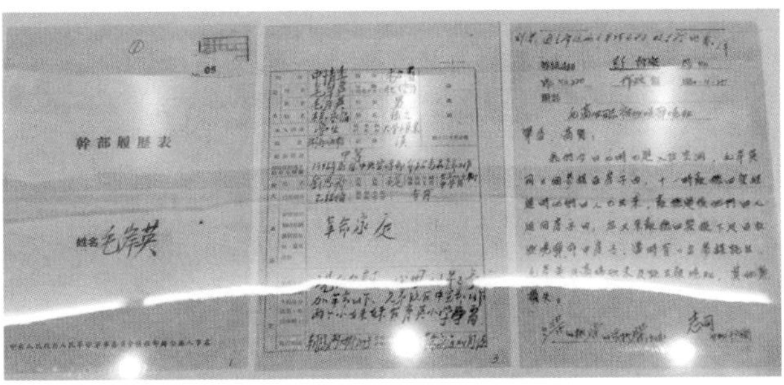

毛岸英幹部履歷表和志司彭台電報

陸朝華的家人

爸爸陳彬龢

在陸朝華的兄妹群中，隱然有個「身影」在給小兄妹以庇護、培育和指導。為何只說他是「身影」呢？因為從抗戰勝利後到一九四九年，他都在逃避通緝。結果是他在國內能不做史量才第二，逃亡到香港也沒當楊杰第二。他朋友滿天下，正因如此，才不敢公然露面。直到共和國成立之後，始鬆口氣。這「身影」就是蔣介石屢欲去之而後快的名報人陳彬龢。他就是陸朝華的父親。

抗戰勝利前夕，上海出版《上海百業人才小史》所載陳彬龢簡歷如下：吳縣人。倉聖明智大學之江大學出身。曾任浦東中學北京女子中學教務主任，澄衷學校校長，商務書館編輯，《申報》主筆，《日本評論》主編，中山文化教育館出版部主任，香港港報社社長，申報社社長。

這《小史》只是浮泛述說，未中肯綮，不足以解釋陳氏身世行藏。但如要細數他一生功過，非本文篇幅所能容下。

陳彬龢有一種神秘性而不為人知，人既不知，又如何能在文章中談得好？如要簡而言之，那只能說：他一生事業，能公開的是關於「申報」和「反蔣」。至於那不公開的，又該怎麼說呢？

陸朝華爸爸陳彬龢五十多歲時攝

以楊度為例吧，楊度搞君憲，入「籌安」，為王者師，昭然眾目。從前人們都罵他是野心家，帝制餘孽，該遺臭萬年了。但到周恩來死前說出楊度晚年加入共黨，於是輿論霎時就變了。還楊度一個公道是好事，但社會上那些評論家也叫人太寒心了，為何當初輿論都不按毛主席「實事求是」這「最高指示」呢？

評騭陳彬龢之難，其理由正相似於當年的楊度，是事有難言。在此，只能談些與其家人有關，或在「不可解」和「不可說」之間的事。

一、見林靄民

廣州解放之後，陳彬龢始敢在香港公開露面見朋友。這就清楚表明，他所逃避的只是國民黨特務。前文說過，他第一個見的是《星島日報》社長林靄民。端納給陸朝華信中說《星島日報》反動，那是可商榷的。其實，《星島日報》也不見得是鐵板般的「反動」，如果以革命的標準去要求一家殖民地的民營報業，那自然有落差。《星島日報》本身有多種元素、也有多種角力。廣州解放時，《星島日報》的大標題是「廣州天亮了」。這事在當年曾令許多香港人錯愕，有嘆息，有雀躍，也有讚美。但埋名遁世多年的陳彬龢，此時驚蟄般出現，他是懂得政治氣候的人，他第一個要見的就是林靄民。而更搞笑的是，林靄民見到陳第一句說的是：「毛先生周先生的身體可好？」一直把陳彬龢當作中共高層的上賓了。而高貞白曾說：「大概是

林靄民，四十年代

一九四九年年底吧！香港有張報紙登載一則電訊，略說陳彬龢在佳木斯，甚為活躍云云。」（林熙《文化界奇人陳彬龢》）還有一種比較可靠的傳言：抗戰勝利後陳彬龢潛逃入蘇北新四軍駐地。新四軍請示延安，申報社長陳某到此，如何處置？延安回電是：「禮送出境」。這種禮遇，又豈僅僅因他曾是「敵人的敵人」？但青史茫茫，這似乎又無從說起了。

筆者去年到北京探訪潘漢年侄子潘寧堡先生，言及陳彬龢，寧堡出示一紙潘朗手札影本，是一九八〇年六月十八日，潘朗致張問強兄嫂、鄒南懷兄嫂、湯建勛兄嫂等幾位香港報界前輩的信，其中一段云：「前日有一位老友來訪，他已七十五歲，我們一見面，幾乎不認識。由他侄兒陪同來說了些事，才知來客就是陳賡雅老兄。他說他去過某地，拜訪過主席，主席說彬哥是個好人，對國家對人民立了大功，人民應該敬重他。」話中的主席是指毛主席，而彬哥即指陳彬龢。只不知這說法是能解我謎團，抑或更加增添我的不解？但話說回來，陳彬龢甚具神秘感，雖然做的是好事，但神秘感總會令人在理解上有所障礙。

更有一軼事是高貞白說的：

「香港淪陷後，照理他應該走入自由區，繼續他的抗日言論的。但他不敢踏入自由區一步，因為他在申報時發表社論，有『剿匪與造匪』的文題，大為當軸所忌，把他列入黑名單，稱為『反動份子』，如果他入自由區，就無異自投羅網，住進集中營。有此顧慮，倒不如回上海作歸鄉之計。」高貞白乘機請陳彬龢「把他在上海做申報社長一事寫出來，以備作報壇史料。」陳彬龢題作：「我和偽申報」，高貞白問陳可否把這「偽」字去掉，「但陳彬龢堅持他的意見」，於是陳彬龢的「我和偽申報」發表在《大華》第五期。（見《大成》第八十三期）

似乎，陳氏要刻意表現的是一種政治意識。

所以連兒子朝華，也搞不清楚父親的真實背景。朝華在南工團、部隊上政治課改造思想之後，純真的朝華開始要與複雜的父親劃清界線了。這從朝華用「中國人民解放軍第三十八軍政治部箋」寫給大哥文華的信中，顯示倪端。信中說：

「大哥，你對我的幫忙實在是相當大，教了我無線電，又這樣的先後照顧我，真有的說不過去。你在人民政府工作下，自傳是一定要寫的，寫自轉是件麻煩事，但是不好不寫。並且寫自傳對自己政治覺悟上是有幫助的。把自己過去的所做一切寫出來，能分析一下，當時所作對不對，有損人民的利害嗎？自傳一定要寫得坦白，把重點抓住寫，不要太『嚕哩嚕嗦』。應毫不客氣的批判自己及批判父親在日本時代所作的一切。」

陸朝華勸說哥哥文華批判父親，但中國文化長期以父子為五倫之一，亦長期以「子為父隱，父為子隱」為美德，於是批判父親便令人難以想像。歷史上劉向、劉歆，父子說經異趣；龔定庵之子龔橙，斥父為不通；郭嵩燾次子

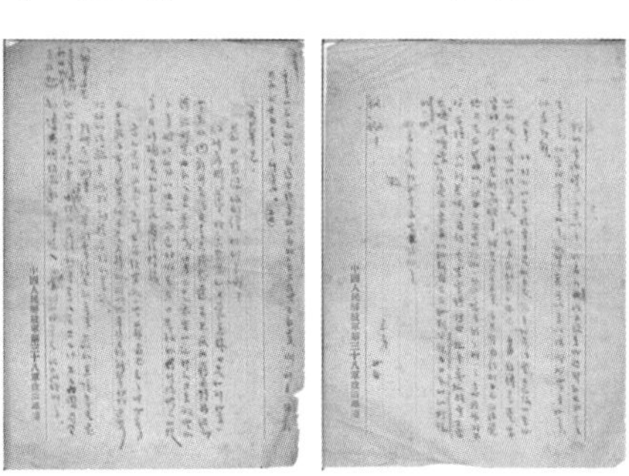
陸朝華致陸文華信 一九五〇年

郭焯瑩論事必求淩駕其父，這些都令世人訾議甚多，現在看來都是封建和不必要。其實，父子之間，為何不能「責善」，又為何不能「當仁不讓」呢？

近世日趨文明，於是陳延年可以批評陳獨秀，蔣經國可以罵蔣介石、脫離父子關係，胡思杜可以隔岸批判胡適，這都不會令人詫異。只是要聯同長兄對父親批判的，陸朝華似乎是「前無古人」的首創了。

抗戰勝利後陸朝華陪着父親一起逃亡，逃亡方向本來是北面，但途中有人傳話，說延安對陳彬龢有不同意見，所以才轉到香港。這些情況，朝華該略有所知吧？但朝華知道也沒有用，他的上司肯定不知情。那個年代流行「劃清界線」。所以五十年代陳彬龢在香港左派機構工作的親友，如湯建勛（《文匯報》《正午報》）、常婷婷（《大公報》）等，也曾被組織通知要與陳劃清界線。

但也有特例，吳蘭參與過父親的情報工作，知道實際情況，就算到了文革，被迫寫交待材料，也沒有咒罵父親，只是老老實實的列了一些具體事情，其餘則用「不知道」來交待。扯開一說，這個「不知道」很好用，常婷婷當年被港英政治部偵訊，最常用的詞就是「不知道」。她獲釋後見到羅老總（孚），常還未開口，羅已笑笑口的重複說：「不知道不知道不知道。」（港英政治部也有共黨卧底）。

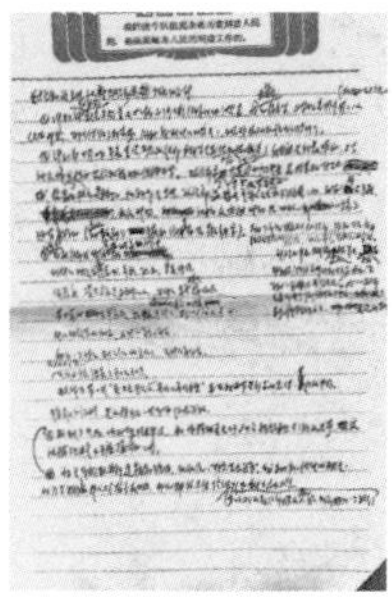

吳蘭《關於我被香港政府政治部逮捕經過的交待》

解放前後，在陳彬龢動員下，子女陸續北上，到一九五二年，連妻子湯其奮也回大陸了。據吳竹透露：「我媽媽跟妹妹回到上海是楊帆接待。」但作為丈夫的陳彬龢卻未能同行，這當中如果不是陳氏有任務在身（搜集情報，對日貿易），那就可能是未獲當局諒解。於是夫婦暮年也要作別了，情況如《李陵答蘇武書》所謂：「子歸受榮，我留受辱，命也如何？」

三、相濡以沫

陳彬龢獨留香港，景況困難。《陳君葆日記》中有云：

「一九五四年二月一日星期一，晚，有一個女性的友人送一封信來和一包東西，打開來是兩把扇子。信放下那人就走了，拆開信看，是陳彬龢的，他説困守很久了，經濟十分難，要借二百五十元來渡過年關，放下兩把扇子作抵押品的意思。周人緩急，這大概也沒法子推辭了，雖然我現在的情況也是牽蘿補茅屋的。兩把扇：一把是胡適的字和陳樹人的畫，另一把是梅蘭芳、程硯秋、尚小雲、荀慧生的合作，都沒有意思。不過我現在怎買起這些東西呢？當然，求人諒解有時也是很難的。」

接着又云：

「二月二日星期二，是農曆的除夕，微雨雲翳，竟然是濕年的光景了。清早陳彬龢來，時已下雨，坐了一會，借了貳百五十元去；他説陸朝華和吳蘭都是他的兒女，那麼吳蘭是朝華的妹妹了，他拿出朝華和吳蘭合照給我看，倒的確相像，不過以前她來時我總沒有想到這點。彬龢說：朝華已在朝鮮壯烈犧牲了，我聽見拿着照片看了很久，不忍放下。」

這兩則日記讀來令人酸鼻。那除夕，兩位陳姓老人在斗室中相濡以沫。人都走了幾年，現在纔吐說真情。陳君葆「拿着照片看了很久，不忍放下」那情景，兩位白頭老人是用心淚在傷逝——在哭國殤呢！其時是一九五四年的除夕，朝鮮經已停戰，但陳彬龢仍處於世人皆欲殺的處境。值得深思的是：陳君葆一向以正義和敢言見稱於社會，竟在斗室中和「大漢奸」老友一起哭鼻子，不僅沒有「漢賊不兩立」的意思，而且還借了錢給對方。而在陳君葆數十年的日記中，幾乎沒有片言隻語譴貶陳彬龢。看來，飽閱世故的陳君葆，深懂人間是有委曲的。所謂「得失寸心知」，所以陳君葆沒有隨人說陳彬龢的短長。

陸朝華和吳蘭合攝於香港，一九四八年

媽媽湯其奮

媽媽湯其奮，原名湯其淑，與陳彬龢結婚後曾名湯彬華（取陳彬龢中間的彬字）。一九〇二年生，嘉定人。湯家境富裕，思想新潮，是上海啟秀女中讀書時第一個自行剪短髮的學生，還因此上過報紙。曾任燕京大學宗教系劉廷芳教授的助教，教比較文學、古典英文，但時間不長。後來懷孕就不教了，居家養育兒女。另據吳竹大姐說：「我媽媽五一年冬天還是五二年頭回來。二哥犧牲的事，不敢告訴我媽媽。我們很久才告訴媽媽，我媽媽知道哥哥過身以後，我們食飯時，一直放個飯碗，留一個哥哥的位置。」又說：「我哥哥有一本日記，那個時候二哥很苦，堅持工作堅持行軍，那日記寫得很好。部隊先給我，後來我給媽媽，我媽媽把它交給軍事博物館。」關於這本日記的下落，只是吳竹當年的印象。其實是家人（吳蘭？）怕媽媽傷心，把日記藏起來，近年在吳蘭遺物中發現。不過日記許多內容早已在一九五一年三月號《攝影網》發表。前不久，筆者有幸得見湯其奮手書詩，都是詠朝華的。錄如下：

「送我的愛兒去鄰國朝鮮的前方
為了鞏固我們祖國的邊防
為了幫助朝鮮人民爭取解放
為了擊敗世界人民的敵人的侵略
我相信我的兒郎
到了前方
不分晝夜
瞄準槍炮
要把敵人一掃光

陸朝華媽媽湯其淑馬上英姿

固然一紙獎狀從天降
為娘的接到了獎狀
樂得熱淚流出了眼眶
親戚朋友也樂得發狂
兒呀你身在前方
但是你的精神常在我的身旁」

詩沒有紀年，但詩中有「一紙獎狀從天降」，該是指一九五一年六月，中國人民志願軍第三十八軍司令部和政治部發給陸文華的喜報，說「貴子弟陸朝華同志在抗美援朝戰爭中積極努力進行工作深得全軍嘉許經評定立壹大功」。但歡欣才幾個月，朝華陣亡。湯其奮有悼詩以寄哀思。錄如下：

「保衛世界和平捨身鄰國疆場
鮮血湧溢兒身卻救珍惜軍需
二十四年短暫路程英勇殺敵犧牲
四年積極改造自己成了黨國功臣
兒的熱血教育了人民的仇恨
媽的淚堅強了兄妹革命心腸
兒靈安息吧
祖國的美麗

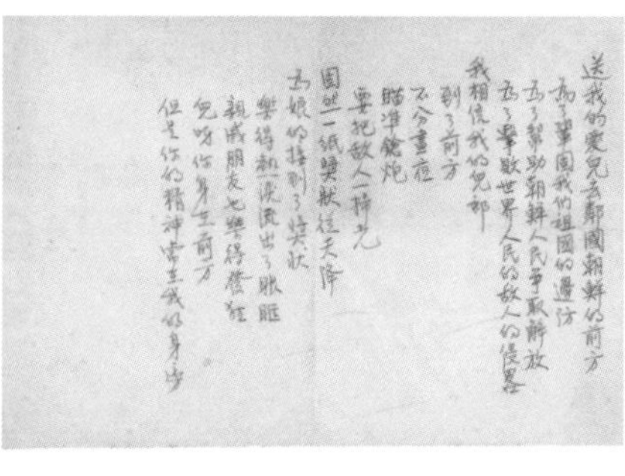
送我的愛兒去鄰國朝鮮的前方
為了鞏固我們祖國的邊防
為了幫助朝鮮人民爭取解放
為了擊敗世界人民的敵人的侵略
我相信我的兒郎
到了前方
不分晝夜
瞄準敵炮
要把敵人一掃光
固然一紙獎狀從天降
為娘的接到了獎狀
樂得熱淚流出了眼眶
親戚朋友也樂得發狂
兒呀你身在前方
但是你的精神常在我的身旁

湯其奮詠朝華詩

兒血培出的果實
敵人的慘敗
　為兒復仇的成功
只是你千辛萬苦一生
　沒有見到祖國正在興旺
山遙遙水迢迢
兒魂歸兮來母懷抱
一九五二年五月廿七日母哀誌」

悼詩之後復有七言絕詩，云：

「征衣泥血葬兒身
埋首異域後人敬
忠烈精神垂千古
聲嘶泣血招兒魂」

悼詩有「鮮血湧溢兒身卻救珍惜軍需」，是指朝華中彈垂危之際，高呼搶救身邊不遠的攝影器材（望遠鏡頭）和通訊器材。

能使「私愛」和「大愛」並存，這是一位通達、識大體的母親。

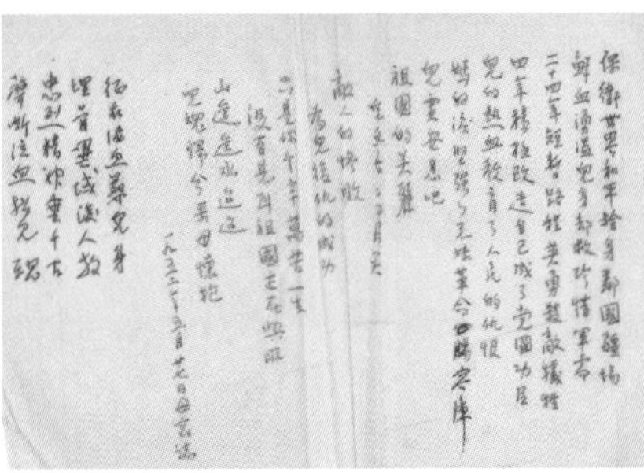
敵人的慘敗
為兒復仇的成功
只是你千辛萬苦一生
沒有見到祖國正在興旺
山遙遙水迢迢
兒魂歸兮來母懷抱
征衣泥血葬兒身
埋首異域後人敬
忠烈精神垂千古
聲嘶泣血招兒魂

湯其奮悼兒詩

大哥陸文華

陸文華原名陳誠，長朝華四歲。曾在香港華仁書院、澳門嶺南讀中學，大學在上海聖約翰攻讀。文華自小已學無綫電，懂修理無線電。一九四二、四三年上海淪陷時期，參加乃父陳彬龢《申報》電臺管理工作，該電臺是公開收集中央社、新華社的電訊新聞。

抗戰勝利後，文華在香港謀得利琴行任無綫電技工，當時月薪千五（後加至三千），但文華放棄高薪厚職，投向解放區。緣於解放初廣州治安不靖，潛伏的敵特也多，爆炸、暗殺等破壞活動頻仍，蘇聯所贈無線電偵測設備沒有人會用，一九五〇年六月，文華被借調回廣州，在中共中央華南分局社會部情報處搞無線電偵測，屢立奇功。及見弟弟朝華犧牲，決意參軍，不回香港了。文華一直在廣州市公安局系統工作，屢獲特等功臣、先進工作者稱號，迄八十年代才返回香港。八十年代中北京最高的飯店崑崙飯店，就是文華創建的。

陸朝華大哥陸文華借調回廣州時在羅湖橋頭留影

妹妹吳蘭

妹妹吳蘭。陳君葆日記中提到「陸朝華派了吳蘭女士攜了三部書來」，顯示陳君葆不知道也沒有想到，吳蘭就是陸朝華妹妹，是吳竹的二姐。

吳蘭也有很多故事，吳蘭小名陳斐斐，細朝華兩歲，和朝華一樣，思想前進，在香港參加共黨搞的學習小組。吳蘭懂俄語，因為早歲家中有聘請白俄，授吳竹鋼琴，授吳蘭俄語。吳蘭在香港華人文員協會教俄語，《大公報》許多人去學，如趙澤隆等。吳蘭偶爾翻譯一些介紹蘇聯十月革命和蘇聯現狀的文章，在香港《文匯報》、《大公報》上發表。一九四八年秋，上海電力公司地下黨人王孝和被捕犧牲之後，吳蘭在《文匯報》上發起為王孝和烈士家屬募捐活動。

吳蘭經常用微薄的收入購買左翼書報雜志寄給旅美、旅日華僑，吳蘭還編輯出版許多前進書籍，如「蘇聯學習叢刊」《十月革命》、《列寧》、《斯大林》，「華僑學習叢刊」《新中國的勞動英雄》，《新民主主義學習問答》等等，其實這背後是乃父陳彬龢搞的，用吳蘭名義編輯。吳蘭為共黨搞統戰工作，吳竹說，「華羅庚是我姐姐動員他回來的」。吳蘭私下也為共黨搞情報工作。上海公安局局長揚帆，就曾在一九五〇年潛往香港，通過吳蘭聯繫其父。

吳蘭這種種所為，引起港英政治部注意。當時政治部有欠專業，本來要抓吳蘭，卻抓錯吳蘭的表姐。時維一九五〇年十月左右，港英政治部在吳蘭舊居九龍鑽石山上沙浦（近飛機場）抓捕被認為是吳蘭的女士，帶回政治

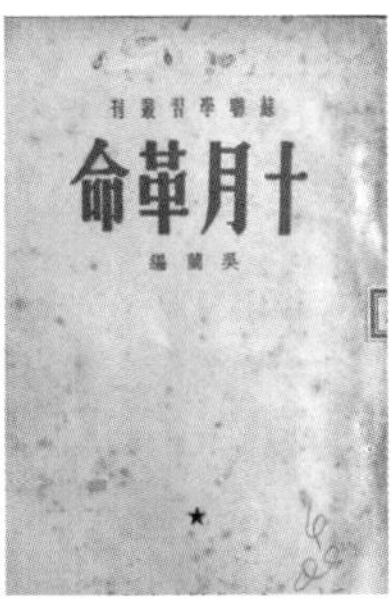

吳蘭編蘇聯學習叢刊《十月革命》，一九四九年十二月香港文工出版社出版

部問話，始悉抓的是剛進《大公報》工作的常秀林（今名常婷婷）。政治部官員傳訊常秀林時問吳蘭到甚麼地方去了，常騙他們說吳蘭回廣州了。一九五一年四月二日早晨，政治部才在尖沙咀赫德道抓捕吳蘭真身，逮捕的理由是吳蘭「思想有問題」。偵訊間吳蘭被問到與華羅庚、凌其翰有甚麼關係，與他們通訊的內容，為甚麼要去碼頭接他們；某日某時去《華商報》、新華社，幹甚麼，找甚麼人去的，等等。四月十五日，吳蘭被驅逐出香港，回到廣州。返大陸之後的吳蘭，在北京俄文專修學校攻讀，未畢業即做俄語教員，畢業後在北京外語學院任教，曾編大量俄語教材，後中蘇關係轉壞，改教英文。文革前夕調入馬鞍山二中工作，直至退休。吳蘭是一位優秀教師，在學生中享有很高的威信，有「愛心天使」之稱。曾獲「全國教育系統勞動模範」等多種榮譽稱號。

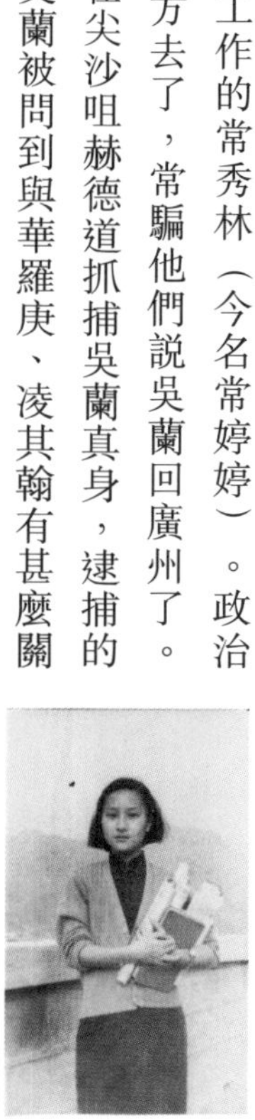

陸朝華妹妹吳蘭在九龍上沙浦寓所陽臺攝

妹妹吳竹

吳竹小名陳璐璐，曾改名常秀英，比吳蘭少兩歲。吳竹回憶說：「有一天，我爸爸問我，你願意學音樂？你願意不願意回去？」吳竹喜歡音樂，那時候馬思聰回去了。吳竹說，「我當然願意回去」，「馬思聰主持中央音樂學院。我是衝着馬思聰來的。」吳竹說，一九五〇年初，《大公報》組織，吳竹與龍雲公子龍繩德，跟法國起義大使淩其翰的家屬一起回大陸。當時坐火車，還遇到國民黨的飛機轟炸呢。「我不知道龍繩德比我小一歲，我叫他龍哥哥的，我對龍哥哥印象好，人家叫他龍七公子，他有一個跟班的，他還拿一個小板凳。媽媽給我的那一個大口袋，沒有別的，裏頭都是罐頭，吃的東西，很重。我穿了件皮大衣，拿了罐頭，結果轟炸，大家都跑，我也跑不動，他過來幫我，我就對龍哥哥特別好。」吳竹去北京，住在外交部的宿舍。中央音樂學院創設於天津，和南京國立音專合併而成，由於草創時期，設備簡陋，教具、宿舍都缺乏，不招新生。該院一共就只有十四架鋼琴，「因為我持有外交部的信，說允許旁聽作曲理論，不可能給琴練，沒有宿舍，我人生地不熟也不知哪裏去租屋，又不想當旁聽生，就回北京外交部了。」吳竹先考入京華美術學院音樂系，「京華是私人辦的，原來在中南海裏面，後來中央政府設在中南海，京華就搬到陶然亭一個破廟裏。院長呂世白，音樂系主任老志誠，理論張肖虎，聲樂是黃篤負責授課。都是名教授。我師從老志誠先生，到他家上課。」後來考入中央戲劇學院吳曉邦舞蹈運動幹部訓練班，「那個時候以為到了中央戲劇學院能轉到中央音樂學院，結果不能轉。一年多後，京華解散，學生合併入中央美院及音樂學院，這是後話。我卻已陰差陽錯進了舞蹈界。」吳竹說：「老志誠先生是中國第一鋼琴家，中國音樂學院一級教授。吳曉邦是中國舞蹈界宗師，舞協首屆主席。我

陸朝華妹妹吳竹

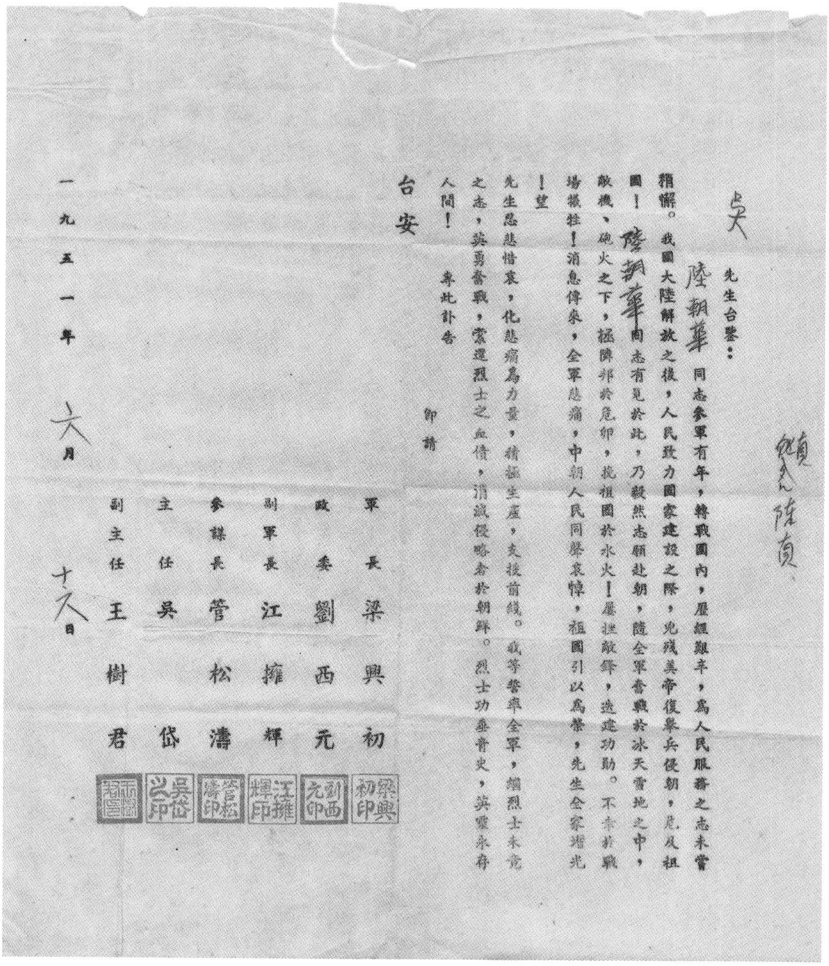

吳先生台鑒：

陸朝華同志參軍有年，轉戰國內，歷經艱辛，為人民服務之志未嘗稍懈。我國大陸解放之後，人民致力國家建設之際，兇殘美帝復舉兵侵朝，危及祖國！陸朝華同志有見於此，乃毅然志願赴朝，隨全軍奮戰於冰天雪地之中，敵機、砲火之下，拯隣邦於危卵，挽祖國於水火！屢挫敵鋒，迭建功勳。不幸於戰場犧牲！消息傳來，全軍悲痛，中朝人民同聲哀悼，祖國引以為榮，先生全家增光！望先生忍悲惜哀，化悲痛為力量，積極生產，支援前線。我等誓率全軍，繼烈士未竟之志，英勇奮戰，索還烈士之血債，消滅侵略者於朝鮮。烈士功垂青史，英靈永存人間！專此訃告

即請

台安

軍長 梁興初

政委 劉西元

副軍長 江擁輝

參謀長 管松濤

主任 吳岱

副主任 王樹君

一九五一年六月十六日

陸朝華陣亡通知書

碰到的都是好老師，是命中最幸運的事。」

談到哥哥朝華犧牲，吳竹説：「我二姐（吳蘭）是五一年夏天回來的。我記得我姐姐從香港回來，到北京看到我，第一句話説我二哥犧牲了。我説你開甚麼玩笑，馬上覺得這種事不可能開玩笑，接着扔下姐姐大哭回宿舍。主要是我無法接受這殘酷的事實。當時我才廿歲，在我年輕生命中第一次遇到親人死亡，而二哥犧牲時才廿四歲！」「我和二哥最好，因為他對人最真誠。那個時候二哥的領導老來看我，關心我。我長得不高，瘦瘦小小，他們把我當小妹。」「二哥的戰友白振武我也很熟，他非常出色，曾和我姊姊短暫相戀，後來又回前線。當時三十八軍二哥所在部門的志願軍戰士都要和我們相聚，把我們視為親妹妹，請我們吃喝，他們豪爽的喝酒場面，就像電影《魂斷藍橋》二戰中的場景，我印象很深。」「部隊把哥哥的遺物寄來，我是幾個月後才收到。因為他們寄去陶然亭京華美術學院那邊，我已經轉到戲劇學院。」「有一天，我接到原京華美院老同學寄我一個郵包，原來是我二哥犧牲後他所在部隊寄我的身亡通知書和遺物，裏面有一隻錶，一條毯子，一本日記！因為同學説本來有些錢，給她弄丟了，所以才遲遲寄我！人都沒了，錢算是甚麼？苦的是他的親人一直被蒙在鼓裏，等待着勝利重逢！」「哥哥的遺物中，日記本最重要的，給了媽媽。而我哥的毯子，我帶了到西北，那條深藍色帶紅格的毯子，廿多年來一直隨着我、每天蓋着陪我，直到

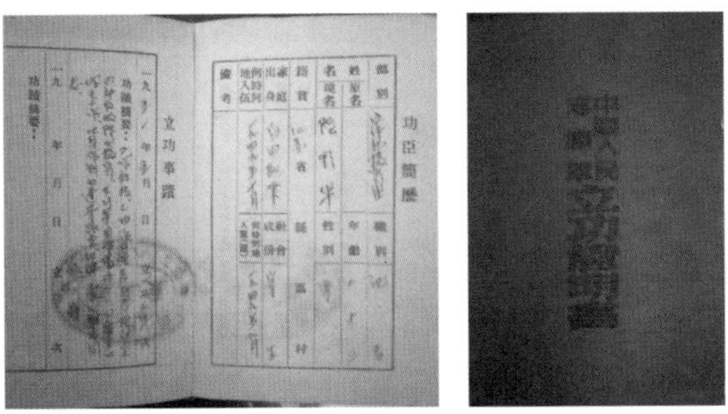

中國人民志願軍立功證明書

喜報

廣東省廣州縣　區　村

陸文華　先生

貴子弟陸朝華同志在
抗美援朝戰爭中積極
努力進行工作深
得全軍嘉許經評
定立壹大功
特此報喜並致
賀忱

中國人民志願軍第三十八軍司令部政治部

一九五一年六月八日

陸朝華犧牲後組織追認其立大功之喜報

唐山大地震，波及天津，把我家一切震沒了。」

由於吳竹和朝華感情特別好，其第一任丈夫胡先生是朝華老友，是和朝華一起回國，一起參加南下工作團，一起出征抗美援朝的志願軍。朝華和他約定，誰先犧牲，另一人就照顧犧牲者的家人。朝華犧牲不久，胡寫信找到吳竹，當時社會上鼓勵學生和「最可愛的人」通信，兩人通信三年之後結婚。

[註]

朝華家屬曾提供朝華立功的兩個文件與筆者參考：

一為紅色封皮《中國人民志願軍立功證明書》，因為只看到圖象，沒看到實物，估計是六十四開或七十二開的小本子。內裏一個單版兩個對開版。單版是「功臣像」，貼有朝華戎裝黑白照片。首個對開版為活字老宋體印刷的官方聲明。另一對開版為印刷列出各項目的表格，藍色墨水筆填寫具體內容。圖象模糊，字跡潦草，勉強辨識，錄如下：

「功臣簡歷

部別　宣傳部攝影組　職別　記者

姓名　原名　現名　陸朝華

年齡　二十三

姓名　男

籍貫　江蘇省

家庭出身　自由職業

社會成份　學生

何時何地入伍　一九四九年十月

何時何地入黨（團）　一九四九年九月

立功事蹟

一九五一年五月日　立大功壹次

功蹟摘要：工作積極，不怕任何艱苦而危險，到突擊部隊做陣地攝影。在行軍困難環境中不顧疲勞的埋頭工作。以身作則的遵守政策、紀律，當一個好同志。」

右下方倒鈐橢圓形朱文紅印：「中國人民志願軍第三十八軍政治部直工科」

小冊子本意是由功臣自珍，但不能懸掛。另一件是讓人可以懸掛的「喜報」，像畢業證書，約A3大小。正中上方印有毛、朱側面浮雕像。內容如下：

「廣東省　廣州　縣　區　村

陸文華先生

貴子弟陸朝華同志在 抗美援朝戰爭中積極
努力進行工作深
得全軍嘉許經評
定立壹大功
特此報喜並致
賀忱

中國人民志願軍第三十八軍
司令部　政治部
一九五一年六月廿八日」

筆者最初看到這兩個文件時，非常驚訝，也百思不解。以為文件寫錯年份，後來看到朝華的戰友白振武寫的文章（《攝影網》新十期八月號）中有這麼一段：「組織上已批准追認烈士陸朝華同志為中國共產黨光榮的正式黨員。並經同志們討論與領導上的批准追記烈士陸朝華同志抗美援朝一大功。」才恍然大悟。原來朝華這大功是後來追認的。

雖然隔了七十年，仍然感到追記立功的兩個文件存在一些問題。

《中國人民志願軍立功證明書》在「立功事蹟」欄標示：

「一九五一年五月日立大功壹次」。一九五一年五月功臣已經犧牲了三個月，難道翻生再立大功？單看這個證明書，就讓人滿腹狐疑。

「喜報」說的「經評定立壹大功」，標示的日期是「一九五一年六月廿八日」，此時功臣已經犧牲了四個月，也是讓人疑惑的。

這兩個文件，是否可以加注「追記」「追認」或「追封」等字樣。還有，烈士親屬悲痛之餘，收到那個「喜報」，又作何感想呢？到底是攞景還是贈慶？

韓戰之中志願軍陣亡甚眾，烈士功臣很多。傳媒刊載英雄玉照，偶也張冠李戴。嘗聽吳竹言及當時家人發現朝華的照片也登錯了一張。不知是否指《攝影網》一九五一年三月號，頁十七登載的那張。筆者曾將《攝影網》所刊，和《中國人民志願軍立功證明書》上功臣像對比，是大同而小異。存此待考。

補記：

本文初稿在朝鮮戰爭爆發七十周年（二〇二〇年六月廿五日）發表之後，日前得陸朝華烈士的妹妹吳竹女士傳來《三十八軍抗美援朝攝影記者陸朝華烈士往事》一文，茲節錄其中兩段文字如下：

> 「一九五一年二月七日在突破『三八線』的戰鬥中，陸朝華隨部隊攝影采訪，路上遇到美國飛機轟炸，三彈擊中腹部，經搶救無效犧牲。據三十八軍宣傳處陸朝華的同事王耀南回憶說，當時陸朝華在宣傳部報道組，主要負責新聞報道，陸朝華和朝鮮人民軍朝鮮勞動黨的一位記者一起到部隊采訪，半夜在一個村落休息時遇到敵方飛機轟炸，不幸中彈，朝鮮人民軍朝鮮勞動黨記者受重傷，陸朝華的傷勢更加嚴重，由於作戰行軍需要，部隊只能將兩人安置到路邊的房子里，是隨後趕上來的民工發現了兩人，朝鮮人民軍朝鮮勞動黨的記者還有生命體徵，被送到國內治病休養，但陸朝華同志已壯烈犧牲。因當時王耀南並未一同隨軍前往，陸朝華同志的犧牲過程是王耀南聽宣傳部的同事們講起的，也聽說陸朝華是香港回國參的軍。」
>
> 「根據陸朝華烈士家人提供的歷史資料，陸朝華烈士一九五一年一月埋葬於京畿道楊州郡洛陽里。經查，目前似應更名為韓國京畿道儀政府市洛陽洞（경기도 의정부시 낙양동）。」

吳竹大姐復補充說明：「王耀南老先生是目前健在的三十八軍老戰友。他也是當時聽人講述的，並不是攝影組的。我是親耳聽白振武等告訴，當時講哥哥中槍重傷後，要讓戰友不要救他，快搶救攝影器材和通信器材，當時二哥還負責通訊聯絡。解放初期器材很缺乏。是白振武等告訴我和姊姊的。

還有一個情況，白振武等戰友告訴我們，當時因為朝鮮軍人說不怕轟炸，所以志願軍大家都不防空，後來軍部為此發了一文件，空襲一定要防空。」

「陸朝華烈士一九五一年一月埋葬於京畿道楊州郡洛陽里」，一月當是指農曆。查一九五一年二月七日，正是農曆一月初二。

（二〇二〇年二月廿六日初稿，八月卅日改訂）

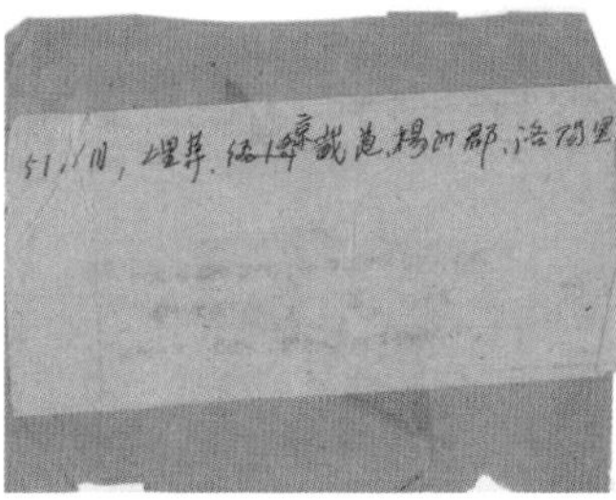

記有陸朝華埋葬地之紙條

附錄：許禮平談舊日風雲（鄭詩亮）

許禮平的身份很多元，除了目前的「香港翰墨軒出版有限公司總編輯」之外，他還是知名的書畫文物收藏家、鑒賞家。大約是因為這個「家」那個「家」太多，惹得人眼花繚亂，所以常常有人提到他時，簡而化之，稱他為「香港文化名流」。這一稱呼不能説錯，卻實在有點「屈才」，小覷了許禮平的本事。

他曾評價香港掌故大家高伯雨「他甚麼都懂，對掌故十分了解」，實際上，這個評價也完全可以移用在他自己身上——說起來，他和高伯雨還是遠房親戚，這是他在臺北的二伯公告訴他的。許禮平說，「高伯雨寫掌故文章考據很紮實，同時又很有趣味性」，「近代史上的各種歷史名人幾乎他都了解，你跟他說起一個人，高伯雨先生就會説出很多這個人的掌故，很厲害」，這一切，幾乎都像是在描述他自己的掌故文章。

翻翻他的文集《舊日風雲》（一、二集），你會讀到如下名字：齊白石、溥心畬、傅抱石、啟功、容庚、黃苗子、羅孚、王世襄、楊仁愷……都是紮實而有趣味的好文章。最讓人驚奇的，是許禮平對中共人物的熟悉，他寫過《潛伏》孫紅雷扮演的「余則成」原型吳石將軍，又寫過上世紀四十年代轟動一時的沈

許禮平訪日比野丈夫伉儷，一九八六年

崇案當事人沈峻，對後一篇文章，謝其章評價說，許禮平以「『考古家』的幹勁兒，採取『刑偵家』式誘供」，最終揭曉了歷史真相。這樣一來，許禮平又多了兩個「家」。可見，要寫好掌故文章，有多麼的難！八卦，也是一門技術活！

鄭詩亮（鄭）：無論《舊日風雲》的一集還是二集，您都是談人多而談己少，我想先請您從自己談起。《舊日風雲》大陸版作者簡介裏是這麼描述您的：「早歲於東瀛編纂《貨幣書目知見錄》《中國語文索引》，上世紀七十年代為香港中文大學編《中國語文研究》。」董橋先生的序言呢，就更加詳細一些，說您「早歲雅好古文字學，是容庚門人，留學日本，師從日比野丈夫教授和白川靜教授，課餘編纂《貨幣書目知見錄》和《中國語文索引》，一本京都出版，一本大阪出版」。能請您談談其中的具體情況嗎？如您是怎麼對古文字學產生興趣的，在日本留學時又有哪些所見所聞？

許禮平（許）：我所寫的人物，都是學者、文人、畫家，或者是在歷史上有影響力，而曾作出重大貢獻的人。反觀我自己，實在微不足道，所以才「談人多而談己少」，我自己沒有甚麼好談的。承問，就略講一二吧。我小時喜好畫畫，留意畫幅上所鈐印章，印文多係篆書，有些容易認，有些不好認。於是找有關書本查閱。《說文解字》啦、《甲骨文編》啦、

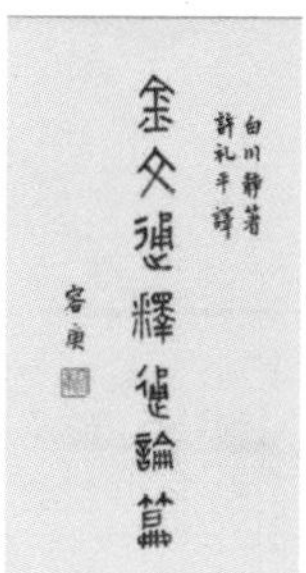

容庚為筆者題「金文通釋通論篇」一九七六年
右：白川靜教授與筆者，一九七五年

《金文編》啦，這樣子就對古文字學產生濃厚興趣。後來通過《澳門日報》李鵬翥先生介紹，認識了廣州中山大學中文系古文字研究室的馬國權先生，馬先生帶我拜訪容庚先生。此後常到廣州向容老請教。容老與日本學者白川靜先生有交往，其時白川先生剛出版《金文通釋》，寄贈容老。容老命我翻譯《金文通釋》的「通論篇」，一邊翻譯，一邊學習。這篇譯文後來在香港中文大學《中國語文研究》上發表。

當年金文研究領域中，貨幣文這個項目尚待開發。我想學容老《金文編》那樣弄一部《貨幣文編》。但要先做基礎調查工作，將貨幣研究相關的論文、專著弄清楚，於是整天埋首在京都大學人文科學研究所和其他幾家大學的圖書館，整理相關數據，順便編纂出一部《貨幣書目知見錄》，在京都昭和堂印刷面世。時維一九七六年。此書印量極少，現在連我自己也沒有，不能說沒有，是因為搬了幾次家，無法找出來。去年在廣州，王貴忱先生賜贈一冊他老人家編著的大部頭書，其中赫見刊出小弟所編《貨幣書目知見錄》書影幾頁，但不是原書，是鈔本，是王貴老的鈔本。王貴老是「有錢人家」（他老人家的用印），搜集資料極為完備，連不見經傳的《貨幣書目知見錄》也有鈔錄，令我汗顏。

再扯遠一些。有次去東京參觀日本銀行的古貨幣標本室，這是日本中央政府的銀行，藏中國古錢甚多，而以聳肩尖足空首布最為難得。研究部的妹

王貴忱與筆者在可居室，二〇一五年

尾守雄老先生見我是京都大學日比野丈夫先生介紹來的，相當客氣，降尊接待當年只有廿餘歲的我，盡出所藏讓我觀賞，還當場拓了幾件賞賜。後來我在香港的中國國貨公司買了兩盒菊花晶寄奉，聊表謝意。妹尾先生覆函客氣地稱，中國的菊花晶味道好。

有一次經西園寺公一先生介紹，我與中文大學中文系黃繼持先生一起去東京都東洋文庫參觀。我們先拜會文庫負責人榎一雄先生，然後徑入書庫參觀。在眾多藏書中，我發現書架上有一冊古錢幣研究專著，係黎昌庶使日時的清稿本，擬刻版刊行卻從未面世的稿本。我問陪同參觀的圖書館專家，為甚麼東洋文庫藏漢籍目錄上沒有登錄此書，但書架上卻是有的。這位專家倒也坦白，說有些書是戰爭時期從中國或是朝鮮等地掠奪得來，刊登在目錄上怕人家會來索回，所以沒有入目。我才恍然大悟，不能只翻藏書目，要直闖書庫搜索，方不會有所遺漏。

還有一回，東京友人招去夜總會開眼界，夜總會老板知道我當時興趣在古貨幣，他鄭重地提醒我，研究當下的貨幣更有意思。

鄭：藍真先生提到，他起初與您認識的時候，還不太清楚您的情況，托人「調查了解」後，知道您是「澳門頗有名氣的許世元先生的公子」，就此放下心來。這讓我很好奇，您父親在您的成長過程中，起到了怎樣的作用？您後來對書畫文物的喜愛，在收藏方面的嗜好，是否受您父親影響較

京都大學人文科學研究所，一九七五年

大？您的交遊如此廣闊，是否也有「沾光」父親的成分？

許：我父親對我影響很大，我想，最大的影響就是不管我，是「無為而治」。這讓我有機會自由發揮。想學甚麼就學甚麼，想幹甚麼就幹甚麼。我父親做的是實業，經營的是糧油雜貨，有一段時期還搞過樓宇建築、輪船貨運、酒店餐飲，這些都是民生必需品。而我弄的古文字、書畫之類，說到底是可有可無的事物。上世紀七十年代初在中華書局海外辦事處工作、七十年代末在香港中文大學工作，都叫做掛單在大單位，有糧出（薪資），衣食無憂。父親不用擔心，都沒說甚麼。但一九八七年創辦翰墨軒時，是自己開檔，要全身投入，父親有點兒不解，他老人家曾問，這些書畫，到底有沒有人買？可以看得出，父親有點擔心。不單只父親，啟功先生也曾為我擔心。那個時候，可以說是書畫業的「克難時期」。挨了十多年之後，才稍稍輕鬆一些。可見父親的擔心是有道理的，但難得的是從不干預。

我父親交遊極廣，他在澳門寓所客廳懸掛許多照片，大多是與政要握手的，如跟習總近平、韓國總統、葡國總統等等，這些人我都知其大名但都沒有交往。或者因為我在香港幾十年，回澳門的時間不多，父輩許多朋友大部分不認識我，而我在海內外絕大部分朋友也不知道我父親。

再說一兩例。七十年代某日我返澳門，父親約去他主理的碧麗宮酒樓吃

筆者（中）在中商辦事處，七十年代初

飯，下船後我徑往新馬路碧麗宮，看門的女知客見我衣衫簡樸，或以為我是找錯門的，差點不讓進。父親在門口見到此情景微微一笑，也沒說甚麼。最搞笑是八十年代我結婚時，父親設宴，筵開百席，來賓中我只認識若干位姨媽姑姐世叔伯，其餘絕大部分都不認識，雖然父親曾當面介紹這位是市長某某某、這位是海關關長某某某，我只能一臉茫然地握手。那個婚宴，是父親付鈔兼主持，而我和老婆彷彿做「臨記」。

或者可以說，就我從事的行業而言，難以沾到父親的光。

鄭：您在書中談到自己和《書譜》雜志的緣分，又專門講到辦《名家翰墨》的「偶然和甘苦」，還有甚麼值得一說卻未在文章中涉及的事情嗎？我注意到，您似乎對自己開辦翰墨軒的事情談得不多，能否請您談談這方面的情況？您和這麼多書畫名流交往，是否拜此所賜呢？

許：翰墨軒的事情可多呢。但讀者有興趣知道嗎？你既然問到，也就隨便講一鱗半爪吧。

翰墨軒開辦了廿八年，其中也有不少波折。

首先要明確一點，我們是私營企業，沒有任何政府、政黨、社團的背景，完全是私人創辦的。我沒有大老板的大水喉對着，個人資金極為有限，必須勤儉建業。但我人緣好，朋友多，可以說「我們的朋友遍天下」。我靠許多朋友幫忙，香港澳門的朋友之外，有中國大陸的朋友，有臺灣的朋

鄺露隸書名家翰墨

友，也有日本的和歐美的朋友。他們給予我實質的支持。

我在《談〈名家翰墨〉的偶然和甘苦》一文中已談到創辦時的情況。我是因為臺灣出版界的朋友，拉我出來組織版權授讓的中介公司，才離開學校下海營商的。但版權轉讓業務所得極為微薄，絕對支撐不了一家公司，甚至支付一位員工的薪酬也不足夠，所以我才同時創辦經營書畫的翰墨軒。

首先講講翰墨軒選址問題。

要開業首先選擇對外營業的地點。我的想法或許比較保守，我認為選定一個地方開業，就不要搬來搬去。所以選址非常慎重。當時經營書畫業的店鋪集中在港島中環或荷李活道摩囉街一帶。而這個行業容易惹是非，集中在一起有好處也有壞處。我挑選遠離書畫業界的銅鑼灣，也是想遠離是非之地，靜心做自己的事。但因為遠離畫廊集中的中環，當年賴恬昌先生（賴際熙太史公子）就曾抱怨道，在中環逛畫廊，看完這家看那家，但要去翰墨軒卻必須專程去銅鑼灣，太不「就腳」了。

因為不想搬來搬去，營業的地方就不能租，只能買。但我們的資金短絀，選購更要小心。一九八七年中我在銅鑼灣覓得一家霍英東立信公司建設的舊大樓，買了三間相連的辦公室，是蟾宮大廈二〇八、二〇九、二一〇三個號碼，到今天我們還在使用。當時政府為照顧民眾而搞的居屋（居者有其屋）尺價（英尺）六百元，蟾宮大廈尺價只是四百多元，比居屋還

啟功與筆者父親主持翰墨軒開幕

要便宜。而居屋多在新界偏遠地區，蟾宮是在香港最繁華的核心地段銅鑼灣，選定這個地方就準備幾十年不變了。事實上廿八年來我們沒有搬過。而且還不斷向上下周圍蠶食，擴展營業。早兩個月我們還接收了霍英東家族在蟾宮大廈擁有的三個單位，尺價已升至一九八七年時的三十多倍了。

再說經營內容。

我們一開始，明確只做書畫生意，不碰當時流行的玉器瓷器之類缸瓦雜件。

世界各地的朋友知道翰墨軒經營書畫，都很熱心地為我們提供書畫。例如有一兩位日本朋友，拖着一大個拉喼（行李箱），放下整批書畫，而且可以賣完才計數，幾乎一年後才來結賬。

也有朋友介紹來小軒買書畫的。記得有位加拿大回來的女士，專門尋到小軒，一入門口先問是否姓許的，入來後選購好幾件書畫。後來她自己透露，是一位在香港基本法起草委員會當高級翻譯的朋友介紹來的，如果入門詢問不是姓許的，她會立即退出。這明顯是老友托她捧場。

朋友幫我，我也幫朋友。一九八九年夏，政局動盪。有老朋友要遠走他方，需要處理藏品，需要即時付鈔，我們雖然資金短絀，也盡力幫忙。例如《文匯報》曾敏之老先生要去加拿大，他藏的書畫讓給小軒，按他老人家要求的價錢，馬上結賬，曾公很高興。後來返港，他老人家似乎有些糊塗，說擬取回寄存在小軒的書畫。經辦的同事大為詫異。我說不要緊，反正東西還在（那一兩年幾乎無生意），檢出一半，送還他老人家。大家高高興興就是了。

同時期也有位金堯如先生擬出售其所藏書畫。金先生曾托他的好友陳德曦先生（萬玉堂顧問）幫忙代售，時六四之後不久，市道極差，金先生要價頗高，所以未能成事。後來金再托他的舊部麥先生找到小軒。我與金先生雖然有數面之雅，但當時還不大熟絡，而麥先生則是多年的老朋友。麥說金先生擬將所藏書畫整批出賣，以清掉北角堡壘街寓所的銀行貸款。麥先生帶我去北角堡壘街金先生寓所看實物，整批東西看了一遍之後，覺得開的價錢比較進取，不容易賣。最後還是出於幫老友忙的心態，照價啃下。將公司不多的資金全數投入，承接了金先生這批書畫。我們到金先生寓所收取書畫時，金先生有幾件越看越捨不得的，要抽出來，我也無所謂。最要緊老人家開心。不久金先生去美國，也時常返香港，也常約我飯局，大家也熟絡些。看他老人家餐聚時，談笑風生，依然瀟灑。而當時市道不佳，我們的資金被捆綁住，過的可是緊日子。但想到朋友間應該互相幫忙，也就坦然。

鄭：您這兩本集子主要是懷人，寫了許多與您有過交往的名流，能否請您談談其中取捨選擇的標準？我注意到，您對羅孚、潘靜安這些長袖善舞，在

金堯如

大陸、香港都吃得開，且大陸背景較深的人物著筆較多，而且您也寫到許多中共的名人，並不避諱。您是否對中共黨史及人物有着特別的興趣呢？如果是的話，這種興趣是怎樣培養起來的？您具體又是怎麼和這些人物打交道的呢？董橋、藍真二位先生都提到，您有個筆記本，上面全是與您有過交往的人物的信息，您是否方便透露一下這個筆記本的內容？上面有哪些「VIP」？哪些是您接下來想要寫入掌故文章的呢？

許：我寫的人物，其實沒有甚麼標準。我覺得身邊許多人物，有稔熟的，有深交的，也有不那麼熟悉的，但如果有些事情我感到應該記下來，我就會動筆去寫。

我交往的人物，品流複雜，但以共產黨為多，所以筆下的人物自然是共產黨居多。共產黨長期處於地下狀態，就算解放後，有些人還是沒有顯示其真正黨籍。而港澳臺及海外，中國共產黨人是不能承認其黨籍的。限於保密條例的黨紀約束，許多事情本來應該記下的，但相信大部分都沒有文字記錄。而且，往往知情者不說，不知情者亂說。隨着當事人陸續消失，許多歷史實況都帶入棺材了。後人只能瞎猜。我所寫的，不一定準確，或者與史實有出入，但自問全部都是憑自己所見所聞所感下筆，即是靠自己的認知和手上的材料來撰寫，希望字字有出處，句句有來源。

有些文章寫好之後，為了減少謬誤，有時會讓當事人過目。例如《霧裏看

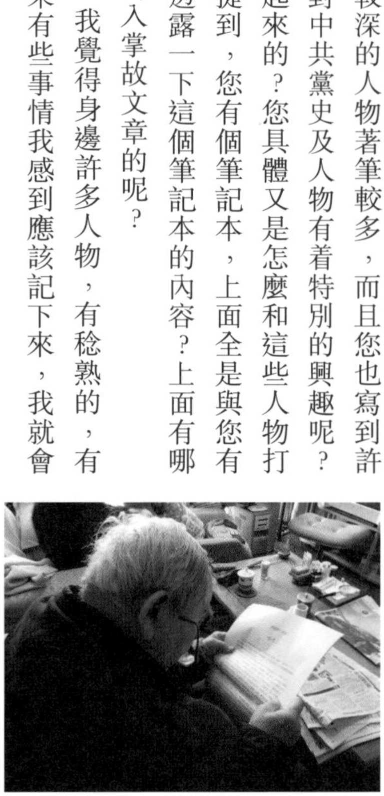

羅孚在審閱「霧裏看花說羅孚」二〇一二年

花說羅孚》那篇，我登城市花園第六座羅孚寓所，請他過目之後，問有沒有問題，羅公說「沒問題，就是這樣子」，我才敢交董公發表的。刊登之後，有人大量影印送贈老友傳閱，有人鼓掌叫好。例如簡又文公子簡幼文醫生在美國來電郵鼓勵，也有人罵我胡說八道的。

這篇文章收入香港牛津版《舊日風雲》一集，北京三聯書店版失收。三聯版《舊日風雲》一集還失收了一篇《翟暖暉在一九六七》。這兩篇可能犯忌，或者是中宣部那邊沒有通過吧。

有些歷史，明明是路線問題，引致千萬人頭落地，社會倒退。你寫出來，讓人覺得某黨可恥，某人可恨，而某黨某人尚在廟堂之上，你的文字就犯忌，不討喜。但宏觀一點，歷史悠悠長，千秋萬世，而甚麼政黨、社團，大都短暫，如果留下的文字紀錄，能真實反映史實，後世的人可以吸取這些教訓，減少犯錯。從前毛主席說過「歷史的經驗值得注意」。我所寫的，可以說是在響應毛主席的號召。

董橋、藍真二公說我的筆記本，其實是地址電話簿，我只在姓名之後加注生年月日而已。

政府記錄往往是不可靠的。例如五十年代香港政府要市民領身份證，左翼分子懷疑這是港英的陰謀，給的數據故意報大報小。這幾天整理張發奎第八集團軍戰地服務隊隊員楊治明的資料，才發現他本來叫楊野明、

楊治明陳敏伉儷，二〇〇四年

楊治明，登記身份證時「治」字多一點，變楊治明。生年報小三歲，原來生於一九一六年，身份證記錄是一九一九年。楊夫人陳敏報大三歲，本來一九三二年變成一九二九年了。都是一筆糊塗賬。這些在我的地址電話小本子上糾正了。

接下來我準備寫的人物還有許多，一時間想到下列幾位：

周遊。不是人民文學出版社副社長那位，是國民黨華南補給司令那位，他是黃埔四期狀元，與林彪、陶鑄同學，解放前夕違反李宗仁命令運送大批袁大頭到長沙資助陳明仁起義。周的女婿是七機部長、北京軍區副司令汪洋。有關周遊的文字資料太少，應該寫。

陳彬龢。一般人以為他是漢奸。但三十年代末陳彬龢舉家在香港辦證件本來去莫斯科，卻忽然應岩井英一之邀改為去上海，「落水」做《申報》社長。毛主席曾有段文字說陳彬龢為人民做過好事。他是共產國際那條線的人嗎？

羅慕華。香港真光中學的中文科老師。早年是燕京大學高材生，在天津南開中學任教，是王辛笛的老師，是北方左聯的人。五十年代在新加坡南洋大學參與倒林語堂運動。羅公弟子遍布港澳，相信許多弟子都想知道老師不曾提過而又有趣的往事。

楊治明。第八集團軍戰地服務隊隊員，中共特支成員。志銳中學附小教

羅慕華

師、昆明中華小學校長。前些年臺灣已卸任的國防部長返大陸尋找當年的學校，飛機門一打開，對迎接的人第一句就問楊老師來了嗎？楊老生前從不向我提及他是一九三八年的黨員（楊應彬介紹入黨）。一九四九年奉派來香港從事編輯、印刷、出版工作，屬僑委領導。

鄭：您是書畫文物收藏大家，而且有自己的主攻方面和專題收藏，並非泛泛而藏，可否請您談談這方面的情況？書中提到，您對溥心畬、齊白石、傅抱石似乎有着特別的興趣，臺靜農、啟功、黃苗子也是您所喜愛並尊重的書畫家，而且您很注意搜集廣東書畫家的作品，除此以外，您還有哪些興趣呢？

許：人們叫我做收藏家，實在不好意思，我哪裏配稱甚麼收藏家。漢語許多詞匯，其含義在近些年變化頗大，尤其二十一世紀以來，名詞的含金量，與現在的貨幣一樣，不斷貶值。著述多一些，年歲長一些，很容易就被冠以「國學大師」的光環。收幾件破爛，或者投得若干件疑似名家書畫，就被冠以「收藏家」稱號。忽然想到有人曾謔稱：「大師滿街走，藏家多如狗。」上一代如葉恭綽、龐萊臣、鄭振鐸等，我們香港這邊的如至樂樓何耀光、虛白齋劉作籌等，這些人才稱得上是收藏家。所謂盛世收藏，書畫拍賣現在遍地開花，這反映當下中國是太平盛世，未嘗不是好事。但我相信，藏家是需要時間去檢驗的。不然就只有長線炒家

澳門博物館舉辦孫中山與澳門文物展開幕，二〇一一年

和短線炒家之分，藝術家和偽術家之別。

齊白石、傅抱石、林風眠、溥心畬等等大師的書畫當然喜歡，幾十年來曾收過一些，但現在價錢都這麼高昂，有許多作品早已易米，能留得住的沒幾件了，守住大師的作品，要很有實力才行。到了拍賣場，對着諸種拍品，許多億萬富豪都會感到自己忽然變成窮人，都買不起也。

你提到的廣東書畫，相對而言，目前比較便宜，還能收得起，但我心儀之作並不很多。其實我比較喜歡收集的，是跟歷史有關的書畫文獻。幾十年來，也收了一些蠻有意思的東西。這些東西，也並不是秘不示人的。

四年前，辛亥革命一百週年，小軒曾借出百多件書畫，與廣東省博物館合辦「氣吞河嶽——辛亥風雲人物墨跡展」，同時亦借出二十多件與澳門博物館辦「孫中山與澳門文物展」。今年是抗戰勝利七十週年紀念，小軒借出數十件抗戰有關的書畫文物，與湖北省博物館，他們準備五月中在武漢湖北省博物館舉辦「四萬萬人民——世界反法西斯戰爭勝利七十週年紀念特展」。明年五月，小軒還會借出數十件鄧爾疋書畫，配合東莞博物館，舉辦鄧爾疋、黃般若書畫特展。

這些專題展覽，可以將私人所藏供諸大眾欣賞，也方便自己欣賞。老實說，掛在狹小的寒舍獨賞雖然有其靜穆之趣，而懸掛在專業的博物館陳列櫃中，與大眾共賞，則另有一番滋味。四月二日，香港藏家羅仲榮先生在

筆者參觀孫中山與澳門文物展，二〇一一年

香港藝術中心舉辦「河山色染——繪出新中國」展覽，他在展場應酬來賓之餘，對着這些紅色系列的書畫，看了許久，他說在自己的辦公室和家中，沒有機會這麼集中觀賞過。羅先生這批紅色珍藏，聽說會運到上海和北京展覽。

鄭：我還注意到，您對大陸學術界、文物界的老輩頗為關注且多有交往，您寫到了王世襄、楊仁愷、馬承源等，除此之外還有嗎？

許：還有許多未曾下筆的。一時想到的，有你們上海的謝稚柳、陸儼少、沈之瑜……北京的羅福頤、王力、呂叔湘、周祖謨、朱德熙、陸宗達……天津的陳國符，武漢的黃綽，長春的于省吾，香港的饒宗頤等等。

鄭：您在書中自謙是冷攤殘客和撿古舊破爛的人，專好打撈不為人知或遭人遺忘的人與事，之前您寫到了香港的「六七暴動」，寫到了香港國共戰爭時期的暗流湧動，那麼，對您來說，香港近代以來百年風雲，還有哪些是值得記述卻因各類緣由而遭到遺忘的呢？

許：香港百年風雲，被遺忘的事情太多了。香港人有個劣根性，就是「本地薑不辣」，一直以來不大重視自身的歷史。這些年香港人好像忽然覺醒了，開始留意香港人身邊的事物，關注香港人自己的歷史，有所謂集體回憶。如果你踏入三聯書店，可以看到有關香港歷史的著述，一下子多了一大堆，佔了好幾個書架。這是香港學術界回歸以來的研究成果，好得很！

廣東省博物館舉辦氣吞河嶽——辛亥風雲人物墨迹展開幕儀式，二〇一一年

辛亥風雲人物墨迹展覽會上，筆者向孫中山研究會會長張磊教授請益。二〇一一年

有朋友見告，回歸前許多年，英國有關部門（MI6）已經有計劃地將香港政府各種敏感檔案，或銷毀，或選擇運送去英國和澳洲儲藏。這對學術界造成不便。前幾年有人去查找「六七暴動」的政府檔案，關鍵的東西都查不到。這顯示出英國政府辦事的高效率。

澳洲某處所藏香港文獻，特區政府現今主要官員的檔案固然齊備，未來二三十年有機會上位至司級官員的年輕人的檔案，也都巨細無遺。某位官員上臺，某方面想搞他，檔案中有該官員的陳年記錄，放給傳媒發布，害他個「雞毛鴨血」，這就能達到某方面的政治目的。可見研究香港史也是極具現實意義的。

八十年代中英談判時，金應熙被派駐香港新華社。金氏港大畢業，陳寅恪大弟子，記憶力極強，對香港歷史了如指掌。談判中的歷史問題可由他老人家解決。當年金氏尚未回穗，在港猝然逝世。這些有學問的前輩，越來越稀有了。

對不起，越說越離題萬象。說回我正在撰寫關於香港的題目，一個是《香港的收藏家》，這個題目去年在祝君波主持上海的「世界華人收藏家大會」分論壇上粗粗講了個大概，後來在香港中文大學新亞書院做報告，題目一樣，內容側重講與中文大學有關的香港收藏家。

還有一個題目，是《地下學聯與香港學運》。解放前廣州的地下學聯總部

一九四一年香港大學中文學會合照。後排左二金應熙。

在香港，學運骨幹來港受訓學習，共產黨由香港遙控廣州學運。當時領導廣州地下學聯的書記鍾鳴是香港人，英皇書院高材生。解放前夕這些骨幹陸續返廣州參加廣州解放接管工作。但有一部分人留下來，在香港從事教學和學運工作。這個題目可能不好弄，有許多事情無法追查。做多少算多少。

（原載《東方早報·上海書評》二〇一五年五月三日）

ISBN 978-988-8718-93-1
9 789888 718931
舊日風雲 三集